情報処理技術者試験対策書

合格論文の書き方・事例集

第6版

システム監査技術者

岡山昌二［監修・著］

落合 和雄・長嶋 仁・古山 文義・北條 武［著］

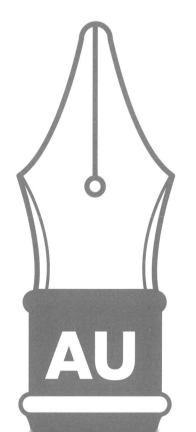

■ はじめに

　筆者が仕事として初めて文章を書いたのは，1980 年のことです。当時はワープロなどもまだ普及しておらず，手書きの文章を何度も書き直して上司にレビューをお願いしました。書類を見たときの上司の顔，短い文章にもかかわらずコメントするまでの時間の長さは，今でも忘れられません。

　情報処理技術者試験対策のセミナーの案内を見て，システム監査技術者試験の受験勉強を始めたのは，1987 年のことでした。添削用の論文を 1 本書けばよいのに 3 本も書いて講師を困らせていました。

　その後，ワープロが普及し，「おまえは字が汚いから書類はワープロで書け」と上司に言われ，システム本部に 1 台しかないパソコンを占有して仕事をしていました。

　日本語を知らない，あるいは，字が汚いにもかかわらず，論文対策の講義や，論文の書き方の本を出版するという仕事がいただけるのは，情報処理技術者試験のおかげです。試験勉強は，情報処理に関する能力の向上にとどまらず，日本語力や他人を納得させる力も併せて向上させ，社外における人間関係も広がりました。このような効果は筆者だけでなく，他の受験者にもいえます。毎年，情報処理技術者試験をきっかけにして勉強が好きになり，上級の試験に合格した方からメールをいただいています。

　筆者が受験していた頃を比べ，近年，情報処理技術者試験の受験者数が低下しています。この試験によって社会に出てからの勉強の楽しさを知った者にとって，この傾向は残念なことです。情報処理技術者試験の受験者数の減少傾向については，筆者の力の及ぶところではありませんが，論述式試験のもつイメージのハードルを低くすることによって，既に情報処理技術者試験に合格している方に，更に上級の試験にチャレンジしてもらいたいと考え，この本を執筆していきます。

　本書で学んでシステム監査技術者試験に合格した方が増え，合格者が組織で活躍することによって，試験の有用性が社会に浸透して，受験者数が上昇傾向となり，読者と情報処理技術者試験に携わる全ての人が幸せになることを願っています。

　字がきれいに書けない方も安心してください。筆者の講師経験から 100 人中 98 人は，筆者よりも読みやすい字を書きます。パソコンが普及して手書きで文章を書くことに慣れていない方も安心してください。この本は作文を書くことから始めています。この本に書かれた訓練を繰り返すことによって，合格レベルの

論文が書けるようになります。

　なおこの本は，システム監査の用語の説明については，特に触れていません。午前 I・II，午後 I 問題の対策の際には，システム監査の重要なキーワードを論述に使うことを念頭に置いて学習してください。その際，システム監査学会のシステム監査用語研究プロジェクトが発表した「システム監査用語の定義と解説」（http://www.sysaudit.gr.jp/seika/yougo_kaisetsu.pdf）が役に立つと思います。また，本試験問題に対応した，専門家による論文事例を収録しています。一つの問題に対して専門知識や経験をどのように表現すればよいか，ぜひ参考にしてください。

　この本を出版するに当たって，過去に論文のイロハを指導してくださった宇佐美博先生，第 2 部の論文事例を提供した先生方，並びにアイテックの皆様に感謝します。

　　　2020 年 8 月吉日

　　　　　　　　　　　　　　　　　　　　　　　　　　　　岡 山 昌 二

目　次

はじめに
無料WEBサービスのご案内

第1部　合格論文の書き方

第1章　本書を手にしたら読んでみる

1.1　効果を出すことに急いでいる方は読んでみる ・・・・・・・・・・・・・・・・・・・ 14
1.2　大人の学習を後押しする理由をもってみる ・・・・・・・・・・・・・・・・・・・ 21
1.3　情報処理技術者試験のマイナスイメージを払拭してみる ・・・・・・・・ 23
1.4　"論文なんて書けない"について考えてみる ・・・・・・・・・・・・・・・・・ 26
1.5　本書の第一印象を変えてみる ・・・・・・・・・・・・・・・・・・・・・・・・・・・ 29

第2章　論述式試験を突破する

2.1　論述式試験とは何なのか ・・・・・・・・・・・・・・・・・・・・・・・・・・・・・・ 32
2.2　採点者を意識して論述する ・・・・・・・・・・・・・・・・・・・・・・・・・・・・・ 37
2.3　論述式試験突破に必要な要素を明らかにする ・・・・・・・・・・・・・・・・ 42
2.4　論文を評価する ・・・・・・・・・・・・・・・・・・・・・・・・・・・・・・・・・・・・・ 45

第3章　基礎編

3.1　五つの訓練で論文が書けるようになる ・・・・・・・・・・・・・・・・・・・・・ 52
3.2　【訓練1】「作文」や「論文ふう」の文章を書く ・・・・・・・・・・・・・・・ 53
3.3　【訓練2】トピックを詳細化して段落にする ・・・・・・・・・・・・・・・・・ 58

第4章　論文を作成する際の約束ごとを確認する

4.1　試験で指示された約束ごとを確認する ・・・・・・・・・・・・・・・・・・・・・ 66
4.2　全試験区分に共通する論述の約束ごとを確認する ・・・・・・・・・・・・・ 72

第**5**章 論文を設計して書く演習をする

5.1 【訓練3】問題文にトピックを書き込む ・・・・・・・・・・・・・・・・・・・・ 76
5.2 【訓練4】ワークシートに記入する ・・・・・・・・・・・・・・・・・・・・・・・ 87
5.3 【訓練5】ワークシートを基に論述する ・・・・・・・・・・・・・・・・・・・ 96

第**6**章 添削を受けて書き直してみる

6.1 2時間以内で書く論文を設計する ・・・・・・・・・・・・・・・・・・・・・・・・ 108
6.2 添削を受けてみる ・・・・・・・・・・・・・・・・・・・・・・・・・・・・・・・・・・・・・ 109
6.3 論文を書き直してみる ・・・・・・・・・・・・・・・・・・・・・・・・・・・・・・・・・ 114

第**7**章 午後Ⅰ問題を使って論文を書いてみる

7.1 問題の出題趣旨を確認する ・・・・・・・・・・・・・・・・・・・・・・・・・・・・・ 122
7.2 論述式問題を確認する ・・・・・・・・・・・・・・・・・・・・・・・・・・・・・・・・・ 128
7.3 論文ネタの収集演習をする ・・・・・・・・・・・・・・・・・・・・・・・・・・・・・ 130
7.4 論文ネタを確認する ・・・・・・・・・・・・・・・・・・・・・・・・・・・・・・・・・・・ 133

第**8**章 本試験に備える

8.1 2時間で論述を終了させるために決めておくこと ・・・・・・・・・・・・ 138
8.2 試験前日にすること ・・・・・・・・・・・・・・・・・・・・・・・・・・・・・・・・・・・ 142
8.3 本試験中に困ったときにすること ・・・・・・・・・・・・・・・・・・・・・・・・ 144

第**9**章 受験者の問題を解消する

9.1 学習を始めるに当たっての不明な点を解消する ・・・・・・・・・・・・・ 148
9.2 学習中の問題を解消する ・・・・・・・・・・・・・・・・・・・・・・・・・・・・・・・ 153
9.3 試験前の問題を解消する ・・・・・・・・・・・・・・・・・・・・・・・・・・・・・・・ 161
9.4 不合格への対策を講じる ・・・・・・・・・・・・・・・・・・・・・・・・・・・・・・・ 163

第**2**部 論文事例

第**1**章 企画・要件定義

平成 31 年度　問 1
IoTシステムの企画段階における監査について ・・・・・・・・・・・・・・・170
　　　　　論文事例 1：岡山　昌二 ・・・・・・・・・・・・・・・171
　　　　　論文事例 2：古山　文義 ・・・・・・・・・・・・・・・176

平成 26 年度　問 1
パブリッククラウドサービスを利用する情報システムの
導入に関する監査について ・・・・・・・・・・・・・・・・・・・・・・・・・・・・182
　　　　　論文事例：落合　和雄 ・・・・・・・・・・・・・・・・・183

平成 25 年度　問 2
要件定義の適切性に関するシステム監査について ・・・・・・・・・・・188
　　　　　論文事例：岡山　昌二 ・・・・・・・・・・・・・・・・・189

第**2**章 開発

平成 30 年度　問 1
アジャイル型開発に関するシステム監査について ・・・・・・・・・・・196
　　　　　論文事例 1：落合　和雄 ・・・・・・・・・・・・・・・197
　　　　　論文事例 2：古山　文義 ・・・・・・・・・・・・・・・202

平成 28 年度　問 2
情報システムの設計・開発段階における品質管理に関する
監査について ・・・・・・・・・・・・・・・・・・・・・・・・・・・・・・・・・・・・・・208
　　　　　論文事例 1：岡山　昌二 ・・・・・・・・・・・・・・・209
　　　　　論文事例 2：落合　和雄 ・・・・・・・・・・・・・・・214

平成 27 年度　問 1
ソフトウェアの脆弱性対策の監査について ・・・・・・・・・・・・・・・218
　　　　　論文事例 1：岡山　昌二 ・・・・・・・・・・・・・・・219
　　　　　論文事例 2：落合　和雄 ・・・・・・・・・・・・・・・224

平成 25 年度　問 3
ソフトウェアパッケージを利用した基幹系システムの
再構築の監査について ・・・・・・・・・・・・・・・・・・・・・・・・・・・・・・230
　　　　　論文事例：岡山　昌二 ・・・・・・・・・・・・・・・・・231

平成 24 年度　問 2
システムの日常的な保守に関する監査について ・・・・・・・・・・・236

　　　　　　　　論文事例：岡山　昌二 ・・・・・・・・・・・・・・・・・・・・・・237

平成23年度　問3
システム開発におけるプロジェクト管理の監査について ・・・・・・・・・・**242**
　　　　　　　　論文事例：岡山　昌二 ・・・・・・・・・・・・・・・・・・・・・・243

第3章 運用

平成28年度　問1
情報システム投資の管理に関する監査について ・・・・・・・・・・・・・・・・・**250**
　　　　　　　　論文事例1：岡山　昌二 ・・・・・・・・・・・・・・・・・・・・・251
　　　　　　　　論文事例2：落合　和雄 ・・・・・・・・・・・・・・・・・・・・・256

平成26年度　問2
情報システムの可用性確保及び障害対応に関する監査について ・・・・・**262**
　　　　　　　　論文事例：岡山　昌二 ・・・・・・・・・・・・・・・・・・・・・・263

平成25年度　問1
システム運用業務の集約に関する監査について ・・・・・・・・・・・・・・・・・**268**
　　　　　　　　論文事例：長嶋　仁 ・・・・・・・・・・・・・・・・・・・・・・・269

平成24年度　問1
コントロールセルフアセスメント（CSA）とシステム
監査について ・・**274**
　　　　　　　　論文事例：落合　和雄 ・・・・・・・・・・・・・・・・・・・・・・275

平成24年度　問3
情報システムの冗長化対策とシステム復旧手順に関する
監査について ・・**280**
　　　　　　　　論文事例：岡山　昌二 ・・・・・・・・・・・・・・・・・・・・・・281

第4章 情報セキュリティ

平成31年度　問2
情報セキュリティ関連規程の見直しに関する
システム監査について ・・・・・・・・・・・・・・・・・・・・・・・・・・・・・・・・・・**288**
　　　　　　　　論文事例1：岡山　昌二 ・・・・・・・・・・・・・・・・・・・・・289
　　　　　　　　論文事例2：長嶋　　仁 ・・・・・・・・・・・・・・・・・・・・・294

平成29年度　問1
情報システムに関する内部不正対策の監査について ・・・・・・・・・・・・・・**300**
　　　　　　　　論文事例1：岡山　昌二 ・・・・・・・・・・・・・・・・・・・・・301
　　　　　　　　論文事例2：落合　和雄 ・・・・・・・・・・・・・・・・・・・・・306

平成 29 年度　問 2
情報システムの運用段階における情報セキュリティに関する
監査について ・・312
　　　　　　　論文事例 1：岡山　昌二 ・・・・・・・・・・・・・・・・・313
　　　　　　　論文事例 2：落合　和雄 ・・・・・・・・・・・・・・・・・318

平成 27 年度　問 2
消費者を対象とした電子商取引システムの監査について ・・・・・・・・・・・322
　　　　　　　論文事例 1：岡山　昌二 ・・・・・・・・・・・・・・・・・323
　　　　　　　論文事例 2：落合　和雄 ・・・・・・・・・・・・・・・・・328

第5章 システム監査の専門能力

平成 30 年度　問 2
リスク評価の結果を利用したシステム監査計画の策定について ・・・・334
　　　　　　　論文事例 1：岡山　昌二 ・・・・・・・・・・・・・・・・・335
　　　　　　　論文事例 2：北條　　武 ・・・・・・・・・・・・・・・・・340

平成 21 年度　問 2
システム監査におけるログの活用について ・・・・・・・・・・・・・・・・・346
　　　　　　　論文事例：岡山　昌二 ・・・・・・・・・・・・・・・・・347

事例作成者の紹介と一言アドバイス ・・・・・・・・・・・・・・・・・・・・・・・・353

参考文献 ・・357

巻末ワークシート

■無料 WEB サービスのご案内■

論述マイルストーン

　第1部　8.1 2時間で論述を終了させるために決めておくことの（1）「論述のマイルストーンと時間配分を決める」で紹介している，筆者が設定しているマイルストーン表に基づいて論述問題を演習できる，「論述マイルストーン」をご用意いたしました。試験時間の感覚を養うのにご活用ください。

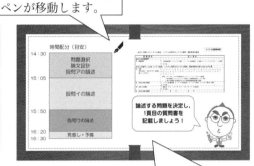

時間の経過とともに，ペンが移動します。

論述ポイントを音声でナビゲート（デバイスの音量にご注意ください）

⬇ ご利用方法

① 　https://questant.jp/q/au_ronbun_6にWebブラウザからアクセスしてください。

② 　本書に関する簡単なアンケートにご協力ください。
　　アンケートご回答後，「論述マイルストーン」に移動します。

③ 　移動先のURLを，ブラウザのブックマーク／お気に入りなどに登録してご利用ください。

・こちらのコンテンツのご利用期限は，2023年8月末です。

・毎年，4月末，10月末までに弊社アンケートにご回答いただいた方の中から抽選で10名様に，Amazonギフト券3,000円分をプレゼントしております。ご当選された方には，ご登録いただいたメールアドレスにご連絡させていただきます。当選者の発表は，当選者へのご連絡をもって代えさせていただきます。

・ご登録いただきましたメールアドレスは，当選した場合の当選通知，賞品お届けのためのご連絡，賞品の発送のみに利用いたします。

・プレゼント内容は2020年8月現在のものです。詳細は，アンケートページをご確認ください。

第1部

合格論文の書き方

第1章

本書を手にしたら読んでみる

　"積ん読く"の気持ちは分かります。ですが，合格に向けて動機付けができていない方には，この章だけでも読んでいただきたいのです。それほど時間はかかりません。お願いします。動機付けができている方，及び，本書をしっかりと読んでみようと決意された方は，その時点で第2章に読み進めていただいて結構です。

　このように，この章の内容は，本書を手にした方の中で，全員に該当する内容ではありません。自分には関係ないと思った方は，どうぞ次の章に進んでください。

1.1　効果を出すことに急いでいる方は読んでみる ・・・・・・・・・・・・・14

1.2　大人の学習を後押しする理由をもってみる ・・・・・・・・・・・・・・21

1.3　情報処理技術者試験のマイナスイメージを払拭してみる ・・・・23

1.4　"論文なんて書けない"について考えてみる ・・・・・・・・・・・・・26

1.5　本書の第一印象を変えてみる ・・・・・・・・・・・・・・・・・・・・・・・・・29

　本書を手にしている皆さんの中には，"明日が試験の本番なので初めて本書を手にしている"，"通信教育で添削してもらうための論文を急いで書かなければならない"，という方がいると思い，第1章を書いてみました。

　その前に重要事項の確認です。午後Ⅱ論述式試験の問題冊子の注意事項には，**「問題文の趣旨に沿って解答してください」**と解答条件が書かれています。この意味を正確に理解しましょう。次にシステム監査技術者試験の平成29年春午後Ⅱ問2を示します。

システム監査技術者試験　平成29年春　午後Ⅱ問2

問1　情報システムの運用段階における情報セキュリティに関する監査について

（問題文の趣旨）

　企業などでは，顧客の個人情報，製品の販売情報などを蓄積して，より良い製品・サービスの開発，向上などに活用している。一方で，情報システムに対する不正アクセスなどによって，これらの情報が漏えいしたり，滅失したりした場合のビジネスへの影響は非常に大きい。したがって，重要な情報を取り扱うシステムでは，組織として確保すべき情報セキュリティの水準（以下，セキュリティレベルという）を維持することが求められる。

　情報セキュリティの脅威は，今後も刻々と変化し続けていくと考えられるので，情報システムの構築段階で想定した脅威に対応するだけでは不十分である。例えば，標的型攻撃の手口はますます高度化・巧妙化し，情報システムの運用段階においてセキュリティレベルを維持できなくなるおそれがある。

　そこで，情報システムの運用段階においては，セキュリティレベルを維持できるように適時に対策を見直すためのコントロールが必要になる。また，情報セキュリティの脅威に対して完全に対応することは難しいので，インシデント発生に備えて，迅速かつ有効に機能するコントロールも重要になる。

　システム監査人は，以上のような点を踏まえて，変化する情報セキュリティの脅威に対して，情報システムの運用段階におけるセキュリティレベルが維持されているかどうかを確かめる必要がある。

　あなたの経験と考えに基づいて，設問ア～ウに従って論述せよ。

設問ア　あなたが関係する情報システムの概要とビジネス上の役割，及び当該情報システムに求められるセキュリティレベルについて，800字以内で述べよ。

（設問文）

設問イ　設問アを踏まえて，情報システムの運用段階においてセキュリティレベルを維持できなくなる要因とそれに対するコントロールを，700字以上1,400字以内で具体的に述べよ。

設問ウ　設問イで述べたコントロールが有効に機能しているかどうかを確認する監査手続を，700字以上1,400字以内で具体的に述べよ。

　問題の後半部分を見ると，「設問ア」，「設問イ」，「設問ウ」で書き始めている"設問文"があります。その直前に「あなたの経験と考えに基づいて，設問ア～ウに従って論述せよ」と書かれています。問題文の趣旨とは，問題の最初から「あなたの経験と考えに基づいて，設問ア～ウに従って論述せよ」と書かれているところまでです。

　問題文の趣旨に沿って論述することについて，具体的に確認してみましょう。まず，採点者から趣旨に沿っていないと判断される論文について確認します。ここでは分かりやすいように，設問イの後半に着目して説明します。

　設問イの後半では，"情報システムの運用段階においてセキュリティレベルを維持できなくなる要因とそれに対するコントロール"について問われています。**採点者から趣旨に沿っていないと判断される論文は，設問文だけに着目して設計した論文**です。設問イの後半において，"情報システムの運用段階において情報セキュリティレベルを維持できなくなる要因とそれに対するコントロール"だけに着目してしまい，例えば，「人事異動を要因としてアクセスコントロールの見直しに関わるコントロール」について書けばよいと考えてしまいます。これだけでは問題文の趣旨に沿った論文にはなりません。

　問題文の趣旨に沿うためには，問題文の趣旨に沿って，セキュリティレベルを維持できるように適時に対策を見直すためのコントロールと，インシデント発生に備えて，迅速かつ有効に機能するコントロールの両方について論じる必要があることが分かります。

　セキュリティレベルを維持できるように適時に対策を見直すコントロールについて，次に具体的な例を示します。運用段階においてセキュリティレベルを維持できなくなる要因としては，標的型攻撃メールなどの新たな脅威の発生など，脅威は変化することを挙げることができます。それに対するコントロールとしては，"情報セキュリティ委員会は，CERT などの情報セキュリティに関わる機関から，適時セキュリティインシデントに関わる情報を入手して評価する。その結果，新たな脅威に対応できるように，情報セキュリティ規定を見直し，周知徹底する"を挙げることができます。

　次に，インシデントの発生に備えて，迅速かつ有効に機能するコントロールについて，次に具体的な例を示します。標的型攻撃メールを開封しないための対策は重要ですが，開封をゼロに抑えることはできないという考えに基づいて，"標的型攻撃メールを開封してしまったケースを想定した手順を標準化して，全メールユーザに対して情報セキュリティ教育を通して，標的型攻撃メールの開封時の対応訓練を行う"というコントロールを挙げることができます。

　以上のように，**設問に答えるだけではなく，趣旨に沿って論じる**ことが重要となります。

（1）合格論文の書き方の概要

　本番の試験では，設問文に沿って章立てをします。図表 1-1 に，問題文を使った章立ての例を示します。いろいろ記入していますが，設問文に着目すれば，設問文に沿った章立ての仕方が分かるでしょう。「1.2」などと記入している意味は，「第1章 第2節」という章立てであると考えてください。前述のとおり，この問題では，コントロールを二つの観点から論じることが求められています。そこで，「2.2-1」などと記入して，コントロールの一つ目の観点であることを示しています。

　論述の方向性としては，自分の経験を当てはめる努力をするより，設問に答えるように，かつ自分の経験や専門知識を使って，問題文の趣旨を膨らませるように書いてみましょう。その際，専門家としての考えや，そのように考えた根拠を採点者にアピールすることが重要です。論文ですから，**①「思う」は使わない，②段落の書き始めは字下げをして読みやすく構成する，③行の書き始めが句読点になる場合は，前の行の最終の1マスに文字と句読点の両方を入れる禁則処理をする，④二重否定を使わない**などに気をつけましょう。

　もう少し，合格論文の書き方について学習してみましょう。論述式試験を突破できない論文と突破できる論文の傾向について，図示しながら説明します。

　「本試験で，試しに"思う"を連発して書いたら，案の定，B判定で不合格でした」と，試験対策講座で言うようになってから，"思う"と書かれた論文は皆無になったよ。

問2　情報システムの運用段階における情報セキュリティに関する監査について

企業などでは，顧客の個人情報，製品の販売情報などを蓄積して，より良い製品・サービスの開発，向上などに活用している。一方で，情報システムに対する不正アクセスなどによって，これらの情報が漏えいしたり，滅失したりした場合のビジネスへの影響は非常に大きい。したがって，重要な情報を取り扱うシステムでは，組織として確保すべき情報セキュリティの水準（以下，セキュリティレベルという）を維持することが求められる。

情報セキュリティの脅威は，今後も刻々と変化し続けていくと考えられるので，情報システムの構築段階で想定した脅威に対応するだけでは不十分である。例えば，標的型攻撃の手口はますます高度化・巧妙化し，情報システムの運用段階においてセキュリティレベルを維持できなくなるおそれがある。

そこで，情報システムの運用段階においては，セキュリティレベルを維持できるように適時に対策を見直すためのコントロールが必要になる。また，情報セキュリティの脅威に対して完全に対応することは難しいので，インシデント発生に備えて，迅速かつ有効に機能するコントロールも重要になる。

システム監査人は，以上のような点を踏まえて，変化する情報セキュリティの脅威に対して，情報システムの運用段階におけるセキュリティレベルが維持されているかどうかを確かめる必要がある。

あなたの経験と考えに基づいて，設問ア～ウに従って論述せよ。

設問ア　あなたが関係する情報システムの概要とビジネス上の役割，及び当該情報システムに求められるセキュリティレベルについて，800字以内で述べよ。

設問イ　設問アを踏まえて，情報システムの運用段階においてセキュリティレベルを維持できなくなる要因とそれに対するコントロールを，700字以上1,400字以内で具体的に述べよ。

設問ウ　設問イで述べたコントロールが有効に機能しているかどうかを確認する監査手続を，700字以上1,400字以内で具体的に述べよ。

図表 1-1　問題文を使った章立ての例

（2）論述式試験を突破できない論文の傾向

皆さんの多くが理想とする論文の書き方は，既に経験した，論文の題材となる，ある一つのシステム開発や，システム監査の事例を，問題文の趣旨に沿いながら，設問ア，イ，ウの内容に合わせるように書くことではないでしょうか。しかし，現実にあった事例を，論文に当てはめようすると，事例の状況などの説明に時間が掛かり，時間内に書き終えて，設問で問われている内容には答えていたとしても，問

題文の趣旨に沿っていない，合格するには難しい論文になってしまうことがあります。

　自分の経験した事例をそのまま書こうとすると，状況説明のための論述に時間が掛かって専門家としての能力を採点者に十分アピールできないなどの弊害が生まれます。これについて，少し考えてみましょう。図表 1-2 に"時間切れになる論文や問題文の趣旨に沿わない論文の書き方"を示します。どうでしょうか。このような書き方をしていないでしょうか。

　採点者に対して合格をアピールするための論述では，もう一つ，注意すべき点があります。それはシステム監査技術者試験特有なのですが，論述式問題の多くの問題では，設問イはリスクやコントロール，設問ウでは監査手続について問われています。筆者は経験的に，設問イで問われるリスクやコントロールより，設問ウで問われる**監査手続を厚く論じることが合格には効果的**と考えています。

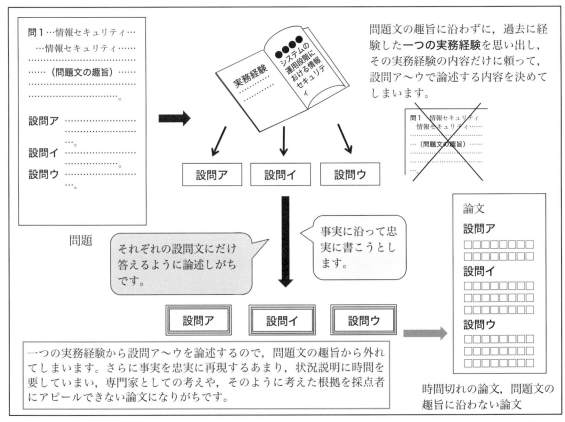

図表 1-2　時間切れになる論文や問題文の趣旨に沿わない論文の書き方

（3）論述式試験を突破できる論文の傾向

　論述式試験を突破する方法は複数あります。本書では，複数あるうちの一つを紹介しています。

　図表 1-3 に“問題文の趣旨に沿う論文の書き方”を示します。章立てをしながら，設問の問いの内容と，問題文の趣旨の各文章を対応付けします。すなわち，問題文の趣旨を参考にして，トピック（＝それぞれの設問で書く内容）を決めます。なお，トピックとは，話題，テーマ，論題を意味します。本書ではトピックを，例えば「CSIRT のメンバは，インシデントのトリアージを適切にできるスキルを有する，及び，トリアージの結果に基づき，エスカレーションなどの適切なインシデントレスポンスを行う，というコントロールが重要となる」などの論述のネタと考えてください。このように論文を設計して，論述の際には，自分が経験した論文の題材や，学習して習得した専門知識を使って，トピックを詳細に書きます。このように，**論文の題材は，皆さんが経験した複数の事例や専門知識のうちから，使えるところを引用**してもよいでしょう。

　なお，複数の事例や専門知識を引用などすると，論文としての一貫性が欠如するかもしれません。一貫性については，設計時ではなく，論述の際に確保します。場合によっては，一貫性を維持するために設計内容と違う論述内容になることもあります。それでも合格には支障ないと考えています。

　その他にも，合格のために皆さんに伝えたいことはたくさんあります。第 2 章以降にも書いてありますので，しっかりと学習しましょう。

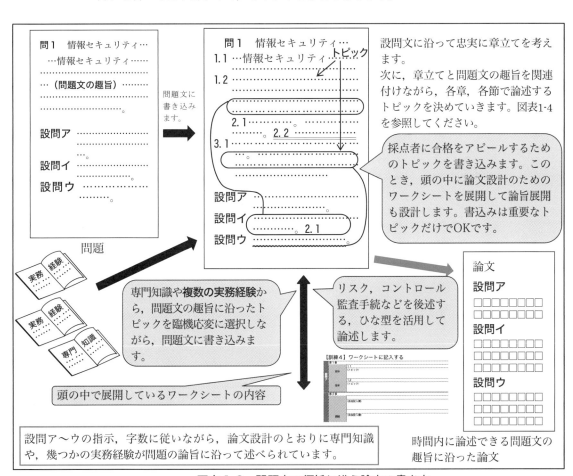

図表 1-3　問題文の趣旨に沿う論文の書き方

（4）学習における効率的かつ効果的な時間の使い方

　この項目は，**通信教育で添削してもらう論文を，さしあたって書いてみるという方に向け**て書いてみました。

　システム開発をする際に，現状業務の把握は重要なプロセスです。これを論文の対策に当てはめると，現状の皆さんの力で論文を書いてみたくなる気持ちは分かります。でも，「さしあたって論文を書いてみる」ことだけはやめてください。時間の浪費です。

　本書では論述テクニックを習得して論述式試験を突破することを目指しています。筆者は，その論述テクニックの習得プロセスには，①論述テクニックを説明できる，②論述テクニックを使うことができる，③論述テクニックを使って合格できる，という三つのプロセスがあると考えています。さしあたって書くということは，これらのステップのいずれにも該当しません。つまり，さしあたって書いても，効果的に能力が向上しないということです。

　本書を読んでから，論文を書いた場合を考えてみましょう。本書を読んだという時点で「①論述テクニックを説明できる」というステップに達しています。その上で書くということは，「②論述テクニックを使うことができる」ということにトライしていることになります。「③論述テクニックを使って合格できる」に近づいていますよね。

　もし，あなたが，さしあたって論文を書いてみたいと思ったら，思いとどまってください。時間の許す限り，しっかりと本書の演習をしてから書いてみてください。その方が論述式試験の突破に向けて，効率的かつ効果的です。

　論文試験を突破するために，ペン習字から始めた筆者が書いた本書だから，B判定の人には不要な箇所が多いかもしれない。でもね。もう少しで合格という人の中にも，しっかりと本書を最初から読んでくれる人もいるんだよ。たぶん，引き出しの多い人だよね。

1.2 大人の学習を後押しする理由をもってみる

　20 年以上前ですが，私は「ペン習字」を通信教育で受講したことがあります。結局，字が上手になったのは，私の妻でした。このように大人の学習には，学習の前に解決すべき課題があります。そのお手伝いをしたいと思い，次のトピックを書いてみました。

(1)勉強する気がしないことを克服する
(2)仕事が忙しいことを理由から除外する

　ここではっきりと明言します。ここまで読んだだけでも，私よりも皆さんは立派です。理由は，受講中に私はペン習字の本を一度も開かなかったからです。では，(1)，(2)のトピックについて皆さんと一緒に考えてみましょう。

（1）勉強する気がしないことを克服する

　本書を手にしたけど，勉強する気がしないという皆さん，本書を手にした理由を考えてみてください。例えば，次のような理由があるでしょう。
　①会社の上司から「情報処理技術者試験に合格しなさい」と言われたから
　②会社の同期や同僚に受験を誘われたから
　③仕事が暇でやることがないから
　では，このような理由では，なぜ勉強する気がしないのでしょうか。勉強する気がしない理由の共通点として，これらが"外的な要因"である点を挙げることができます。会社の上司，同期や同僚からのプレッシャー，指示や誘い，仕事が暇，これらは外的な要因です。そうです。大人は外的な要因では，学習することができないのです。
　外的な要因では学習意欲がわかないことは分かりましたから，内的な要因を探してみましょう。
　皆さんは，午後Ⅰ記述試験の問題を読んでみて，「解けるようになったら面白そう」，あるいは，「情報処理技術者試験に合格したら，私の人生は変わる」などと思いませんか？あるいは，「会社に入って，このままでよいのかなぁ」などという心配ごとはありませんか？　このような"興味"，"期待"，"心配"といった感情は，誰からも強制されていない，内なる自分から出た感情です。「情報処理技術者試験に合格して自分の人生を少し変えてみたい」，「客観的に評価される実力を身に付けることで心配ごとを早く解決したい」などの思いは，大人の学習を後押しする"理由"になります。
　皆さん，内なる思いを探して，それを基に大人の学習の理由付けをしてみてください。

（2）仕事が忙しいことを理由から除外する

　筆者の受講者の一人に，自家用車で出社して，帰宅は出社した日の次の日，という方がいました。休日はあったとしても，終日，家事に追われるそうです。確かに勉強する時間がないことは分かりました。話はそれで終わりました。このように，"仕事が忙しくて勉強できない"ことについて他人を納得させても，何も進歩しません。

　本当にそのような状況で満足していますか。内なる思いを探して，それを基に大人の学習の理由付けをしてみてください。

　ある企業で，毎年，入社2年生を集めて PM 試験対策をやるけど，仕事が忙しくて睡眠時間が短い人ほど，合格するんだよね。仕事が忙しくて，自分は他の人と比べて勉強時間が少ない，という緊迫感が時間の有効活用を促すと思うけど，どう思う？

1.3 情報処理技術者試験のマイナスイメージを払拭してみる

　学習意欲がわかない原因の一つに情報処理技術者試験のマイナスイメージがあるかもしれません。ここでマイナスイメージを払拭しておきましょう。代表的なマイナスイメージを次に列挙してみました。

(1)合格してもメリットがない？
(2)情報処理技術者試験に合格しても仕事ができるとは限らない？
(3)情報処理技術者試験なんて流行らない？

　それぞれ，次のように考えてマイナスイメージを払拭してみましょう。

（1）合格してもメリットがない？

　情報処理技術者試験に合格していると，どのようなメリットがあるのでしょうか。ある事例を基に考えてみましょう。

　A 係長の上司 B 課長は「A 係長は A ランクの仕事ができる」と評価して課長昇進を推しています。一方，X 係長の上司である Y 課長は「X 係長は A ランクの仕事ができる」と評価して課長昇進を推しています。A 係長か X 係長かのどちらか一人を課長に昇進させることになりました。昇進の判断は B 課長と Y 課長の共通の上司である Z 部長がします。さて，Z 部長はどのように判断するでしょうか。

　この場合，A 係長と X 係長のどちらが課長に昇進しても，B 課長と Y 課長との間などに心理的なわだかまりが残りそうです。Z 部長はこの点を考慮しなければなりません。ここで“仕事ができる”などの評価は，会社などの組織における，“組織内部からの主観的な評価”である点に着目します。

　情報処理技術者試験に合格すると“組織外部からの客観的な評価”を得ることができます。仮に，A 係長だけが情報処理技術者試験に合格しているとします。このケースでは，「どちらも優秀であり，甲乙つけがたいが，A 係長は情報処理技術者試験に合格しており……」という話の展開ができ，心理的なわだかまりも減らすことができそうです。

　以上のように情報処理技術者試験に合格しておくと，“人生の岐路や節目に役立つ，あるいは，有利に働くことがある”ということが言えます。合格のメリットは，実際には目立たないですが，役立つポイントが人生の岐路や節目なので，長い目で考えれば絶大なメリットと言えます。

　皆さんの会社や組織でヒアリングして，年収と情報処理技術者試験の合格の関係を調べてみてください。

　もう一つ，合格のメリットについて説明してみます。

皆さんの中には，仕事はあって当然と思っている方もいるかもしれませんが，筆者のような世代になると，仕事があるということは重要です。皆さんにとっても，それは同じと考えています。仕事をしてお金を稼ぎたいと考えているときに，仕事があるということは重要です。

私が担当している企業の教育担当者は，「情報処理技術者試験に合格していないと，スキルが高くて経験があっても，顧客から十分な金額をいただけない」，「スキルも経験もこれからだが，情報処理技術者試験に合格していると，顧客から信用してもらえる」と言います。この会社では，情報処理技術者試験に合格していると，有利に仕事にありつけることが分かります。一方，情報処理技術者試験を考慮しない会社もあると思います。

ここで言いたいことは，長い人生において，情報処理技術者試験に合格していると仕事にありつける可能性が高い，ということです。合格証書は一生ものです。今はメリットがないかもしれません。長い人生の中には「あのとき，試験に合格しておいてよかった」と感じる日が訪れるかもしれません。

情報処理技術者試験に合格すると，一時金がもらえる会社が多いと思います。会社によっては基本給がアップすることもあります。そうなると，残業代やボーナスもアップします。プロジェクトマネージャ試験やシステム監査技術者試験など，試験区分によって異なる会社もありますから，しっかりと調べておくとよいでしょう。

（2）情報処理技術者試験に合格しても仕事ができるとは限らない？

筆者は，情報処理技術者試験に興味をもち始めた 1987 年ごろから「情報処理技術者試験に合格していても仕事ができるとは限らない」，「A さんは情報処理技術者試験に合格しているのに仕事ができない」という意見を聞きます。例えば，筆者の知人に汎用コンピュータの OS を開発していた方がいて，そのような意見を私に漏らしていました。当然，私は聞き流していました。

その方が現場を離れて人事担当になったときです。「岡山さん，情報処理技術者試験の合格者の輩出，本当に，よろしくお願いします」と，深々と頭を下げて私に言いました。ここで言いたいのは，"情報処理技術者試験に対して否定的な意見というのは，意見を言う人の立場によって，コロコロと変わる程度のもの"ということです。本書を手にしている皆さん，しっかりと学習して合格し，合格のメリットを享受できるようにしておきましょう。

（3）情報処理技術者試験なんて流行らない？

　　情報処理技術者試験の全盛期では，試験区分別に合格者のネームプレートを作成して，目立つ場所に展示している会社がありました。経営者が情報処理技術者試験の合格者数に着目していた時代です。確かに，その頃と比べると盛り上がりが足りません。

　　しかし，皆と違うことをすると，予想外のメリットを享受できるのです。筆者の家族に，保健学博士がいます。その保健学博士が言うには，「医学博士や工学博士に比べて保健学博士は人数が少ないので，学部の新設時などに重宝される」ということです。情報処理技術者試験なんて流行らないと思って合格を先延ばしにしていると，あなたに関わる大きなチャンスを逃しかねないのです。

　　現在もシステムの発注時に，受注側のプロジェクトメンバに必須となる情報処理技術者試験の試験区分別の合格者数を指定して，それを発注条件に入れる組織があります。情報処理技術者試験に合格しておくことで，あなたの実績をさらに高めることができるのです。

　　25 年ほど前，これからは ERP パッケージです。データモデルなんて流行らない，などと言われてリストラされた知人がいるんです。でも，最近は個人事業主として，データモデル関連の仕事で忙しいようです。彼曰く，現在データモデルの仕事をできる人が少ない，そうです。

"論文なんて書けない" について考えてみる

　多くの受験者の方は，論述式試験の試験問題を読むと，"書けない"，"解けない"，"無理"と思ってしまうと思います。このような印象を"よし"として，受け入れてしまってください。これから本書を活用して学習したとしても，本番の試験のときに初めて見る試験問題に対して，今と同じように，"書けない"，"解けない"，"無理"と思うことは違いないでしょう。それでよいのです。

　では，本書を活用して学習した結果，何が変わるのでしょうか。それは"専門家として考えをアピールしながら，問題文の趣旨に沿って設問文に答えるための論述テクニックを実装できている点"です。本書で解説している論述テクニックを活用して，本番の試験では，初めて見る試験問題に対して，"書けない"，"解けない"，"無理"と思いながらも，**一生懸命考えながら合格論文を仕上げる**ことができるようになりましょう。

　本書の前身は，論述式試験のある複数の試験区分の情報処理技術者試験を対象とした一冊の本でした。その本を一冊購入すると，プロジェクトマネージャ試験やシステム監査技術者試験など，全ての試験区分の論述式試験をフォローすることができました。ここで言いたいことは，論述式試験突破のコツは，複数の試験区分の情報処理技術者試験に共通しているということです。実際に，ある会社の秋のシステムアーキテクト試験の合格者は，翌年に行われた春のプロジェクトマネージャ試験に2年連続で全員合格しています。その論述式試験共通の合格のコツを本書から学び取りましょう。

　書けない理由として，次のトピックについて考えてみます。

(1)経験がないから書けない
(2)論文ネタがないから書けない

　なお，これらの他にも，字が汚いから自信がない，などありますが，字は汚くとも読めれば問題ありません。

（1） 経験がないから書けない

　論文の書き方が分からない方は，"急がば回れ"です。本書の演習を飛ばさずに，始めから取り組み，論述テクニックを習得してみましょう。大変ですが，論文の書き方には共通点があります。苦労しても習得してしまえば，他の試験区分の受験勉強も楽になります。

　"経験がないから書けない"について書いてみましょう。大丈夫です。実は，実務経験は必須ではありません。

　筆者が試験対策を担当する会社では，入社した年の4月から勉強を始めて，その年の秋のシステムアーキテクト試験合格，翌年の春のプロジェクトマネージャ試験合格，さらにその後の秋のITストラテジスト試験合格，という方が，毎回，複数人現れます。その中で1名，システム監査技術者試験合格者が現れました。4試験区分の連続合格です。**論述式試験は，実務経験がなくとも，論述テクニックを駆使して専門知識を基に書けば突破できます。**

　皆さん，システム監査人を見たことがありますか？　筆者は，日本国内において，システム監査人の実務経験者は少ないと考えています。したがって，合格者の多くは，システム開発の実務経験，プロジェクトマネジメントの実務経験及びシステム監査に関する専門知識を基に論述していると推測しています。

　本書の第1部では論述テクニックを，第2部では事例を紹介していますので，それを専門知識として論述に活用するとよいでしょう。

（2）論文ネタがないから書けない

　論文ネタは，皆さんがもっている事例の詳細，問題文の趣旨，専門知識から，本試験の場で，一生懸命考えます。その作業を支援するのが論述テクニックです。ネタはその場で考えることもあるでしょうが，事前に用意することも大切です。

　論文のネタは，システム開発の実務経験，プロジェクトマネジメントの実務経験，システム開発に関する専門雑誌から収集することができます。重要なことは，システム開発者でも，プロジェクトマネージャでもない，システム監査人の立場で書くことです。例えば，システム監査人は，コントロールを評価する立場です。したがって，設問イにおける語尾は，「～というコントロールを盛り込んだ」ではありません。設問イにおいて「どのようなコントロールが必要か」と問われている場合は，「～というコントロールが必要である」という語尾にして，システム監査人の立場を明確にします。

　なお，論文ネタを本書に書いてしまうと，試験委員も読んでしまい，何らかの対策が講じられます。結果として，皆さんの不合格の要因になってしまう可能性があります。面倒ですが，各自で収集してみてください。ただし，本書では，収集仕方の例を示しておきます。

　一つの収集方法としては，記述式問題から収集する方法があります。例えば，平成29年午後Ⅰ問1には次のような，リスクとコントロールの例が掲載されています。

表1　リスク及びコントロール（抜粋）

項番	リスク	コントロール
1	・在庫データの統合が，適正に行われない。	・A社及びB社の統合後と統合前の在庫データを在庫管理システムで全体照合する。
2	・実地棚卸の差異数量が，適正に修正されない。	・棚卸差異の原因，及び調査後の適正数量の登録入力ができる担当者を限定し，十分な教育・訓練を行う。

　また，平成28年午後I問3には，次のような監査手続の概要について掲載されています。

表2　監査要点及び監査手続の概要

項番	監査要点	監査手続
1	プロジェクトの体制が管理基準に従っていること，及びT課長がPMとしての役割を果たしていること	①　体制図を閲覧し，関係者にインタビューして，プロジェクトの体制が管理基準に従っているか確認する。 ②　進捗会議の議事録を閲覧し，T課長の出席状況を確認する。 ③　T課長にインタビューし，Sプロジェクトの円滑な管理に問題がないか確認する。
2	ステアリングコミッテイが，管理基準に記載されている役割を果たしていること	①　T課長にインタビューし，ステアリングコミッティが役割を果たしているか確認する。

　このように，記述式問題に掲載されている，リスク，コントロール，監査要点，監査手続を収集して，自分のシステム開発に関わる実務経験や専門知識を使って具体的に書けるようにしておくとよいでしょう。

　なお，記述式問題を使った論文ネタの収集については，第1部7章で，詳しく説明します。

1.5 本書の第一印象を変えてみる

　本書のページをめくったときの第一印象が悪いと，本書との出会いを有効に生かせず残念なことになります。本書を開くことも，何かの縁ですから，筆者としては，最後までしっかりと訓練して，論述テクニックを習得してほしいです。英文の提案書を書くときに使っていたテクニックを流用しているので，実務でも役立つと考えています。

（1）論述テクニックの例を見てみる

　本書をめくるとワークシートの記入などについて書かれていて，"本番の試験向けのテキストではない"という第一印象をもつ方がいます。ワークシートは"ただの論旨展開のひな型"です。簡単に頭の中に入ってしまいます。論旨展開のひな型が頭に入ると，問題文を使った論文設計ができるようになります。

　平成 25 年午後 II 論述式試験問 3 の論文設計の例を図表 1-4 に示します。なお，受験中に書いたものであり，第三者に分かるように書いたものではありませんから，内容については今の時点では分からないと思います。本書の演習を終えた時点で，7 割ぐらい分かると思います。

　これなら，解答とともに 2 時間内に書ける設計内容だと，納得してもらえるはずです。

（2）"論文を難関とは思っていない"という考えを変えてみる

　セミナーでは，"論文のある他の試験を合格しているから，論文を難関とは思っていない"という人がいます。それでは本書との縁が台無しになってしまいます。読んでもらえません。

　提案させてください。この本を手にしているのですから，以前の成功体験は忘れて，この本に書かれている論述テクニックを習得して合格してみてはいかがでしょうか。

　既にシステムアーキテクト試験，システム監査試験などに合格している方が，IT サービスマネージャ試験の試験対策講座を受講したときの話です。「今回は，岡山先生の合格方法で合格してみたいと思います」と言っていました。いろいろな合格方法があり，筆者はそのうちの一つの方法を教えています。この受講者のように，自分の中にいろいろな引き出しをもつという姿勢は大切です。過去の成功体験は隅に置いておいて，筆者がこの本に書いている論述テクニックを，皆さんの引き出しの一つにしてやってください。

問3 ソフトウェアパッケージを利用した基幹系システムの再構築の監査について

企業など（以下，ユーザ企業という）では，購買，製造，販売，財務などの基幹業務に関わるシステム（以下，基幹系システムという）の再構築に当たって，ソフトウェアパッケージ（以下，パッケージという）を利用することがある。パッケージには，通常，標準化された業務プロセス，関連する規制などに対応したシステム機能が用意されているので，短期間で再構築できる上に，コストを削減することもできる。

その一方で，ユーザ企業の業務には固有の業務処理，例外処理があることから，パッケージに用意されている機能だけでは対応できないことが多い。このような場合，業務の一部を見直したり，パッケージベンダ又は SI ベンダ（以下，ベンダ企業という）が機能を追加開発したりすることになる。しかし，追加開発が多くなると，コストの増加，稼働開始時期の遅れだけではなく，パッケージのバージョンアップ時に追加開発部分の対応が個別に必要になるなどのおそれがある。

これらの問題に対するユーザ企業の重要な取組みは，パッケージの機能が業務処理要件などをどの程度満たしているか，ベンダ企業と協力して検証することである。また，追加開発部分も含めたシステムの運用・保守性などにも配慮して再構築する必要がある。

システム監査人は，このような点を踏まえて，パッケージを利用した基幹系システムの再構築におけるプロジェクト体制，パッケージ選定，契約，追加開発，運用・保守設計，テストなどが適切かどうか確かめる必要がある。

あなたの経験と考えに基づいて，設問ア～ウに従って論述せよ。

設問ア あなたが関係した基幹系システムの概要と，パッケージを利用して当該システムを再構築するメリット及びプロジェクト体制について，800字以内で述べよ。

設問イ 設問アで述べた基幹系システムを再構築する際に，パッケージを利用することでどのようなリスクが想定されるか。700字以上 1,400 字以内で具体的に述べよ。

設問ウ 設問イで述べたリスクを踏まえて，パッケージを利用した基幹系システムの再構築の適切性を監査する場合，どのような監査手続が必要か。プロジェクト体制，パッケージ選定，契約，追加開発，運用・保守設計，テストの六つの観点から，700字以上 1,400 字以内で具体的に述べよ。

図表 1-4　受験中に書いた論文設計の例

30

第2章

論述式試験を突破する

　本章の 2.1 では，論述式試験について概要を説明します。

　その次の 2.2 では，採点者の立場になって論述式試験を考えてみましょう。"一方的に設問の問いに答えるように書いた論文"と"採点者の立場を知った上で書いた論文"では，得点に違いが現れるのは明らかです。

　後半では，論文の採点基準や採点方法について説明しています。採点する側の立場を理解した上で論述すると，"合格"も更に近づいてきます。

2.1　論述式試験とは何なのか ･････････････････････････････32
2.2　採点者を意識して論述する ･･･････････････････････････37
2.3　論述式試験突破に必要な要素を明らかにする ･････････････42
2.4　論文を評価する ･････････････････････････････････････45

2.1 論述式試験とは何なのか

ここでは論述式試験についての概要を 5W2H で説明します。なお，試験の実施形態については，IPA のホームページなどで，最新の情報を確認するようにしてください。

（1）What：論述式試験とは何なのか

①システム監査技術者試験の実施形態

試験の実施形態を図表 2-1 に示します。

午前 I 9:30〜10:20 （50 分）	午前 II 10:50〜11:30 （40 分）	午後 I 12:30〜14:00 （90 分）	午後 II 14:30〜16:30 （120 分）
多肢選択式 （四肢択一） 30 問出題して 30 問解答 （共通問題）	多肢選択式 （四肢択一） 25 問出題して 25 問解答	記述式 3 問出題して 2 問解答	論述式 2 問出題して 1 問解答

図表 2-1　試験実施形態

午後 II 論述式試験（論文）の前に実施される，午前 I 多肢選択式試験，午前 II 多肢選択式試験，午後 I 記述式試験は，足切り試験と考えてください。例えば，午前 I 多肢選択式試験を 60 点以上得点すれば，午前 II 多肢選択式試験の解答は採点されます。60 点未満ならば，それ以降の試験の解答は採点されません。なお，午前 I 多肢選択式試験には，免除制度があります。詳しくは IPA のホームページで確認してください。

各試験形態の突破率については，免除制度があるために，試験実施年度によって異なります。

②午後 II 論述式試験（論文）の実施形態

午後 II 論述式試験（論文）では，2 問中から 1 問を選択して 120 分以内で解答することが求められます。試験では，問題冊子と答案用紙が配られます。

問題冊子には注意事項が記載されており，その中で最も重要なことは，**「問題文の趣旨に沿って解答してください」という文章です。設問に沿って論述するだけでは問題文の趣旨に沿わない論文になることもあるので，注意が必要です。**

答案用紙では，設問ア，設問イ，設問ウの書き始める場所が指定されています。答案用紙については，**試験開始前に開いてよいことを確認した上で，解答箇所を確認するようにしてください。**

（2）Who：誰が採点するのか

　　論文は試験委員が採点します。試験委員の名前は IPA のホームページに公表されていますので，確認してみてください。知っている名前があるかもしれません。

　　試験委員の勤務先分類別人数一覧を図表 2-2 に示します。多くは一般企業です。したがって，**試験委員の方には実務家が多い**と言えます。

勤務先分類	人数	
情報通信業	251	57.2%
（うち情報サービス業）	233	53.1%
製造業	57	13.0%
（うち情報通信機械器具製造業）	30	6.8%
教育，学習支援業	43	9.8%
サービス業	45	10.3%
金融・保険業	12	2.7%
その他	31	7.0%
合計	439	100.0%

・この勤務先分類別人数一覧は，総務省統計局統計センターの"日本標準産業分類"に従って勤務先を分類し，全試験委員を対象に集計したものです。
　（令和 2 年 4 月 1 日現在）

図表2-2　試験委員の勤務先分類別人数一覧

　　ここで，図表の教育，学習支援業に着目してください。このような試験委員の多くは大学の教授やそれに準ずる方（以下，大学の教授という）と考えています。私は，**大学の教授は論文の採点には厳しい視点で臨む**と認識しています。そのように考える根拠は，私の知っている大学の教授は，大学の教え子の書いた修士論文を添削して"一面真っ赤"にしていたらしいからです。もちろん，その大学の教授は，かつて試験委員でした。

　　本書では，論文の体裁について，細かすぎる指示をしていると思う方もいるかもしれません。**私の知っている大学の教授が採点しても，論文の体裁上は問題のないように，本書では論文の書き方を細かく指示をしています。**

　　試験対策のセミナーでは，受講者から「そのような細かいことをしなくとも，他の試験区分の論述式試験を突破できた」という意見をいただくことがあります。合格したときの採点者は実務者であったかもしれません。いつも実務者が採点するとは限りません。年に 1 回しか実施されない試験です。**どのような採点者であっても，合格できるようにしておきましょう。**

Point ここが ポイント！！！！！！！！

★ 細かいことであっても論文の体裁を十分に確保して，論文に厳しい**大学の教授**が採点しても，論述式試験を突破できる論文を書きましょう。

★ 採点者である試験委員は，試験関連以外にも実務をもっていて多忙です。試験委員は貴重な時間を使って，問題を作り，解答を採点します。したがって，受験者も，試験委員に協力して採点しやすい解答を作成することが，合格への第一歩です。

（3）Why：なぜ，論述式試験があるのか

　受験者が，対象者像に合致して，業務と役割を遂行でき，期待する技術水準に到達していることを確認するために論述式試験を行います。図表 2-3 に IPA 発表の対象者像及び業務と役割を示します。

対象者像	高度IT人材として確立した専門分野をもち，監査対象から独立した立場で，情報システムや組込みシステムを総合的に点検・評価・検証して，監査報告の利用者に情報システムのガバナンス，マネジメント，コントロールの適切性などに対する保証を与える，又は改善のための助言を行う者
業務と役割	独立かつ専門的な立場で，情報システムや組込みシステムを監査する業務に従事し，次の役割を主導的に果たすとともに，下位者を指導する。 ① 情報システムや組込みシステム及びそれらの企画・開発・運用・利用・保守などに関する幅広く深い知識に基づいて，情報システムや組込みシステムにまつわるリスクを分析し，必要なコントロールを点検・評価する。 ② 情報システムや組込みシステムにまつわるコントロールを点検・評価・検証することによって，保証を与え，又は改善のための助言を行い，組織体の目標達成に寄与する，又は利害関係者に対する説明責任を果たす。 ③ ②を実践するための監査計画を立案し，監査を実施する。また，監査結果をトップマネジメント及び関係者に報告し，フォローアップする。

図表2-3　IPA 発表の対象者像及び業務と役割

　ここで“業務と役割”に絞って考えてみましょう。“監査計画を立案し，監査を実施する”など難しいことが書かれています。心配しないでください，実際にはできなくとも試験には合格できます。それでも不安になるかもしれませんが，大丈夫です。監査計画書は，過去の監査計画書を参考にすれば作成できます。

　論文ではこれらの業務と役割が遂行できることを採点者にアピールすることが重要です。したがって，**絶対に“今後，〜をできるようになりたい”などと書かない方が無難です**。“業務と役割”に書かれている内容を，受験した時点において遂行できないことを採点者にアピールしないことです。

（4）When：いつ採点するのか

　前述の試験委員の説明から実務家が多いことが分かりました。したがって，平日の仕事を終え夕食をとって，19時ごろから始め，終電のある23時ごろまで採点すると考えています。

　ここで19時と23時では採点者のコンディションに違いがあり，23時の方が集中力は落ちていると考えるのが妥当です。一方，**採点者は論文において専門家としての考えや根拠を高く評価します**。なぜならば，問題文の趣旨に“あなたの経験や考えに基づいて，設問ア〜ウに従って論述せよ”と必ず全ての問題に書いてあるからです。これらの点を踏まえ，本書では，**“〜ため”という表現よりも，集中力が落ちていても考えや根拠を示していることが分かりやすい“なぜならば，〜”という表現を重視**しています。

（5）Where：どこで論文を採点するのか

　試験委員は，セキュリティが確保された会議室のような場所で採点を行うと考えるのが妥当です。採点者全員がデスクライトを使っているとは限りません。更に，長時間の採点で目が疲れます。したがって，**論文は大きな字で，適切な筆圧で濃く書くことが重要です**。

　コピーされた答案用紙を採点することも考えられます。したがって，**コピーに負けない濃い字で書く**ようにしましょう。

（6）How：どのように採点するのか

　全ての試験区分の論述式試験では，“問題文の趣旨に沿って解答する”ことが重要です。次に，システム監査技術者試験では，多くの問題において，対象事例の特徴を踏まえて，リスクやコントロールを総合的に点検する，効果的かつ効率的な監査手続であることをアピールすることが，合格への重要なポイントです。

　具体的な採点方法については，次の第2節で説明します。

（7）How many：どのくらいの時間をかけて採点するのか

　2 時間で書かれた論文を，採点者は 30 分くらいで採点するのだろうと，皆さんは思っているかもしれません。採点時間に関して，いろいろな人の話を聞くと，驚くほど短い時間で採点しているようです。したがって，その短い時間内に専門家としての能力を採点者にアピールする書き方をする必要があることが分かります。

　前述のとおり，本書では，専門家としての考えや，そのように考えた根拠を採点者に示すために「〜ため」という表現よりも，「なぜならば〜」という表現を推奨しています。採点者が，終電を気にしながら，もう一部，論文を採点するケースを考えてみましょう。「〜ため」と書いていると見落としやすいのですが，「なぜならば〜」と表現していると，目立つので，考えや根拠を示している箇所が採点者に分かりやすくなり，高い評価を得やすくなります。

　採点者に合格論文であることをアピールするキラーメッセージは "なぜならば，〜と考えたからである"，"なぜならば，〜と考えた根拠は〜であるからである" などと表現するとよいでしょう。

　論述で使う鉛筆は B あるいは HB と指定されているのに，公開模擬試験で採点していると，採点者が読みやすいように，章のタイトルなどに B よりも明らかに濃い鉛筆を使って書いている論文があるんだ。「私が知っている厳しい採点者だと，ルール違反と判断するかもしれない」と考えながら，採点しているよ。

2.2 採点者を意識して論述する

　筆者は，採点もコミュニケーションの一種であると考えています。採点は双方向ではなく片方向ですが，答案用紙に書かれた解答によって，採点者の評価を"未定"から"合格論文"あるいは"不合格論文"に変えるからです。

　コミュニケーションでは，例えば，第一印象が大切です。したがって，採点者を意識して作成した解答と，そうではない解答では，得点に違いが現れると考えてよいでしょう。では，採点者を意識するには，どのようにすればよいかを考えてみます。

（1）採点者に気持ちよく採点してもらう

　試験委員には実務家が多く，多忙だということが分かりました。これはつまり，採点者に気持ちよく採点してもらう必要があるということです。具体的にはどのようなことか，考えてみましょう。

①　清潔な答案用紙を提出する

　採点する際に，答案用紙の間に消しゴムの消しカスや頭髪が挟まれたままになっていたら，どうでしょうか。誰だって，そのような答案用紙を読んで，気持ちよく採点することはできません。論述後は，答案用紙の間のごみを取って，清潔な答案用紙を提出しましょう。

②　濃い大きい字で書く

　試験の運営上，答案用紙はコピーをとってから採点されるかもしれません。採点者は，実務が終わってから採点作業に入ります。したがって，目が大変疲れます。コピーしても読みやすい濃い字で，疲れても見やすい大きい字で書くようにしましょう。

③　短い文章で書く

　長い文章は，理解するのに時間が掛かります。接続詞を少なく，短い文章で書くと，読みやすい文章になります。

④　設問文に沿って章立てをして，設問の問いに対して答えていることを明示する

　読んでいる文章が，どの問いに対するものなのか分からないときがあります。これでは採点に時間が掛かります。気持ちよく採点してもらうためには，どの問いに対する文章なのかを明示するために「章立て」をする必要があります。「章立て」の方法については後述します。

⑤　不要な空白行の挿入や，過剰なインデントの設定をしない

　設問イとウが指定した字数を少し超えたような解答の場合，採点者は，減算する字数をカウントします。不要な空白行の数や過剰なインデントの字数を数えるのです。減算して設問イとウが指定した字数以上でない場合は不合格にします。これでは，効率的な採点はできません。不要な空白行の挿入や，過剰なインデントの設定をしないようにしてください。

Point ここが ポイント！！！！！！！

★採点しやすい解答を作成する

　試験委員は，試験以外に仕事をもっており，多忙です。その多忙な実務の合間の貴重な時間を使って，問題を作り，解答を採点します。したがって，受験者も試験委員に協力して採点しやすい解答を作成してください。

（2）採点者に安心して採点してもらう

　これから，合格レベルの論文の書き方について学習していきますが，論文を読んでいて，「この論文を書いた受験者には対象者像にふさわしいという以前に改善すべき点がある」と思うことがあります。次の点には「絶対に」注意してください。

① プロフェッショナルらしい質問書を書く

　試験を開始すると，最初に答案用紙の先頭に添付してある "あなたが携わったシステム監査，システム利用又はシステム開発・運用業務の概要"（以下，質問書）に答える必要があります。この質問書において，「答えない項目」や「分からない」を選択する受験者がいます。採点者は，この質問書程度の内容に答えられないあるいは答えていない受験者を，システム監査技術者試験の対象者像に値しないと判断するかもしれません。そのような第一印象を採点者に与えないように，「分からない」はできるだけやめて，全ての質問に答えるようにしてください。

　質問書を軽視しないで，プロフェッショナルらしさを採点者に与える回答に仕上げてください。

② ある漢字について，誤字を書いたり，正しい字を書いたりの混在をしない

　他人に文章を読んでもらう際に，書いたものを読み直して，必要に応じて修正するのは，社会人としての基本的なエチケットです。一つの論文の中で，ある漢字について，誤字を書いたり，正しい字を書いたりすることは，読み直しをしていないことを証明しています。問題に書いてある漢字を間違えることも同様です。基本を守れない受験者は合格できないと考えてください。

③ 問題文に書かれている漢字を別の漢字やひらがなで書かない

　基本的な注意力がない受験者と判断されても，仕方がありません。読み直しの際には，問題文を読んでから論文を読むとよいでしょう。

④ 自分の専門分野のキーワードの字を間違えない

　情報セキュリティに関する論文において「暗号」を「暗合」と書いたり，病院の医療システムを題材にした論文で「看護」を「患護」と書いたりして，自分の

専門分野のキーワードの字を間違えて書いている論文があります。このような誤字がある論文は，採点者に対して「本当に専門家なのか」という不信感を抱かせます。

⑤　最後まで，一定の「ていねいさ」で字を書く

　だんだん字が荒くなっていく論文を読んでいると，採点者は論文に不安定さを感じます。内容が良くても，不安定さを感じる論文に合格点をあげることはできません。一定の「ていねいさ」で字を書くようにしましょう。

（3）採点についての誤解を解く

　最後に，採点者や論文への誤解について説明します。

　理想は字がきれいで，設問ア，イ，ウで2,400字程度の論文が書けることです。しかし，そのような論文でなくとも，合格レベルの論文は多数あります。内容で勝負しましょう。

①　字がきれいでないと合格できないという誤解

　字がきれいに書けなくても，採点者はしっかり読んでくれます。採点者には，教育に携わる方も多くいます。したがって，人を教育するという観点から解答を採点してくれます。字をきれいに書くのが苦手な方も，ぜひ，論文にチャレンジしましょう。

　筆者は字がきれいではありません。20名の受験者がいるとすると，1名いるかどうかという低いレベルです。しかし，事実として論述式試験に複数回合格しています。おそらく，**筆者の字が「デッドライン」**と推測されます。第1章の図表1-4には筆者の字が掲載されていますから，その「デッドライン」を確認して安心してください。偶然ですが，筆者が知っている試験委員や採点者の中には筆者レベルの字を書く方もいます。しかし，きれいな字ではなくても読んでもらえる字を書く必要はあると思われます。

②　成功談を書かないと合格できないという誤解

　論文は成功談を書くことが当たり前のようです。ただし，筆者を含めて多くの先生が「厳しく評価して問題点を今後の改善したい点に論旨展開する」ということを基本的に推奨します。筆者もこのような展開で論述し，合格しています。

　失敗談でも，**きちんと問題点を挙げて，解決の方向性を示している論文は，読んでいて気持ちがいい**です。本当のことを書いている，本音で書いているという気持ちになれるからです。逆に，要求定義など，難易度が高い局面に関する評価を"十分満足のいく成功を収めた"と書かれると，読んでいて疑問に感じます。

★評価では，高度の情報処理技術者の視点の現れ，視座の高さを示せ！！

　情報処理技術者試験のガイドブックによると，採点者の方は，受験者の論述から，「成功した」，「うまくいった」という気持ちが分かるそうです。また，成功した事例を探して論述しているかもしれないと考えるそうです。しかし，中には，これでどうして成功するのか分からないような論述に出会うこともあるそうです。「○○は問題にならなかったのだろうか」と疑問点に気付くことも多いそうです。

　それらの課題を冷静に見つめて，論述したシステム監査では問題にならなかったが，改善が必要だと認識した事項について淡々と書かれていると，「そうだよね。よく気が付いたね」と共感を覚えながら読むことになるそうです。これが，高度の情報処理技術者の視点の現れであり，視座の高さであろうと言っています。

③　設問ア，イ，ウで 2,800 字程度書かないと合格できないという誤解

　合格者が 2,800 字論述していた経験を根拠にして，このようなことが書いてある本が多いのは事実です。筆者の著書でも同様のことを書いていました。しかしながら，字数については，問題冊子に書いてあるとおり，設問アが 800 字以内，設問イとウがそれぞれ 700 字以上書いてあれば，合格圏内と考えてください。ただし，**空白行や過剰なインデントについては減算**されますから，余裕をもった字数で論文を書き上げることは大切なことです。

④　設問ア，イ，ウで 2,800 字程度書くと合格できるという誤解

　2,800 字クラスの論文を 2 時間で書ける受験者の合格率は，経験から言うと高いです。しかし，2,800 字程度の論文を 2 時間で書き上げても合格できない受験者がいることも事実です。このような受験者に共通している点は，論文が冗長的であるという点です。すなわち，対策を選択した根拠などで，いつも同じことを書いているということです。このような論文にならないためには，しっかりとした論文設計や，**重要なこと以外は繰り返して書かない**などの配慮が必要となります。

⑤　設問アは 800 字の最後の行まで書かなければならないという誤解

　筆者が 20 年以上前に論文指導を受けた際に，講師は，“設問アは 800 字の最後の行まで書かなければならない。なぜならば，自分が担当した業務について書くことがないとは，論述力がないことをアピールしていることと同じだからである”と説明していました。この影響を受け，筆者も，同じことを長い間，指導していました。しかし，受験者の立場に立つと，設問アを 800 字の最後の行まで書くことよりも，もっと重要なことがあります。**最後まで，論文を書き上げること**です。

設問アは簡潔に表現できていれば 700 字でも問題ありません。なぜならば，問題冊子にそのようなことは書かれていないからです。また，設問アの配点は少ないので，たとえ減点されたとしても，合否には大きく影響しません。それよりも，合格に必須となる「**最後まで書き上げること**」の方が重要です。予定した時間どおりに設問アを終了して，時間内に最後まで論文を書き上げるようにしてください。これが何よりも重要なことです。

そして，**論述に慣れてきたら，設問アは 800 字の最後の行まで書いてください。なぜならば，合格レベルの論文の多くは，設問アをしっかり書いているからです。**

コーヒーブレーク
「踊る論文指導」1

試験会場で論述する公開模擬試験の論文などには見られませんが，自宅で受験した公開模擬試験の論文や，通信教育の論文で，設問ア800字，設問イ1,600字，設問ウ1,200字と各設問の制限字数までしっかりと論述されたものに，採点・添削する立場として出会うことがあります。これは最近の傾向です。3,600字を2時間以内で論述し，箇条書きなどを活用して整理がされ，趣旨に沿って専門家としての工夫や考えなどがアピールされていれば，問題ありません。私は「本試験では，箇条書きの項目数を減らして，2時間という制限時間切れのリスクを回避するとよいでしょう」などとコメントすればよいからです。

問題は，自信満々な"ものがたり"が書かれている場合です。懸命に3,600字を書いた解答者に，例えば，"趣旨に沿って，専門家としての考えや，そのように考えた根拠をもっと鮮明に採点者にアピールしましょう"とコメントを書いても伝わらないことは明らかです。本人は"絶対に合格論文だ"と思っているからです。そして，私の考えを率直にコメントしたら，解答者は絶対に憤慨すると思い，解答者の社会的立場や，解答者の学習効果を最大にするという点を重視して，柔らかいコメントにします。

でも，あるとき，自信満々な"ものがたり"の中に，解答者が優秀な実務者であることが伝わってくる論文を添削することになりました。15分ほど考えた挙句，"解答者は合格できなくて，きっと困っているはず"と決断し，私の考えを率直にコメントしたことがありました。それに対する解答者の反応については，ここでは書けません……。皆さんの想像にお任せします。今は，「字数が多いので時間切れのリスクを懸念していること」を伝えるくらいにした方がよい場合もあると，そのときのことを思い返しています。

趣旨に沿って，工夫や専門家としての考えや，そのように考えた根拠をアピールしていれば，設問ア800字，設問イ850字，設問ウ650字でも，合格できるでしょう。

字数を多く論述するよりも，論文設計に注力しましょう。

2.3 論述式試験突破に必要な要素を明らかにする

論述式試験突破に必要な要素を，もう一度分かりやすく，段階的に解説します。

（1）論述式試験の答案を採点してもらうために必要な要素を明らかにする

第一歩は記述式試験を突破することです。論述式試験の答案が採点されるという方は，記述式試験を突破できる実力がある方です。筆者が言いたいのは，記述式試験を突破できた段階で，論文を書くために必要な，ある程度の実力が備わっているはずなのですから，**記述式試験を突破する実力を生かして論述式試験を突破しないことは，「もったいない」ということです。**

（2）合否判定の対象となるために必要な要素を明らかにする

合否判定の対象となるために必要なことは，「2 時間で，設問アを 800 字以内，設問イとウをそれぞれ 700 字以上書いて，問題に書かれている全ての問いに答え，論文を最後まで書き終える」ことです。その他にはどのようなことがあるでしょうか。考えてみましょう。

① 「である」調で統一して書く

「ですます」調で書かれた論文もありますが，ほとんどの論文が論述の途中で，「ですます」調と「である」調の混在となってしまいます。これでは，論文として失格です。「ですます」調を最後まで貫くことは，どうやら難しいようです。

論文は，「である」調で書くと決まっているわけではありません。「ですます」調では合格できないのなら，問題冊子にその旨が書かれているはずです。しかし，経験的に言うと，「ですます」調で書かれた論文は合格レベルに達しないものが多いです。したがって，「である」調で書くようにしましょう。

② 守秘義務を遵守する

顧客名に関する固有名詞については，明示しないようにしてください。守秘義務違反として，採点は中止になると考えられます。「○○株式会社」，「○○銀行」は，「A 社」，「A 銀行」としましょう。想像してしまうイニシャルによる表現もやめた方がよいです。

③ 試験区分とあなたの立場を一致させる

あなたが受験する試験区分の対象者像に合った立場で，論文を書くことが求められています。例えば，プロジェクトマネージャ試験において，システムアーキテクトの立場で論述して，すばらしい論文を書いても合格することはできません。したがって，システム監査人の立場で書くことを前提にして，これから，論

文の書き方を説明します。

④　ローカルな言葉を使わない

　　これは，「あなたが勤めている会社でしか通じない言葉を論文で使わない」ということです。あなたの会社以外の，第三者が読むということを意識して書くようにしてください。具体的には，午前Ⅰ・Ⅱや午後Ⅰ・Ⅱの問題で使用されるキーワードを使って書きます。

（3）論述式試験合格を確実にする要素を明らかにする

　　採点者による合格判定の対象となった論文に，どのようなことが書いてあると合格と判定されるのでしょうか。これまでに，次の一つは分かりました。

・設問文に答えるだけではなく，問題文の趣旨に沿って，簡潔で分かりやすい文章を書く

　　さらに，巻末の論文事例作成者のワンポイントアドバイスや，IPA 発表の採点講評においてポイントとなる部分を列挙して考えてみましょう。まず，次の項目が挙がります。

・設問において要求されている，全ての項目に充足するように書く
・論旨展開の面白さよりも論理性が重視される
・IT ガバナンスなど，経営的な視点に立って論旨展開する
・出題者の視線に合わせて記述内容の妥当性を確保する
・自分の意見に対して，その根拠を明確に説明する
・監査目的，監査要点，監査技法，監査手続，監査証拠，リスク，コントロールなど，システム監査に関する用語を理解して，これらについて書けるようする
・全般統制と業務処理統制の違いや関係を理解した上で書く
・一般論ではなく，事例の特徴を踏まえて，リスク，コントロールや監査手続を書く

　　以上の内容を整理すると，合格を決める要素は，次のようになることが分かります。

P**oint** ここが **ポイント！** ! ! ! ! ! ! !

★最後まで書いて合格論文になる

　　途中にどんなに立派な内容を書いても，最後まで書き終えていない論文では合格することはできません。"－以上－"と書いて論文を締めくくりましょう。

〔合格を決める要素〕

・**問題文の趣旨に沿って書く**

　設問文も大切ですが，最も重要なものは，設問文の前に書かれている出題の趣旨です。これをしっかりと理解してください。「〜が重要である」，「〜する必要がある」などは，特に重要な論点となると考えてください。

・**設問において要求されている，全ての項目に充足するように書く**

　論述式試験全般に該当します。細心の注意を払って設問文を読んで，論文の「章立て」をしてください。

・**論理性を重視して書く**

　自分の意見に対して，その根拠を明確に説明します。

・**設問アで論述した内容を踏まえて設問イと設問ウを具体的に書く**

　一般論を書いても合格を決めることは難しいです。設問アで述べた事例の特徴などを踏まえて，論旨展開をして具体的に論述する必要があります。

・**システム監査に関するいろいろなテーマについて，専門用語を切り口にして書く**

　監査手順，監査要点，監査技法，監査手続，監査証拠，リスク，コントロール，全般統制と業務処理統制など，システム監査に関する用語を理解して，設問アで述べた内容を踏まえて，これらについて書けるようにしてください。

　以上の内容を，更にコンパクトにまとめて最近の出題傾向を踏まえてキーワードにまとめてみましょう。

〔合格を決めるキーワード〕

　合格論文を書くためには，
(1) 問題文の趣旨との**整合性**
(2) 設問アに関連させて設問イを書き，設問イに関連させて設問ウを書く，例えば，リスク → コントロール → 監査要点（確認すべきポイント）→監査手続という論旨展開の**首尾一貫性**
(3) 自分の意見に対する根拠を十分に述べられているという**論理性**
(4) コントロールを総合的に点検・評価するという**網羅性**
が確保されていている必要があることが分かります。

2.4 論文を評価する

　「論述式試験は難しい」と一般に思われていますが，今までの説明で，そのような誤解が少しずつ解けてきたのではないでしょうか。また，どのようなことをすれば合格論文に近付くかについて，概要が少しずつ分かってきたのではないでしょうか。

（1）論文の採点方法と採点の観点を知る

　論述式試験では，論文採点はどのように行われているのでしょうか。これについては詳しく公表されていません。一般的な観点から推測すると，採点項目と採点基準に従って定量的な評価がされていると考えられます。そうでないと，合格した論文が，なぜ合格レベルなのか，客観的に説明できなくなってしまうからです。なお，一説には，論文の評価の客観性を確保するために，一つの論文は2人の採点者によって採点されているという話もあります。

　論文採点の観点として考えられるのは，次のようなことです。

① 「質問書」にはプロフェッショナルな印象を採点者に与えるように書く

　名称，対象企業業種，システム構成等を質問書としてアンケート形式で問うのは，受験者のバックグラウンドを確認するためです。したがって，質問書の回答で専門家としての印象をしっかり採点者に与える必要があります。今後，質問書がどのように変更されるか分かりませんが，基本的には次の項目を守って，しっかり質問書に答えるようにしましょう。

・質問書の内容と本文の内容が一致している。

・30字以内で記入が求められている名称については，質問書に挙げられている例に従って，名称を修飾して，相手に分かりやすく表す。

・「分からない」は絶対にやめる。どうしても「分からない」場合には，理由を簡潔に書いておく。

・対象者像に書かれている内容に従って，あなたの役割を選択する。

Point ここが ポイント！！！！！！！

★解答用紙の最初の「名称」で合格を決める

　　質問書の最初にある，「名称」についての30字以内の記述によって，採点者は，論文の出来具合を推測するようです。しっかりと，質問書の例に倣って名称を修飾してアピール性の高いものにしましょう。

　　採点者によると，受験者が論述しようとしているシステム監査の内容を受験者自身でどれだけ理解し，客観的に評価できているか，分かるそうです。

② 出題意図に答えている

　　設問で問われている全ての内容に対して，採点者が分かりやすいように答える必要があります。このことには次の四つの意味があります。

- **・設問で問われている項目に，漏れなく答えている**

　　　　設問で問われている全ての項目に漏れなく答えないと，論述式試験は突破できません。

- **・問題文の趣旨に沿って書いている**

　　　　設問文に答える内容の論文を書いただけでは，論述式試験を突破することは難しいです。問題文の趣旨に沿って書くことが重要です。特に "〜が重要である"，"〜する必要がある" などの展開は，意識的に論文に盛り込むようにします。

- **・採点者に分かりやすい文章を書いている**

　　　　場合によっては，「難しいことをあえて書かない」ことも必要です。採点者に伝わる内容を書いてください。

- **・ある文章が，どの問いに対する答えの部分なのかを，採点者に分かりやすく示している**

　　　　採点者がある文章を読んでいて，その文章が，設問文のどの問いに答えるものなのか分からないのでは，効率的な採点ができません。したがって，論文では，必ず，「**設問文に沿った章立て**」をするようにしてください。

③ プロフェッショナルな知識と経験に基づいた課題対応力がある

　　知識や経験を基に課題に対応する，すなわち，課題に対していろいろ考えて，良い対応策を見い出すという展開を論文に盛り込むことが大切です。これが「工夫した点」となって，合格レベルに論文が近付く要素になります。

④ プロフェッショナルな課題解決能力

　　実際の業務において，課題解決は一筋縄ではいきません。一つの課題を解決しようとすると，いろいろな課題が生じてきます。これらを解決して「物事を成し遂げる力量」があるかどうかが評価されます。

⑤ 現状の問題把握能力と今後のプロフェッショナルな力量の成長性

　　結果がどうなって，これからどうするのかが明確に書かれていなければ，試験の対象者像にふさわしい役割を果たしていないと判断されると考えてください。

これらをきちんと書くことができない受験者は，試験区分の対象者像において必要とされる，一歩前の業務しか経験していないと判断される可能性があります。

⑥　表現能力

内容面だけではなく，上級技術者として必要なドキュメンテーションスキルについても問われます。内容の理解しやすい記述が必要で，「読ませる力」が重要となります。これが表現能力です。

（2）論文の評価基準を知る

採点の観点をまとめると，論文の評価基準は，次のように設定することができます。アイテックの通信教育の添削では，これらの項目を全て評価基準としています。

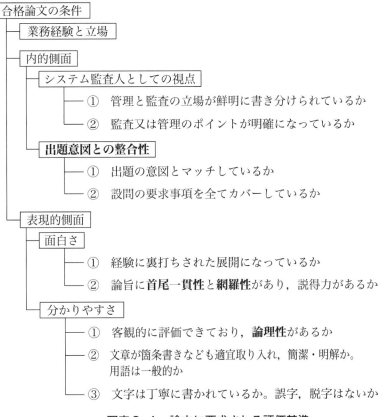

図表2-4　論文に要求される評価基準

（3）採点の視点を知る

　論述式試験の結果は，A〜D の評価ランクで示されています。配付されている案内書・願書には，受験者の論文を評価する際の視点などの採点方式が示されています。

評価ランク	内　　　容	合否
A	合格水準にある	合格
B	合格水準まであと一歩である	不合格
C	内容が不十分である	
D	出題の要求から著しく逸脱している	

図表2-5　IPA が示す合格基準

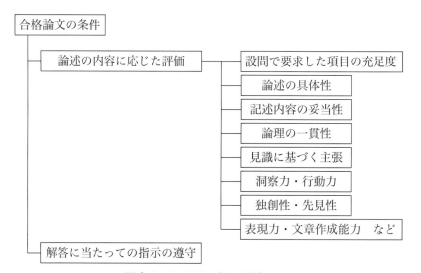

図表2-6　IPA が示す評価項目

　IPA が示す評価項目について実際に評価する際の採点方式は，明らかにされていません。前述の論文の評価基準と，IPA が示す評価項目との関係は，おおむね次のとおりと予想します。

　なお，解答にあたっての指示の遵守に違反した場合，評価ランクは D であると考えてください。

IPAの評価項目	通信教育の評価基準	通信教育の評価ポイント
設問で要求した項目の充足度	**業務経験と立場**	・業務内容と情報システム又はシステム監査業務との関わり ・設問アで問われている内容について，状況がよく分かるか，的確か
	出題意図との整合性①出題の意図とマッチしているか ②設問の要求事項を全てカバーしているか	・出題の趣旨との**整合性**があるか ・設問文で問われている内容について全て答えているか
論述の具体性	**面白さ**①経験に裏打ちされた展開になっているか	・具体的に書かれているか
論理の一貫性	**面白さ**②論旨に首尾一貫性と網羅性があり，説得力があるか	・**首尾一貫性**や**網羅性**があるか
記述内容の妥当性 見識に基づく主張 洞察力・行動力 独創性・先見性	**システム監査人としての視点**①管理と監査の立場が鮮明に書き分けられているか ②監査又は管理のポイントが明確になっているか **分かりやすさ**①客観的に評価できており，論理性があるか	・システム監査人としての立場を鮮明にして，システム監査人の立場から論述されているか ・ポイントを明確にした上で，具体的な監査手続まで踏み込んで書いているか ・**論理性**があるか。
表現力・ 文章作成能力	**分かりやすさ**②文章が箇条書きなども適宜取り入れ，簡潔・明解か。用語は一般的か ③文字はていねいに書かれているか。誤字，脱字はないか	・簡潔性，一般性があるか ・読みやすいか ・略字の使用，禁則処理，長い段落や短すぎる段落がないか

図表2-7　IPA の評価項目とアイテックの通信教育の評価基準との関係

Point ここが ポイント！

★第三者に分かりやすい文章を書くためには，新聞，雑誌，小説を意図的に読む

　どの情報処理技術者試験にも合格した経験がない受験者に対して，試験の対策セミナーを実施しました。合格発表後，初めての情報処理技術者試験の合格が論述式問題のある試験区分という方に，インタビューしました。その方は本を読むのが大好きで，お小遣いの全てを本に費やすという話でした。第三者に分かりやすい文章を書くためには，やはり，新聞，雑誌，小説を読むことが大切なようです。

第3章

基礎編

この章以降の【訓練】は，主に，システム監査に関する実務経験が少ない方，あるいは，専門知識があっても実務経験がない方を対象にしています。実務経験のある方も"手書き"に慣れるために訓練に参加してみてください。意外な改善すべき点が発見できるかもしれません。

3.1　五つの訓練で論文が書けるようになる ・・・・・・・・・・・・・・・・・・・52
3.2　【訓練1】「作文」や「論文ふう」の文章を書く ・・・・・・・・・・・53
3.3　【訓練2】トピックを詳細化して段落にする ・・・・・・・・・・・・・・58

3.1 五つの訓練で論文が書けるようになる

　これから，論述式試験を突破するために必要な訓練を行います。簡単な訓練から始めますが，それぞれの訓練には，意味があります。例えば，【訓練1】では作文を書きますが，この訓練によって，「また，〜した。また，〜した」という語尾が「した」の連続になる「作文」を書かなくなります。【訓練2】では，トピックを詳細化しますが，数値を文章の中に入れ，定量的に表現する訓練によって，客観性の高い文章を書けるようになります。

　「急がば回れ」です。少し時間が掛かりますが，しっかりと訓練に参加しましょう。

（1）論文が書けるようになる五つの訓練を知る

　記述式問題を突破できるということは，80字程度の記述力があるということです。次に，80字の記述力を，2時間で2,400字程度を書ける論述力にアップするための訓練について説明します。

①【訓練1】「作文」や「論文ふう」の文章を書く

　最初に，「作文」と「論文」との文章の違いについて理解しましょう。まずは，小学生の気持ちになって，気楽に文章を書いてみましょう。

②【訓練2】トピックを詳細化して段落にする

　一つのトピックに基づいて文章を書いてみましょう。これは記述式問題の解答を，論述式問題の解答にステップアップさせる第1段階です。

③【訓練3】問題文にトピックを書き込む

　問題文には論述に必要なトピックが書かれていることは，既に説明しました。しかし，これだけでは，論文は書けません。問題文を基にして，もっとトピックを挙げましょう。

④【訓練4】ワークシートに記入する

　論文設計のためのワークシートを使って論文を設計してみましょう。3回くらい訓練を行えば，ワークシートがなくても，論文を設計できるようになります。

⑤【訓練5】ワークシートを基に論述する

　ワークシートができ上がったら，そこに書かれているトピックを基にして論述します。ここでは，「【訓練2】トピックを詳細化して段落にする」で訓練したテクニックを使って，論述することを学びます。

　上記の訓練については，【訓練1】を本章の3.2で，【訓練2】を3.3で，また，【訓練3】〜【訓練5】は第5章で詳しく説明しています。順を追って訓練し，論述式試験突破に向けた論述力を身に付けましょう。

【訓練１】「作文」や「論文ふう」の文章を書く

（1）作文を書いてみよう

　最初ですから，小学生のときを思い出して，400字程度の作文を書いてみましょう。題目は，「今日，朝起きてから，今までの出来事」です。

「今日，朝起きてから，今までの出来事」　　　　　　3年1組　岡山昌二

　今日，妻のA子に朝，起こされた。とても眠かった。でも，仕事だと思い，頑張って起きた。すばやく支度を済ませて，仕事場に出かけた。電車の中でも眠くて，頭がはっきりしなかった。

　土曜日なので，昨日よりも早く着くと思って時計を見た。すると，なんか時刻が違うと思った。眠いので考えられなかったが，気合いを入れて見ると，やはり，早かった。ちょっと，腹が立ったが，共働きなので仕方がないと思った。やっぱり，今度から，自分で目覚ましをセットしようと思った。

Just Do it! 関所 No.1

　やっと皆さんの番になりました。本番の試験に備えた，手書きの訓練を始めましょう！

　最初にBかHBの芯の入ったシャープペンシルと消しゴムを用意してください。次にこの本の巻末にあるB４サイズの紙を本書から切り離しましょう。"巻末ワークシート１"にある，"【訓練１】作文を書いてみよう"の原稿用紙に400〜600字ほどの作文を書いてみてください。目的は「昔のように手書きに慣れる」ことです。手先や手首を柔らかく動かして，作文を書いてみましょう。制限時間は15分です。

（2）作文と論文の違いを知る

　一見，馬鹿らしい訓練ですが，論述式試験において作文を書いてしまわないためには重要な訓練です。論文を添削する場合，添削者は，皆さんが 2 時間かけ，苦労して書いた論述式問題の解答に対して，「論文ではなく作文になっています」とは，なかなかコメントできないものです。したがって，作文になっていないかを自分でチェックできるように，しっかりと，「作文」と「論文」の違いを確認してください。「作文」を「論文ふう」に仕上げるためには，次の主張性と客観性を盛り込むことが重要です。

①　主張性

　論文と作文の一番の違いは，「主張性」です。作文では，中途半端な表現，あいまいな表現を使ってもかまいませんが，論文では禁物です。論文において**"思う"は絶対に使わない**でください。あいまいな表現をされると，読み手，すなわち採点者が困ってしまいます。

　論文において，主張性を確保するには，事例を挙げて説明することです。"〜について掘り下げて論述する"，"具体的には次に述べるような対策を講じた"というキーセンテンスを意図的に活用して，事例へ論旨展開することが重要です。

②　客観性

　語尾が"〜した"の連続では，主観的な表現ばかりとなって，採点者は疲れてしまいます。客観性を確保するために，具体的には，"なぜならば"と書いて，対策を採用した根拠を明示するようにしましょう。

③　具体性

　論文で，数十時間や数百台と書かれても，採点者はイメージがわきません。"20 時間〜30 時間"，"100 台〜150 台"，と，定量的に書くようにしてください。

（3）論文ふうの文章を書いてみよう

　手書きで文章を書きます。原稿用紙を用意してください。

　では，主張性，客観性，具体性を留意しながら，論文ふうの文章を書いてみましょう。**書けない漢字があった場合は，ひらがなで書くのではなく，辞書を引いて漢字を調べて書く**ようにしてください。

| 「起床時刻のセットの重要性」 | | | | | | | | 岡山昌二 |

　朝の目覚まし時計は，頼りになる妻がいても，自分で起きる時間をセットすることが重要である。なぜならば，誤って1時間早く起きても，自分が悪い，仕方がないで済むからである。具体的には，次のようなことが起きた。 (100字)

　今日の朝は，妻のA子に起こされた。とても眠かった。でも，仕事だと思い，頑張って起きた。30分で支度を済ませて仕事場に出かけた。電車の中でも眠かった。土曜日なので，昨日よりも10分ほど早く着くと思って時計を見た。すると，何か時刻が違うと思った。頭に気合いを (200字) 入れて，よく考えると，やはり時間が1時間早かった。 (300字) 早く起こされた私は，妻に対して腹が立った。

　このように自分の人生，他人に腹を立てても，その分，損をするだけである。私のように共働きの家庭では特に，自分の責任で生活する工夫が重要である。 (400字)

　どうでしょうか。奥さんに起こしてもらっている方，明日から，自分で目覚まし時計をセットする気持ちになったでしょうか。そのような気持ちになれば，この文章には，コミュニケーションにおける主張性があることになります。また，主張したいことに対して，根拠が述べられているので，客観性も確保されていると考えることができます。

Point　ここが ポイント！

★論文では "と判断する"，"である"，を使う

　論文ではあいまいな表現を絶対に使わないでください。"思う" と書かれると，そのあいまいさから，採点者は読んでいて不安になってきます。

★論文はひらがなではなく，漢字で書く

　論文に使いたい漢字があるのに，書くことができない場合があります。重要なキーワードではない場合は，別の言葉で書くようにしてください。「専門家ならば書けるレベルの漢字を書けない」という印象を採点者に与えることは，受験者が思っている以上にマイナスイメージになります。

Just Do it ! 関所 No.2

　「やらなくても，できるよ」なんて思わないで演習を続けましょう。作文にこそなっていなくても，もしかしたら報告書みたいな論文になっているかもしれません。1 回の受験で合格できると考えれば，この程度の演習は苦にならないはずです。

　書いた作文の右側，すなわち"巻末ワークシート 1"にある，「【訓練1】論文ふうの文章を書いてみよう」の原稿用紙に 400～800 字ほどの文章を書いてみてください。目的は「採点者に自分の考えをはっきりと示す文章を書くことができる」です。あいまいなことを主張しても合格はできません。論述式試験で合格するためには，採点者に専門家としての主張や考えをしっかりと伝えることが重要です。

　書いた作文を基に，次の点に留意して論文ふうの文章にチャレンジしてみてください。

①　主張したいことを書き，次に"なぜならば"と書いてその根拠を明示する。

②　主張性を確保するために，"具体的には"と書いて事例を挙げる。

③　"～が重要である"と書いて事実を考察し，主張したいことを別の表現で言い換えて主張性をアップさせる。

④　"思う"など，あいまいな表現は使わない。

⑤　具体性を確保するために，できるだけ定量的に示す。

　最初の文章が主張になっていることが重要です。「今日は電車が混んでいた。なぜならば，4 月の初旬で新入社員が通勤電車に乗るようになったからである」など，"主張"の代わりに"状況"を書かないようにしましょう。

（4）設問イにおいて報告書を書かない方法を知る

　さあ，最初の訓練はどうでしたか。作文を書かないためには，作文を書いてみることです。では，報告書を書かないためにはどうしたらよいでしょうか。

　そのポイントは，設問イやウの解答の書き方にあります。設問イやウの解答に，手順や状況を長々と書いても採点者は読みません。なぜならば，採点者が評価することは，考え方，工夫した点や能力だからです。

　なお，設問アでは説明は OK です。システムの概要などをしっかりと説明してください。

　報告書を書かない方法としては，状況説明に終始しないことです。次に，**手順などを説明する際には，手順において特に重要と考えたポイントを示して，その根拠を述べる**ようにします。こうすれば，採点者に対して考え方をアピールできます。その際，手順の箇条書きに終始しないことが重要です。

P_{oint} ここが **ポイント！** ！ ！ ！ ！ ！ ！

★**設問イやウにおいて項目を列挙しただけでは得点できない！！**

　項目を列挙する際には，重視した点を根拠とともに明示すると，得点になります。論文では，採点者に「専門家としての考えや，そのように考えた根拠」をアピールしましょう。

【訓練2】トピックを詳細化して段落にする

論述式問題を記述式問題としてとらえると，問題文からトピックを挙げられることは分かりました。次は，そのトピックを論文に仕上げる訓練の第一歩として，トピックを基にして段落を書く訓練をします。

（1）トピックを基に，5W2Hで段落を書いてみよう

トピックをどのように膨らませて論文に仕上げるかを考えていたところ，新入社員研修で私が講演している「報告書の書き方」のことを思い出しました。5W2Hです。これを応用して，一つのトピックを膨らませることができます。

では，5W2Hを挙げてみましょう。

① Ｗｈｙ　　　　なぜ
② Ｗｈｅｒｅ　　どこで
③ Ｗｈｅｎ　　　いつ
④ Ｗｈａｔ　　　何を
⑤ Ｗｈｏ　　　　誰が
⑥ Ｈｏｗ　　　　どのようにして
⑦ Ｈｏｗ　ｍａｎｙ　どのくらい

次に，"シンクライアント環境に監査手続を適用した"というトピックで，5W2Hについて考えてみます。

① Ｗｈｙ	なぜ	シンクライアントの特徴を踏まえると，ユーザデータが集中しているという脆弱性と，ユーザデータが記録された磁気ディスク装置に障害が発生するという脅威が結び付くことにより，ユーザデータの消失というリスクがある。そのリスクに対して適切なコントロールがあるかを確認するためにある
② Ｗｈｅｒｅ	どこで	コンピュータセンタにおける現地調査において
③ Ｗｈｅｎ	いつ	要求定義の局面で

④	Ｗｈａｔ	特に何を重要と判断した	ユーザデータの重要性を評価した上で，バックアップのタイミング，頻度，保存期間が運用基準に明文化されていること，運用基準に準拠してバックアップを採取していること
⑤	Ｗｈｏ	誰が	システム監査技術者として私は
⑥	Ｈｏｗ	どのようにして	(1) 監査手法としてドキュメントレビュー法を採用し，シンクライアント環境のバックアップについて運用基準が適切に規定されているかという妥当性を確認し監査証拠を得る (2) 監査手法としては突合せ法を採用して，バックアップの運用基準に準拠してバックアップが採取されていることを，運用基準とバックアップジョブのログとを突き合わせて準拠性を確認し監査証拠を得る，という監査手続を適用した
⑦	How many	どのくらい	監査の留意点として，差分や増分バックアップなどのバックアップ方式に応じて，運用基準とバックアップジョブのログとを突き合わせる期間を決定するが，おおむね 2 週間分とした

　実務経験に基づいて書いても，専門知識に基づいて書いても結構です。例を参考にして，自分で 5W2H を挙げてみましょう。

　5W2H が挙がれば，それで一つの段落を書いてみます。始めは結論と，その根拠から書いてみましょう。結論は，"シンクライアント環境に監査手続を適用した"です。

　では，訓練開始です。一つの段落を書いてみましょう。なお，段落の開始は「字下げ」を忘れないでください。

私はコンピュータセンタを現地調査し，シンクライアント環境におけるデータバックアップの運用状況に対して監査手続を適用した。なぜならば，シンクライアントの特徴を踏まえると，ユーザデータが集中しているという脆弱性と，ユーザデータが記録された磁気ディスク装置に障害が発生するという脅威が結び付くことにより，ユーザデータの消失というリスクがあり，そのリスクに対する有効なコントロールの妥当性と準拠性を確認するためである。特に重要と判断したことは，ユーザデータの重要性を評価した上で，バックアップのタイミング，頻度，保存期間が運用基準に明文化されていること，運用基準に準拠してバックアップを採取していることである。そこで私は，(1)監査技法としてドキュメントレビュー法を採用し，シンクライアント環境のバックアップについて運用基準が適切に規定されているかという妥当性を確認し監査証拠を得る，(2)監査技法としては突合せ法を採用して，バックアップの運用基準に準拠してバックアップが採取されていることを，運用基準とバックアップジョブのログとを突き合わせて準拠性を確認し監査証拠を得る，という監査手続を特に重要と考えて適用した。バックアップが有効であるためには，差分や増分バックアップなどのバックアップ方式に応じてバックアップを適切に採取する必要がある。そこで私は，監査の留意点としては，バックアップ方式に応じて，運用基準とバックアップジョブのログとを突き合わせる期間を決定するが，その期間をおおむね２週間分の突合せとした。

Point　ここが ポイント！！！！！！！

★知識で書く場合でも，できるだけ数値を盛り込む

　数値が入っていると，信憑性が増してきませんか。論文では，具体的に書くことが求められています。したがって，経験がないことを専門知識に基づいて書く場合でも，数値を入れて書くようにしましょう。

　もちろん，経験に基づいて書く場合でも，定量的な表現をしましょう。

5W2Hで"シンクライアント環境に監査手続を適用した"というトピックを表現すると，こんなに字数が多い段落が書けるのです。皆さんはどうでしたか。

しかし，実際に書いてみると，一つの段落で多くのことを書き過ぎている感もあります。そのため，論旨展開もギクシャクしています。実際には，この段落を更に分けて，論旨展開をなめらかにするとよいでしょう。

私はコンピュータセンタを現地調査し，シンクライアント環境におけるデータバックアップの運用状況に対して監査手続を適用した。なぜならば，シンクライアントの特徴を踏まえると，ユーザデータが集中しているという脆弱性と，ユーザデータが記録された磁気ディスク装置に障害が発生するという脅威が結び付くことにより，ユーザデータの消失というリスクがあり，そのリスクに対する有効なコントロールの妥当性と準拠性を確認するためである。

特に重要と判断したことは，ユーザデータの重要性を評価した上で，バックアップのタイミング，頻度，保存期間が運用基準に明文化されていること，運用基準に準拠してバックアップを採取していることである。なぜならば，バックアップを採取していても，最新の稼働環境でリストアテストを実施していないため，必要なときに使えないという事態が発生することがあるからである。そこで私は，次の監査手続を特に重要と考えて適用した。

(1) 監査技法としてドキュメントレビュー法を採用し，シンクライアント環境のバックアップについて運用基準が適切に規定されているかという妥当性を確認し監査証拠を得る。

(2) 監査技法としては突合せ法を採用して，バックアップの運用基準に準拠してバックアップが採取されていることを，運用基準とバックアップジョブのログとを突き合わせて準拠性を確認し監査証拠を得る。

バックアップが有効であるためには，差分や増分バックアップなどのバックアップ方式に応じてバックアップを適切に採取する必要がある。そこで私は，監査の留意点としては，バックアップ方式に応じて，運用基準とバックアップジョブのログとを突き合わせる期間を決定するが，その期間をおおむね2週間分の突合せとした。

ここでは，専門知識があれば"シンクライアント環境に監査手続を適用した"という一つのトピックを，これだけの文章に展開できることを確認してください。

（2）キーワードに基づいた段落の書き方を知る

トピックに基づいて，5W2H で段落を書く以外に，キーワードに基づいて一つの段落を書く方法としては，次の二つがあります。

① **キーワード中心型の段落構成**

「シンクライアント」という**キーワードを中心にして**段落を書く方法です。

② **キーワード連鎖型の段落構成**

「シンクライアント」というキーワードを基にして，**次々と関連するキーワードを連鎖させて**一つの段落を書く方法です。

P_{oint} ここが ポイント！！！！！！！

★**キーワードを学習する際には，関連するキーワードも確認する**

　キーワード単体で覚えても，必要なときに使うことは難しいものです。関連するキーワードを一緒に確認して，キーワード間の関連性も学習しましょう。そうすれば，キーワードを連鎖させて文章を書くことができるようになります。

★**システム監査では「経営戦略との不整合のあるシステムとなるリスクがあった」とする**

　キーワード連鎖型で，リスクから連鎖させて段落を書いてみましょう。重要なキーワードと，その内容を例として次に挙げておきます。

- リスク：経営戦略と管理会計システムの方向性が一致せず，結果として経営戦略との不整合のあるシステムとなる
- コントロール目標：ビジネス要件を満たすために，どのようなサービスを提供するかという検討に際して，IT専門家と経営者が連携する
- 監査目的：管理会計システムが経営戦略を支援しているかを確かめる
- 監査テーマ：管理会計システムがタイムリかつ適切な情報を経営者に提供できているかを確かめる
- 監査対象：経営者，経営戦略，情報戦略，計画中・稼働中の情報システム，情報システム部門，情報システムの利用者
- 監査範囲：利用者としての経営者，開発・運用業務，管理会計システム
- 監査要点：システム設計書はユーザの承認を受けているか
- 監査手続：要件定義書を査閲して，ユーザの承認の記録を確認し，適切な権限者によって承認されていることを示す監査証拠を得る

（3）トピックに基づいて書いた段落を組み合わせれば論文になる

　　ここで示す論文の設計方法は，ブロックを組み立てて船や飛行機を作ることと似ています。子どものころ，ブロックを使って船や飛行機を作ったことを思い出し，皆さんも，段落というブロックを使って論文を書きましょう。ブロック（段落）を組み立てる設計図（論文設計書）があれば，船や飛行機（論文）を組み立てる（書く）ことができます。

Just Do it！ 関所 No.3

　　禁則処理を知っていますか？　いろいろなレベルがありますが，句読点で行を書き始めるのはやめましょう。

　　段落について，理解できましたか？　まだ，段落を書けそうもない方は是非とも演習に参加してください。

　　基礎の部分はもう少しで終わりですが，禁則処理や段落についての意識がないと，これから先の演習の効果が半減します。がんばりましょう。

　　"巻末ワークシート2"にある，「【訓練2】トピックを詳細化して段落にする」にトピックを5W2Hで詳細化してみましょう。詳細化は，自分の経験でも想像でもOKです。頭の体操だと思って詳細化しましょう。

　　トピックは何でもよいです。第2部にある論文事例から引用すると，次のようなトピックが挙げられます。これらからトピックを選んで，詳細化してみてください。

　　① リスクを想定した。
　　② コントロールを精査した。
　　③ 監査手続を設定した。
　　④ 監査技法を選択した。

　　トピックを詳細化したら，その下の原稿用紙部分に一つの段落としてまとめてみましょう。論文では，段落が長いと採点者が読みにくいのです。一つの段落を五つくらいの文章で構成するとよいでしょう。次の三つの点に注意してください。

　　① 段落の書き始めを字下げする。
　　② 句読点で段落を書き始めないように禁則処理をする。
　　③ 段落の区切り以外では改行しないようにする。

　　アイテックが開催している全国統一公開模試で分かることですが，段落を構成することができていない答案が2割ほどあります。この訓練を通して，しっかりと段落を構成できるようになりましょう。

第4章

論文を作成する際の約束ごとを確認する

　採点者は，基本的な約束ごとを守っていない答案を採点しません。論述式試験における約束ごとは幾つかありますが，その中でも特に，試験の際に配付される問題冊子で指示された基本的な約束ごとは，非常に重要です。

　この章では，問題冊子に明示された約束ごとを中心に，論述式試験に臨むに当たって，覚えておくべき約束ごとを，もう一度，確認します。

4.1　試験で指示された約束ごとを確認する ・・・・・・・・・・・・・・・・・・・・66

4.2　全試験区分に共通する論述の約束ごとを確認する ・・・・・・・・・・ 72

試験で指示された約束ごとを確認する

論述式試験における約束ごとには，試験の問題冊子で明示された非常に重要な約束ごと，質問書における約束ごと，一般的な論文における約束ごとがあります。

（1）問題冊子の指示をチェックする

本番の試験では問題冊子と答案用紙が受験者に配付され，問題冊子は持ち帰り可となっています。それでは，問題冊子や答案用紙から得られる情報に基づいて，論述の際の留意点を説明します。

① B又はHBの黒鉛筆，又はシャープペンシルを使用する

自分の手に慣れた筆記用具を使い，複数本を用意します。シャープペンシルを換えることによって指の疲れが気にならなくなることもあります。消しゴムについては，使用の際に答案用紙を汚さないように，使う都度，まずは消しゴム自体をきれいな状態にしてから使います。明らかに濃い鉛筆や薄い鉛筆を使った場合は，この指示に従っていないと判断され，評価を下げる場合がありますので注意してください。

② 問題の趣旨に沿って解答する

設問文に答えるだけではなく，問題文をしっかり理解してから，論述することが大切です。

③ 答案用紙の解答欄は，「質問書」と「本文」に分かれている

答案用紙についての詳細な内容を書くことはできませんが，答案用紙は，"あなたが携わったシステム監査，システム利用又はシステム開発・運用業務の概要"（以下，質問書という）と「本文」に分かれています。両方とも解答時間内に記入します。

④ 「質問書」は問題冊子の2ページ目に記載された記入方法に従って，全項目について記入する

問題冊子に書かれた記入方法について，図表4-1に示します。

試験区分	質問書への記入方法
システム監査技術者試験 （平成31年度春期）	**"あなたが携わったシステム監査，システム利用又はシステム開発・運用業務の概要"の記入方法** あなたの所属部門と，あなたが担当した主なシステム監査，システム利用又はシステム開発・運用業務の概要について記入してください。

図表4-1　「質問書」の記入方法

この表の内容から，質問書では，受験する試験区分の専門分野に関連する，論述の対象となる実務経験について，その概要，立場や役割が問われることが分かります。

⑤ 「本文」の設問アは 800 字以内で記述する

設問アの最低字数は指定されていませんが，少なくとも 700 字以上は書くようにしましょう。時間があれば，最後の行まで埋めるようにしてください。

⑥ 「本文」の設問イとウはそれぞれ 700 字以上，1,400 字以内で記述する

現状における留意点は次のとおりです。ただし，これらは執筆時の状況です。受験した際の指示に，必ず従うようにしてください。

・合格論文に必要な字数は問題冊子に書かれている

問題となる点は，合格論文に必要な字数と，設問イとウの字数の配分についてです。

合格論文に必要な字数は，問題冊子に書かれているとおりです。必要な字数を書いても，論文が完結せず途中であったり，論文に冗長的な表現が多かったりすると，不合格になります。

・設問イとウの論述開始箇所は答案用紙に指定されている

本試験では，答案用紙に設問イとウ，それぞれの論述開始箇所が指定されていることを確認してください。

・答案用紙の字数カウンタは各設問の最初からカウントされている

答案用紙には論述量の目安となる字数が書かれています。本試験ではこの字数が各設問の最初から始まってカウントされていることを，確認してください。本試験の答案用紙は片面が 400 字です。

・答案用紙に示された 700 字分の行に達しただけでは 700 字以上ではない

700 字分の行に達していても，その行の数文字分を空白にして論文を終わらせた場合は，700 字未満です。これでは採点対象とならない場合があります。**必ず 700 字分の行を書き終えて，次の行に達するまでがんばってください。**

このように余裕分を考慮して，本書では，少なくとも 2,400 字（＝800 字（設問ア）＋800 字（設問イ）＋800 字（設問ウ））ほど論述しましょうと書いています。

・過剰な空白行やインデントはカウントして減算される

空白行については，カウントして，実際の字数から引かれると考えてください。この作業は採点者が行いますから，採点者の負担になります。採点作業は時間との戦いでもありますから，このような負担を採点者に与えないことも大切です。したがって，不要な空白行の挿入は控えましょう。過剰なインデントについても，同様です。

⑦ 解答はていねいな字ではっきりと書く

きれいな字で書く必要はありません。採点者が読みやすい字で書きましょう。

P_{oint} ここが ポイント！！！！！！！

★字の「ていねいさ」を均一にして書く

　以前，合格確実といわれた方が不合格になり，その理由を聞いたことがあります。その方は，「問題を見て安心して始めはゆっくり，ていねいに書いた。そのうち，時間がなくなり，字が汚くなった。この変化が不合格の原因だ」と説明しました。だんだんと字が荒れてくると，内容も粗末になってきていると，採点者は感じるものです。

★答案用紙は下を1枚にして書くか，問題冊子を下敷きにする

　答案用紙は両面です。したがって，答案用紙の2枚目と3枚目，4枚目と5枚目は表裏になっています。1枚目，2枚目は問題がありませんが，3枚目を書く際に，その下で1枚目と2枚目が合わさっていると，そこに書かれた字がカーボンコピーの役割をして，1枚目と2枚目に書かれた字が互いに写ります。これでは読めない答案になってしまいます。

（2）質問書の指示をチェックする

　答案用紙は未記入でも持ち帰り不可となっています。したがって，答案用紙の一部である質問書に関する情報については，正確ではありませんが，再現したものがこの項の終りにあります。答案用紙の始めのページにある質問書は次の点で重要ですから，しっかりと書いてください。

① 質問書では，専門家として自分の経験を相手に伝え，相手に専門家であると認めさせる力をアピールする

　問題冊子を読んで，解答する問題を選んだら，質問書に記入します。質問書では，その試験区分の専門分野に関連する，論述の対象となる実務経験について，その概要，立場や役割が問われます。その内容については，実務経験があれば書ける内容について問われると考えてください。

② 質問書がしっかり書けている人は論文もしっかりしている

　論文の第一印象は設問アの前半です。しかし，答案の第一印象は質問書で決まります。では，質問書は何のために使われるのでしょうか。人と人とがコミュニケーションをするとき，まずは，相手と会ったときの第一印象を基にコミュニケーションを始めます。相手に見合ったコミュニケーションから始めるわけです。採点者にとって，質問書はコミュニケーションを始めるために必要な第一印象なのです。すなわち，**質問書は採点を始めるための第一印象**というわけです。

"質問書がしっかり書けている人は論文もしっかりしている"という言葉は，私の言葉ではありません。IPA のとある方が講演で話した言葉の一つです。これを言い換えると，「質問書をしっかり書けば，合格の可能性も高くなる」あるいは，「**質問書から受ける印象で，合否の当たりを付けて論文を採点している**」と言えるのです。

③　質問書と論文の一貫性も採点の対象としている

　論文を読んだだけで，受験者が試験区分ごとの「対象者像」に合致しているかどうかを読み手が判断することは難しいことです。このような判断を行う上で，論文では不足している部分を質問書で補うと考えてください。

　その際に注意すべき点は，受験する試験区分の対象者像，質問書の回答，論文の内容，この三つの一貫性です。システム監査技術者試験において，質問書に，あなたの担当業務を"システム開発・運用"と回答して，「私の立場は A 社のシステム監査人である」と論述しては，一貫性がなく，論文の評価が下がる可能性が高いと考えるべきでしょう。このように，**受験する試験区分の対象者像，質問書の回答と論文の内容の一貫性をしっかり確保する**ことが重要です。

Point ここが ポイント！

★**質問項目には，全て答えよ！！**

　問題冊子には，"質問項目に従って，記入項目の中から該当する番号又は記号を〇印で囲むとともに，（　）内にも必要な事項を記入してください。複数ある場合は，該当するものを全て〇印で囲んでください"と書かれています。全ての質問項目に答えていない答案用紙を提出する受験者は，論文がよくても，専門家として認められない可能性が高いです。

④ 特に“名称”に注力する

　コミュニケーションでは第一印象が重要となります。論文も一方向ですが，コミュニケーションです。したがって，第一印象が大切です。では，論文の第一印象はどこでしょうか。私は長い間，「設問アの前半です」と説明してきました。しかし，IPA 発表のとある資料によると，質問書の“名称”だそうです。これが 30 字以内でしっかり書けている受験者は，内容もよいそうです。したがって，これで合否の当たりを付けるそうです。それを読んで以来，私は“システム監査の名称”も添削対象としています。

　平成 25 年春にシステム監査技術者試験を受験して，午後Ⅱ問 3“ソフトウェアパッケージを利用した基幹系システムの再構築の監査について”という論文を書きましたので，そのときの質問書の内容を再現してみました。再現の精度は高くありませんが参考にしてください。

システム監査技術者

あなたが携わったシステム監査，システム利用又はシステム開発・運用業務の概要

質 問 項 目	記 入 項 目
あなたの所属部門	
① 所属部門	①内部監査部門　2. システム部門　3. システム利用部門　4. 監査サービス／コンサルティング部門 5. その他 (
あなたが担当した主なシステム監査，システム利用又はシステム開発・運用業務の名称とあなたの立場	
② 名称 30字以内で，分かりやすく簡潔に表してください。	ＥＲＰパッケージを利用した基幹系システムの再構築の監査 【例】1. データセンタの安全性及びコンティンジェンシープランの監査 　　　2. システム監査への被監査部門としての対応 　　　3. 旅行代理店の営業部門における顧客情報管理業務の改善
③ あなたの担当業務	①システム監査実施　2. システム監査対応　3. システム利用　4. システム開発・運用 5. その他 (　　　　)
④ あなたの役割	1. 責任者　②チームリーダ　3. チームサブリーダ　4. 担当者 5. その他 (　　　　)
⑤ あなたの担当期間	(2012 年 4 月) ～ (2012 年 6 月)
対象とする企業・機関	
⑥ 企業・機関などの種類・業種	1. 建設業　②製造業　3. 電気・ガス・熱供給・水道業　4. 運輸・通信業　5. 卸売・小売業・飲食店 6. 金融・保険・不動産業　7. サービス業　8. 情報サービス業　9. 調査業・広告業　10. 医療・福祉業 11. 農業・林業・漁業・鉱業　12. 教育(学校・研究機関)13. 官公庁・公益団体　14. 特定業種なし 15. その他 (
⑦ 企業・機関などの規模	1. 100人以下　2. 101～300人　3. 301～1,000人　④1,001～5,000人　5. 5,001人以上　6. 特定しない 7. 分からない
⑧ 対象業務の領域	1. 経営・企画　②会計・経理　③営業・販売　④生産　⑤物流　6. 人事　7. 管理一般　8. 研究・開発 9. 技術・制御　10. その他 (　　　　)
システムの構成	
⑨ システムの形態と規模	1. クライアントサーバシステム　ア. (サーバ約　　台，クライアント約　　台)　イ. 分からない ②Webシステム　⑦ (サーバ約 6 台，クライアント約 300台)　イ. 分からない 3. メインフレーム又はオフコン (約　　台) 及び端末 (約　　台) によるシステム 4. 組込みシステム (　　　　) 5. その他 (　　　　)
⑩ ネットワークの範囲	1. 他企業・他機関との間　②同一企業・同一機関の複数事業所間　3. 単一事業所内　4. 単一部署内 5. なし　6. その他 (　　　　)
⑪ システムの利用者数	1. 1～10人　2. 11～30人　3. 31～100人　4. 101～300人　⑤301～1,000人　6. 1,001～3,000人 7. 3,001人以上　8. 分からない

Point ここが ポイント！！！！！！！

★最初にやるべきことをやり，最後まで気を抜かない

　情報処理技術者試験では，問題番号選択や受験番号を答案用紙に記入していないと不合格です。

　大学入学試験では，受験番号の記入忘れを配慮してくれるようですが，情報処理技術者試験では配慮してくれません。当たり前のことですが，試験が開始されたら，まず，受験番号を記入しましょう。

　論述式試験では，問題を選択したら，答案用紙の表紙にある問題番号に鉛筆で丸を付けるようになっています。情報処理技術者試験のガイドブックによると，採点者は，答案用紙に問題選択の丸が付いていないことに気付きながらも，試しに論文を採点することがあるそうです。そのような場合，よい論文であっても，点数は付けられないそうです。

　また，採点者が答案を読んでいて「こんなこと聞いていない」と思うことがあるそうです。すなわち，問題番号の選択を間違っているのです。このような場合は，「題意に沿っていない」という判定をするそうです。「百里の道も九十九里が半ば」です。最後まで，気を抜かないようにしましょう。

論文を作成する際の約束ごとを確認する

（1）一般的な論文の約束ごとを確認する

問題冊子に明示されていない，論文を書く上で必要な，一般的な約束ごとについて説明します。

① 「である」調で統一して書く

問題冊子には，「ですます」調で書くと評価を下げる旨は明示されていません。しかし，「ですます」調と「である」調が混合している文章は，減点の対象となると考えてください。また，経験から言うと，論文を「ですます」調で最後まで書ける方は少ないです。以上のことを考えると，「である」調に統一して書くことを推奨します。

② 禁則処理をする

いろいろなレベルの禁則処理がありますが，行の最初を句読点から始めることはやめるべきです。

③ 字数が多い英単語は工夫する

英単語を書く際に，半角文字と考えて1マスに2文字入れるという方法があります。これを論文の最後まで適用できればよいのですが，多くの論文では途中で1マスに1文字になったりします。本来ならば1マスに2文字ですが，本試験では1マスに1文字に統一した方が無難と考えます。そこで問題となるのが，字数が多い英単語です。一つの解決策として，カタカナで書くとよいでしょう。

なお，本書では，英数字を1マスに2文字入れています。

【答案用紙（本文）の使い方】

本文の部分は，1ページ400字の横書きの原稿用紙になっています。書いた文字を消す場合，**基本的には消しゴムで修正**します。問題は段落の途中の文章を修正する場合です。減点の対象となりますが，次のように訂正するとよいでしょう。

・文章を挿入したい場合

行間の空白部分を上手に利用して，小さい字で文章を挿入します。

| プロトタイピングを事前に行い，性能要件を |
| 達成することができることを確認することに |
| した。ただし，コストが増大し納期が遅れる |
| 可能性があった。そこで私は^{プロジェクト}マネージャと検 |
| 討し，要員のスケジュールを調整することで |
| 対処した。具体的にはメンバの中からデータ |

・段落の途中の文章を消す場合

　　鉛筆を定規代わりに利用して，二重線を引いて，空欄であることを明示するとよいでしょう。ポイントはきれいに見せることです。

プ	ロ	ト	タ	イ	ピ	ン	グ	を	事	前	に	行	い	，	性	能	要	件	を
達	成	の	可	能	性	══	══	══	══	══	を	確	認	す	る	こ	と	に
し	た	。	た	だ	し	，	コ	ス	ト	が	増	大	し	納	期	が	遅	れ	る

Point ここが ポイント！！！！！！！

★文章を推敲して訂正しても合格できる

　　段落の中ほどの文章を，このように文字を挿入して訂正した論文を筆者は提出したことがあります。結果は"合格"でした。書きっぱなしの文章よりも，きちんと推敲して意味の通る，分かりやすい論文が評価されると考えてよいでしょう。

（2）論述式問題における共通の約束ごとを確認する

　　情報処理技術者試験の論述式試験の各試験区分において，共通にいわれている約束ごとを確認します。

①　守秘義務を守る

　　顧客に対して私たちは秘密を守る義務があります。したがって，顧客に関する固有名詞は論文の中では使ってはなりません。なお，顧客ではない，ソフトウェア製品の製造元の会社などについては，基本的には守秘義務の対象とはなりません。

　悪い例　弊社の顧客である(株)アイテックにおいて，人事システムを構築した。

　良い例　弊社の顧客であるB社において，人事システムを構築した。

　　なお，業界によっては代表的な会社は数社しかなく，プロジェクトの規模などから推測できてしまう場合があります。このような場合でも，B社という表現で問題はありません。採点者も守秘義務があるからです。採点者が推測できるようなイニシャルを使うのは，絶対にやめましょう。

②　自分の組織内でしか通用しない表現を使わない

　　情報処理技術者試験，出題範囲，シラバスなどに使われている，一般的な用語を使って論述してください。例えば，A通信サービス会社で使われる「S日」，あるいは，A電力会社で使われる「本開日」という表現は減点の対象となりま

す。最悪の場合は意味が通じない論文と判断されて不合格となります。このようなときは，一般的な表現である「本稼働日」と記述してください。また，「プロジェクトマネージャ」を「プロマネ」などと最初から省略して記述することもやめましょう。

③　前の設問で述べた内容を踏まえた論旨展開にする

　合格を決める一つの要因に"一貫性"があります。前の設問で述べた内容を踏まえて論旨展開するようにしてください。リスク，コントロール，監査項目，監査手続，監査証拠，問題点，改善提案などに一貫性のある論文に仕上げる必要があります。

　以上，いろいろな約束ごとを挙げましたが，初めから合格論文を書くことは難しいことです。まずは，全体で2,400字程度の論文を書いてみましょう。
　次の章では，いよいよ演習を行います。

P_{oint} ここが ポイント！！！！！！！

★誤字をチェックしないと，論文を見直していないと判断される

　同じ漢字を，誤って書いたり正しく書いたりと文字づかいが整っていない論文は，見直していないと推測されて評価を下げられても仕方がありません。また，問題文に書いてある漢字を，論文の中で誤って書くことも評価を下げることになります。

★書けない漢字はひらがなで書くのではなく，別の単語で書く

　添削の経験から，ひらがなで書かれた論文は，内容的にも稚拙な論文が多いです。しっかりと漢字で書いて，論文としての体裁を整えましょう。

第5章

論文を設計して書く演習をする

　そろそろ読むのに疲れましたか。元気を出して例にならって演習を行いましょう。鉛筆をもって，さあ，開始です。

5.1　【訓練３】問題文にトピックを書き込む ・・・・・・・・・・・・・・・・・・76
5.2　【訓練４】ワークシートに記入する ・・・・・・・・・・・・・・・・・・・87
5.3　【訓練５】ワークシートを基に論述する ・・・・・・・・・・・・・・・・96

システム監査技術者試験では，情報システムに関わる専門性が広範囲で問われます。ここで題材とする問題は，特徴⇒リスク⇒コントロール⇒監査要点（確認すべきポイント）⇒監査手続という，一連の流れに沿って書ける問題です。この一連の流れに留意すれば，設問ウにおいて監査手続を問う問題（平成 29 年春午後Ⅱ問 1 のように設問イで監査手続を問う問題を含める）に対応できると考え，このような構成で論述できる，次の問題を選びました。

システム監査技術者試験

問　アジャイル型開発に関するシステム監査について

　　情報技術の進展，商品・サービスのディジタル化の加速，消費者の価値観の多様化など，ビジネスを取り巻く環境は大きく変化してきている。競争優位性を獲得・維持するためには，変化するビジネス環境に素早く対応し続けることが重要になる。

　　そのため，重要な役割を担う情報システムの開発においても，ビジネス要件の変更に迅速かつ柔軟に対応することが求められる。特に，ビジネス要件の変更が多いインターネット関連ビジネスなどの領域では，非ウォータフォール型の開発手法であるアジャイル型開発が適している場合が多い。

　　アジャイル型開発では，ビジネスに利用可能なソフトウェアの設計から，コーディング，テスト及びユーザ検証までを 1〜4 週間などの短期間で行い，これを繰り返すことによって，ビジネス要件の変更を積極的に取り込みながら情報システムを構築することができる。また，アジャイル型開発には，開発担当者とレビューアのペアによる開発，常時リリースするためのツール活用，テスト部分を先に作成してからコーディングを行うという特徴もある。その一方で，ビジネス要件の変更を取り込みながら開発を進めていくので，開発の初期段階で最終成果物，スケジュール，コストを明確にするウォータフォール型開発とは異なるリスクも想定される。

　　システム監査人は，このようなアジャイル型開発の特徴，及びウォータフォール型開発とは異なるリスクも踏まえて，アジャイル型開発を進めるための体制，スキル，開発環境などが整備されているかどうかを，開発着手前に確かめる必要がある。

　　あなたの経験と考えに基づいて，設問ア〜ウに従って論述せよ。

設問ア　あなたが関係する情報システムの概要，アジャイル型開発手法を採用する理由，及びアジャイル型開発の内容について，800 字以内で述べよ。

設問イ　設問アで述べた情報システムの開発にアジャイル型開発手法を採用するに当たって，どのようなリスクを想定し，コントロールすべきか。ウォータフォール型開発とは異なるリスクを中心に，700 字以上 1,400 字以内で具体的に述べよ。

設問ウ　設問ア及び設問イを踏まえて，アジャイル型開発を進めるための体制，スキル，開発環境などの整備状況を確認する監査手続について，監査証拠及び確認すべきポイントを含め，700 字以上 1,400 字以内で具体的に述べよ。

（1）ひな型を確認する

　　論述に慣れていない方は，ひな型があると論述が容易になると考え，ひな型を用意しました。論述に慣れれば，ひな型に固執する必要はありません。筆者は，ひな型に従って論述することで，①採点者にとって採点しやすい論文になる，②合格論文に必要な工夫のアピール，能力のアピールを容易に論文に盛り込めるようになる，という利点があると考えています。**ひな型を意識して論文を設計できるようになる**ことが重要です。

　　ひな型について，次に説明します。なお，ひな型については，実際の論文の論旨展開に合わせて語尾などを適切に修正して活用します。

（a）特徴を明示する展開

　　多くの問題では，システムの特徴，プロジェクトの特徴など，何らかの特徴について問われます。この問題では，趣旨にあるように"アジャイル型開発の特徴"について論じる必要があることが分かります。論述例は，「アジャイル型開発の特徴としては，ビジネス要件の追加・変更を取り込みながら開発を進めるという点を挙げることができる」です。**特徴を明示する展開のひな型としては，"〜の特徴としては，〜を挙げることができる"**です。

（b）問われている事項を明示する展開

　　設問アの後半では，問題によって，いろいろな事項が問われます。この問題では，「アジャイル型開発手法を採用する理由」や「アジャイル型開発の内容」が該当します。論述例としては，「アジャイル型開発手法を採用する理由は，この手法を採用することで，実際の利用者からのフィードバックの内容を分析し，スマホアプリの改善を繰り返すことで，段階的に新サービスの機能を，効率的に充実させることができるからである」などと，問われている事項を明示します。**問われている事項を明示する展開のひな型としては，"〜という（問われている事項）があった"，あるいは，"(問われている事項）としては〜"**です。

　　このように書くのは当たり前と思うかもしれません。しかし，公開模擬試験では，設問で問われていることをきちんと書いていない論文が散見されます。そこで，このようなひな型を作りました。

（c）システム監査人の立場を明示する展開

　　外部監査人なのか，内部監査人なのか分からないと採点者も採点しづらいので，自分の立場を明示しましょう。論述例は，「私は，A 社の監査部門に所属するシステム監査人の立場で，監査を実施することになった」です。したがって，システム監査人の立場を明示する展開の**ひな型は，"〜に所属するシステム監査人の立場で，〜"**です。

（d）監査を実施した時点を明示する展開

　　システム開発の要件定義段階でシステム監査を実施する場合と，運用段階でシス

テム監査を実施する場合では入手できる監査証拠が違ってきます。したがって，監査を実施した時点を明示する必要があります。「設計開始から３週間が経過した時点で〜」などという記述が散見されますが，これでは，外部設計かプログラム設計か分かりません。具体的に開発工程を明示することが重要です。

論述例は「当該プロジェクトのプロジェクト計画書が完成した時点，開発着手前にアジャイル型開発の整備状況の適切性を監査することになった」です。したがって，**監査を実施した時点を明示する展開のひな型は，“(具体的なプロジェクトの段階，開発工程) 〜時点で〜を監査することになった”**です。

（ｅ）リスクを明示する展開

リスクは，基本的には，特徴⇒リスク要因⇒リスクという論旨展開で表現する，と覚えておくとよいです。論述例は「ビジネス要件の追加・変更を取り込みながら開発を進めるというアジャイル型開発の特徴を踏まえると，プロダクトオーナの能力不足や，ビジネス要件の優先順位付けに関わる手続の不備というリスク要因よって，ビジネス要件の優先順位付けがビジネスの変化に対応できないリスクを想定できる」です。したがって，**リスクを明示する展開のひな型は，“〜という〜の特徴を踏まえると，〜というリスク要因よって，〜というリスクを想定できる”**となります。**特徴を踏まえない場合は，“〜というリスク要因よって，〜というリスクを想定できる”**です。

（ｆ）コントロールを明示する展開

基本的には，リスクに対するコントロールを述べます。論述例は「ビジネス要件の優先順位付けがビジネスの変化に対応できないリスクについては，(1)情報システムの対象となる利用者業務に関わる専門知識レベルなど，プロダクトオーナの要件を定めた上で，要件を満たす人物を選定する，(2)ビジネス要件の変化に応じて，プロダクトバックログの優先順位付けを，迅速に変更する，というコントロールが有効である」です。したがって，**コントロールを明示する展開のひな型は，“〜については，〜というコントロールが有効である”**です。

（ｇ）監査要点（確認すべきポイント）を明示する展開

監査要点（確認すべきポイント）ですが，監査手続を実施することで監査要点（確認すべきポイント）を立証すると考えてください。論文では，コントロールを踏まえて，監査要点（確認すべきポイント）を設定します。関連するコントロールを集約し，監査要点（確認すべきポイント）を設定するとよいでしょう。

論述例は「体制面に関わる確認すべきポイントとしては，プロダクトバックログの優先順位付けが適切にできる体制や，手続があるか，を設定した」です。したがって，**監査要点（確認すべきポイント）を明示する展開のひな型は，“〜に関わる確認すべきポイントとしては，〜を設定した”**です。

（h）監査手続を明示する展開

　　説明のしやすさから，監査手続の論述例を先に示します。論述例は「監査手続としては，プロジェクト計画段階のプロジェクトの議事録を入手して，プロジェクトオーナの選定に関わる検討内容を精査して，選定の適切性を示す監査証拠を得る，を設定した」です。まず，監査手続には，①監査技法を含めます。例では，「精査」が該当します。②監査証拠を含めます。例では，「プロジェクト計画段階のプロジェクトの議事録」が該当します。③最後に何を示す監査証拠なのかを示します。したがって，**監査手続を明示する展開のひな型は，「監査手続としては，〜を入手し，〜を（監査技法）して，〜を示す監査証拠を得る，を設定した」です。ヒアリングの場合のひな型は，"監査手続としては，〜に，〜についてヒアリングして，〜を示す監査証拠を得る，を設定した"**です。

（i）"含め"を明示する展開

　　設問イやウの終盤では，"〜を含め"という表現が盛り込まれることがあります。当該問題では，「監査証拠及び確認すべきポイント」が該当します。ここで，まず，留意すべき点は，設問文におけるキーワードの出現順番と同じ順番で論文を構成しないということです。具体的には，設問ウの最後に"監査証拠及び確認すべきポイント"というキーワードが現れているので，設問ウの最後で，監査証拠と確認すべきポイントについて論ずればよい，ではないということです。論旨展開を考えて，"監査証拠"，"確認すべきポイント"というキーワードを使って，明示的に論じるようにしてください。ひな型については，"含め"の対象となるキーワードを使って書けばよいので，割愛します。

（j）専門家として考えやそのように考えた根拠をアピールする展開

　　筆者には，以前，企業において提案書をよく書いていた時期があります。筆者が書いた提案書をアジアパシフィックエリア担当のマネージャがレビューするのですが，高い頻度で，根拠を述べろ，と指摘されていました。そこで私は，提案書を書く際に，事前に"because"を多発することで，レビューにおける指摘を減らすことができました。そうです。人を納得させるためには，根拠を述べることが重要なのです。そこで私は，論文においても"なぜならば〜"という展開を盛り込むことにしました。

　　論述例は，「監査手続としては，①プロジェクト計画段階のプロジェクトの議事録を入手して，プロジェクトオーナの選定に関わる検討内容を精査して，選定の適切性を示す監査証拠を得る。を設定した。ただし，これだけでは，確認すべきポイントを立証できないと考えた。なぜならば，プロダクトオーナが形式的に選ばれる可能性があるからである。そこで私は，追加の監査手続として，プロダクトオーナにヒアリングを実施して，アジャイル型開発におけるリスクなどを確認することで，プロジェクトオーナの選定の適切性を示す監査証拠を得る，を設定した」です。

　　この展開では，確認すべきポイントを立証できない根拠を述べてから，立証するための追加の監査手続を述べています。具体的には，専門家として考えは「ただ

し，これだけでは確認すべきポイントを立証できないと考えた」です。そのように考えた根拠は「プロダクトオーナが形式的に選ばれる可能性があるから」です。**専門家として考えやそのように考えた根拠をアピールする展開のひな型は，“ただし，これだけでは確認すべきポイントを立証できないと考えた。なぜならば，〜〜からである。そこで私は，追加の監査手続として，〜を設定した”**です。

Point ここがポイント！！！！！！！

★監査手続には監査証拠を含める

平成22年度　IPA発表の午後Ⅱ問１の採点講評には，「設問ウでは監査の実施手順や，監査のポイントだけで，監査証拠について触れていない論述が散見された」と書かれています。したがって，監査手続には監査証拠を示すことが求められていると考えてください。

監査証拠とは，「システム監査用語の定義と解説」によると，システム監査報告書に記載する監査意見を立証するために必要な事実です。物理的証拠，文書的証拠，文書化された口頭的証拠などがあります。

物理的証拠とは，システム監査人が直接観察した事実です。

文書的証拠とは，議事録，レビューシート，設計書，テスト結果，ログリストなど，書面で残っている書類です。

文書化された口頭的証拠とは，システム監査人の質問等に対する，被監査部門の書面又は口頭での回答を文書化し確認したものです。

なお，改訂前のシステム監査基準の解説書にある「監査証拠の評価」から，システム監査人が入手した資料等は，全てそのまま監査証拠となるわけではないことが分かります。監査証拠として採用するか否か，それが有する信憑（ぴょう）性及び証明力の程度を慎重に判断し，その結果を明らかにする必要があるからです。

論文を書く際の監査手続では，システム監査人が入手した資料と監査証拠と同等と考え，監査手続を表現しています。

（2）章立てをする

設問文に沿って章立てをします。自分が書きやすいように章立てをするのではなく，**採点者が採点しやすく章立てをする**ことが重要です。したがって，設問文に沿って章立てをします。次の図のように，設問文のキーワードを囲って，章と節の番号を振っていきます。具体的には，第１章第２節の場合は，“1.2”と記入します。前述のとおり，“〜を含め”という記述については，キーワードの出現順番で論述

するのではなく，論旨展開を考えて論述する順番を決めます。この問題では，"監査証拠及び確認すべきポイントを含め"とあります。監査証拠は監査手続の中で明示し，確認すべきポイントは監査手続の前で論じます，

【問題への記入例】

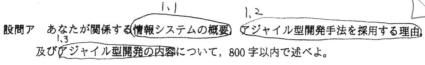

設問ア　あなたが関係する(情報システムの概要)(アジャイル型開発手法を採用する理由)及び(アジャイル型開発の内容)について，800字以内で述べよ。

設問イ　設問アで述べた情報システムの開発にアジャイル型開発手法を採用するに当たって，(どのようなリスクを想定し)，(コントロール)すべきか。ウォータフォール型開発とは異なるリスクを中心に，700字以上1,400字以内で具体的に述べよ。

設問ウ　設問ア及び設問イを踏まえて，アジャイル型開発を進めるための(体制)，(スキル)，(開発環境)などの整備状況を確認する監査手続について，監査証拠及び確認すべきポイントを含め，700字以上1,400字以内で具体的に述べよ。

　節のタイトルについては，前図にあるように，設問文にあるキーワードからピックアップします。章のタイトルは，章に含まれる節のタイトルをつなげるとよいでしょう。ただし，長すぎた場合は，簡潔にまとめます。

【章立ての例】

○　第1章　情報システムの概要とアジャイル型開発の概要
○　　1.1　情報システムの概要
○　　1.2　アジャイル型開発手法を採用する理由
○　　1.3　アジャイル型開発の内容
○　第2章　想定したリスクとコントロール
○　　2.1　想定したリスク
○　　2.2　コントロール
○　第3章　体制，スキル，開発環境の整備状況への監査
○　　3.1　体制の整備状況を確認する監査手続
○　　3.2　スキルの整備状況を確認する監査手続
○　　3.3　開発環境の整備状況を確認する監査手続

Point ここが ポイント！！！！！！！

★設問文だけを読んで論文を書こうとしない

　　設問文だけを読んで論文を書こうとすると，①経験がないから書けない，②時間が足りない，③規定字数に満たない，という事態に陥ります。問題冊子をチェックしてください。問題文の出題の趣旨に沿って解答することは求められていますが，出題の趣旨を活用しないでくださいとは書いてありません。制限時間内に問題文の趣旨に沿った論文を書き上げるために，問題文にあるトピックを活用しましょう。

（3）趣旨の文章を節に割り振る

　　問題文の趣旨は，合格レベルの論文の要約です。したがって，要約を，皆さんの実務経験や専門知識で膨らませれば，合格レベルの論文ができあがります。章立てができましたので，趣旨に沿って論述するために，趣旨にある各文章と，章立てした節とを対応付けします。これによって，各節において，どのようなことを論じればよいかが分かります。割り振った例を次に示します。なお，再度，確認しますが，例えば "2.2" とは論文の章立ての第 2 章第 2 節を示します。

問1　アジャイル型開発に関するシステム監査について

　　情報技術の進展，商品・サービスのディジタル化の加速，消費者の価値観の多様化など，ビジネスを取り巻く環境は大きく変化してきている。競争優位性を獲得・維持するためには，変化するビジネス環境に素早く対応し続けることが重要になる。

　　そのため，重要な役割を担う情報システムの開発においても，ビジネス要件の変更に迅速かつ柔軟に対応することが求められる。特に，ビジネス要件の変更が多いインターネット関連ビジネスなどの領域では，非ウォータフォール型の開発手法であるアジャイル型開発が適している場合が多い。

　　アジャイル型開発では，ビジネスに利用可能なソフトウェアの設計から，コーディング，テスト及びユーザ検証までを 1～4 週間などの短期間で行い，これを繰り返すことによって，ビジネス要件の変更を積極的に取り込みながら情報システムを構築することができる。また，アジャイル型開発には，開発担当者とレビューアのペアによる開発，常時ササースするためのツール活用，テスト部分を先に作成してからコーディングを行うという特徴もある。その一方で，ビジネス要件の変更を取り込みながら開発を進めていくので，開発の初期段階で最終成果物，スケジュール，コストを明確にするウォータフォール型開発とは異なるリスクも想定される。

　　システム監査人は，このようなアジャイル型開発の特徴，及びウォータフォール型開発とは異なるリスクも踏まえて，アジャイル型開発を進めるための体制，スキル，開発環境などが整備されているかどうかを，開発着手前に確かめる必要がある。

　　あなたの経験と考えに基づいて，設問ア～ウに従って論述せよ。

設問ア　あなたが関係する情報システムの概要，アジャイル型開発手法を採用する理由，及びアジャイル型開発の内容について，800 字以内で述べよ。

設問イ　設問アで述べた情報システムの開発にアジャイル型開発手法を採用するに当たって，どのようなリスクを想定し，コントロールすべきか。ウォータフォール型開発とは異なるリスクを中心に，700 字以上 1,400 字以内で具体的に述べよ。

設問ウ　設問ア及び設問イを踏まえて，アジャイル型開発を進めるための体制，スキル，開発環境などの整備状況を確認する監査手続について，監査証拠及び確認すべきポイントを含め，700 字以上 1,400 字以内で具体的に述べよ。

（4）問題文にトピックを書き込む

　問題の趣旨をヒントに，問題文にトピックを書き込んでいきます。書込む内容は，備忘録ですから，簡単にキーワードくらいでよいでしょう。設問アの前半と後半，設問イの前半については，趣旨にある文章を章立てに割り振ることで，各節において，どのような内容を論じればよいか分かるはずです。リスクについては，ウォータフォール型とは異なるリスクと趣旨に書かれているので，その点を踏まえてリスクを挙げましょう。設問イの後半では，コントロールについて問われていますが，これについては趣旨に何も書かれていません。しかし，設問イの前半においてリスクを挙げているので，リスクを踏まえてコントロールを論じればよいです。コントロールの表現の仕方ですが，開発標準，情報セキュリティ基準，一般的な社内規程については，みなさん，見たことがあるはずです。それらの記述に倣って表現するとよいでしょう。

　設問ウでは，確認すべきポイントや監査手続について問われています。論文の設計段階では，ある程度，トピックを書いておいて，論述しながら，考えるようにします。

　では，問題の趣旨を膨らませるように，直前の図にある問題文にトピックを書き込んでみましょう。トピックは，自分の経験からでも，専門知識からでも OK です。**ひとりブレーンストーミングをやる感じ**で書き込みます。

　トピックを書き込んだのが次の図です。頭に浮かんだ内容を全て書く必要はありません。論文を書き始めるまでの備忘録です。本番の試験では，次図を作成した段階で論文設計は終了です。論文を書き始めます。論文設計に慣れていないうちは，ワークシートを作成してから論述を開始します。

　慣れていないうちは，次の図を見てもチンプンカンプンだと思います。理由は論文を設計した人の，論文を論述するまでの備忘録だからです。前述の**ひな型，及びこれから説明するワークシートの記入方法が分かれば，問題の趣旨に，みなさんの実務経験や専門知識などを盛り込み，次の図のように問題文にトピックが書けるようになる**と考えています。したがって，ワークシートの記入方法を習得した上で，もう一度，みなさんの手で，問題文にトピックを書き込んでみてください。

　次の図を作成したら，これから，次の図の設計内容をワークシートにまとめて，ワークシートを基に論述します。なお，次の図を今後，"論文設計完成版"と呼びます。

【論文設計完成版】

問1　アジャイル型開発に関するシステム監査について

(手書き: 健康促進 スマホアプリ)

1.1
　情報技術の進展，商品・サービスのディジタル化の加速，消費者の価値観の多様化など，ビジネスを取り巻く環境は大きく変化してきている。競争優位性を獲得・維持するためには，変化するビジネス環境に素早く対応し続けることが重要になる。

1.2
　そのため，重要な役割を担う情報システムの開発においても，ビジネス要件の変更に迅速かつ柔軟に対応することが求められる。特に，ビジネス要件の変更が多いインターネット関連ビジネスなどの領域では，非ウォータフォール型の開発手法であるアジャイル型開発が適している場合が多い。*(手書き: 段階的に機能を充実)*

1.3
　アジャイル型開発では，ビジネスに利用可能なソフトウェアの設計から，コーディング，テスト及びユーザ検証までを 1〜4 週間などの短期間で行い，これを繰り返すことによって，ビジネス要件の変更を積極的に取り込みながら情報システムを構築することができる。また，アジャイル型開発には，開発担当者とレビューアのペアによ

(手書き右側: プロダクトオーナ, 物が未経験, 開発環境, 要件の優先順位付にかかるリスク, 生産性のリスク, 開発環境も使えないリスク)

2.1
る開発，常時サーサースするためのツール活用，テスト部分を先に作成してからコーディングを行うという特徴もある。その一方で，ビジネス要件の変更を取り込みながら開発を進めていくので，開発の初期段階で最終成果物，スケジュール，コストを明確にするウォータフォール型開発とは異なるリスクも想定される。

2.2
　システム監査人は，このようなアジャイル型開発の特徴，及びウォータフォール型開発とは異なるリスクも踏まえて，アジャイル型開発を進めるための体制，スキル，開発環境などが整備されているかどうかを，開発着手前に確かめる必要がある。

(手書き左側: ・プロダクトオーナの選定, ・優先順位付けの手続, ・要員育成計画, ・ジョブローテーション, ・セットアップの不具合解消, ・開発環境が使える)

(手書き右側: 3.1 3.2 3.3)

　あなたの経験と考えに基づいて，設問ア〜ウに従って論述せよ。

設問ア　あなたが関係する情報システムの概要，アジャイル型開発手法を採用する理由及びアジャイル型開発の内容について，800 字以内で述べよ。

設問イ　設問アで述べた情報システムの開発にアジャイル型開発手法を採用するに当たって，どのようなリスクを想定し，コントロールすべきか。ウォータフォール型開発とは異なるリスクを中心に，700 字以上 1,400 字以内で具体的に述べよ。

設問ウ　設問ア及び設問イを踏まえて，アジャイル型開発を進めるための体制，スキル，開発環境などの整備状況を確認する監査手続について，監査証拠及び確認すべきポイントを含め，700 字以上 1,400 字以内で具体的に述べよ。

(手書き下部: プロダクトオーナ, プロジェクトマネージャへのヒアリング　・計画段階の議事録, ・プロジェクト計画書, ・アジャイル開発標準)

Point ここが ポイント！ ！！！！！！

★問題文を最大限活用して，合格論文を書く

　問題文は合格論文の要約です。自分が挙げたトピックを肉付けして，要約から合格論文を作成しましょう。

　ただし，問題文の引用による字数の水増し，問題文の例と一般論との組合せだけによる論旨展開は採点者によい印象は与えません。掘り下げて具体的に書くようにしましょう。

Point ここが ポイント！ ！！！！！！

★トピックを挙げることは，論文設計を成功させる第一歩

　トピックを挙げるという作業は，この時点で非常に重要な作業です。**「ブレーンストーミングを一人でやる」**という気構えでがんばってください。これができないと，論文設計が上手にできません。

【訓練4】 ワークシートに記入する

それでは，問題文に書き込んだ章立てやトピック，すなわち，"5.1"で作成した**"論文設計完成版"を基に，ワークシートに記入**してみましょう。

これから，ワークシートへの記入例を示しますが，これから示す記入例は分かりやすく文章で表現しています。**皆さんが記入するときは備忘録程度の記入で OK で**す。

再度，確認します。**ワークシートに記入するトピックは，どこからもってくるの？**　と読んでいて思うかもしれません。実務経験や専門知識を基に書いた"論文設計完成版"に，更に実務経験や専門知識を加味してトピックとして，ワークシートに記入します。

なお，第 5 章第 2 節 "5.2" で説明する内容は，"Just Do it！　関所 No.4" において，まとめて演習しますので，実際には，まだ，記入しなくともよいです。

（1）ワークシートを確認する

巻末にある"巻末ワークシート 3"，"巻末ワークシート 4"を切り離します。"巻末ワークシート 3"が未記入，"巻末ワークシート 4"が記入済です。"巻末ワークシート 3"については，コピーして使ってくだい。

これから記入方法を説明しますが，分からなくなったら，記入済の"巻末ワークシート 4"で確認するようにしてください。

では，未記入のワークシートの左側を見て，全体が設問ア，イ，ウに分かれていることを確認してください。これから，設問ア，イ，ウという順番で書き方を説明します。

P_{oint} ここが **ポイント！**

★**ワークシートは書けるところから書く**

　ワークシートは最初の第1章から書かなければならないものではありません。埋めることができるところから埋めていきます。午後Ⅰ記述式問題と同じです。最初から順番に解こうとしては時間が幾らあっても足りません。解けるところから，すなわち，書けるところから書いていきましょう。

（2）章立てをワークシートに記入する

　章立ては，ワークシートにおいて横長の網掛部分に書き込みます。問題によっては，章立てが入らない横長の網掛部分もあります。この問題では，全ての網掛部分が章立てで埋まります。作成済みの章立てを次の図に示しているので，これをワークシートに記入していきます。

○　第1章　情報システムの概要とアジャイル型開発の概要
○　　1.1　情報システムの概要
○　　1.2　アジャイル型開発手法を採用する理由
○　　1.3　アジャイル型開発の内容
○　第2章　想定したリスクとコントロール
○　　2.1　想定したリスク
○　　2.2　コントロール
○　第3章　体制，スキル，開発環境の整備状況への監査
○　　3.1　体制の整備状況を確認する監査手続
○　　3.2　スキルの整備状況を確認する監査手続
○　　3.3　開発環境の整備状況を確認する監査手続

　設問アの章立てとしては，ワークシートの一段目の網掛に，"第1章　情報システムの概要とアジャイル型開発の概要"と記入し，その下に"1.1　情報システムの概要"と記入します。ワークシートの"設問ア"の"後半"の右側の網掛に，上から，"1.2　アジャイル型開発手法を採用する理由"，"1.3　アジャイル型開発の内容"と記入します。

　設問イの章立てでは，まず，ワークシートの"設問イ"の右側に，"第2章　想定したリスクとコントロール"と記入し，その下に"2.1 想定したリスク"と記入します。次に，設問イの後半の章立てには，"2.2 コントロール"と記入します。

　設問ウの章立てでは，ワークシートの"設問ウ"の網掛に上から順に，"第3章　体制，スキル，開発環境の整備状況への監査"，"3.1 体制の整備状況を確認する監査手続"，"3.2 スキルの整備状況を確認する監査手続"，"3.3 開発環境の整備状況を確認する監査手続"と記入します。

　設問ウでは，節ごとに，体制，スキル，開発環境を分けています。これは，体制，スキル，開発環境ごとに，確認すべきポイントと監査手続を論じるからです。設問イで論じるリスクやコントロールについても，体制，スキル，開発環境ごとに分けて論じると設問ウとの整合性がよいので，設問イを列で3分割しています。左から第一番目の列では体制，第二番目の列ではスキル，第三番目の列では開発環境に関わるリスクやコントロールを述べます。分割したら，間違っていないか，巻末ワークシート4の設問イの該当箇所を確認してください。

　章立てを記入することについて，始めは大変かもしれませんが，慣れてくれば機械的にできると考えています。

（3）設問アの前半をワークシートに記入する

　　"5.1"で作成した"論文設計完成版"を基に，ワークシートに記入するので，**P85 の〔論文設計完成版〕を参照しながら，読み進めてください。**なお，【】の中は，ワークシートの記入欄の名称を，〔〕の中は，活用するひな型の名称を示しています。

【設問ア前半】
〔特徴を明示する展開〕
　設問アの前半では，高い頻度で情報システムの概要について問われているので，事前に用意した情報システムの概要を試験では使うとよいでしょう。具体的な，情報システムの概要の論述方法については後述します。
　ワークシートの記入を記入する際には，情報システムの特徴を決めておけばよいでしょう。次に，"⇒"の後に設問ア前半の記入例を示します。
⇒"情報システムの特徴としては，ビジネス要件が頻繁に変更になるという点を挙げることができる"

〔システム監査人の立場を明示する展開〕
　設問アのどこかで，解答者の立場を明示します。
⇒"私は，A社の監査部門に所属するシステム監査人の立場で，"

〔監査を実施した時点を明示する展開〕
　監査を実施した時点については，問題文の趣旨に書かれていることが多いです。この問題でも趣旨に書かれているので，趣旨に沿って，監査を実施した時点を設定します。
⇒"当該プロジェクトのプロジェクト計画書が完成した段階，開発着手前にアジャイル型開発の整備状況の適切性を監査することになった"

（4）設問アの後半をワークシートに記入する

【設問ア後半】
〔問われている事項を明示する展開〕
　採点者に，問われている事項を明示しましょう。設問アの後半の一段目では，アジャイル型開発手法を採用する理由が該当します。
⇒アジャイル型開発手法を採用する理由は，この手法を採用することで，実際の利用者からのフィードバックの内容を分析し，スマホアプリの改善を繰り返すことで，段階的に新サービスの機能を，効率的に充実させることができるからである

〔問われている事項を明示する展開〕
　設問アの後半の二段目では，アジャイル型開発の内容について問われています。

⇒体制としては，A社マーケティング部門の代表として，プロダクトオーナが定められている。

⇒開発要員のスキルは，アジャイル型開発を経験した開発要員と未経験の開発要員が半々である。

⇒アジャイル型開発環境を採用している。

（5）設問イの前半をワークシートに記入する

【設問イの前半】

〔リスクを明示する展開〕

監査手続を体制面，スキル面，開発環境面から論じるので，体制面のリスクからスキル面，開発環境面から論じるようにします。

通常は，設問アの前半で述べた情報システムの特徴を踏まえて論旨展開をします。この問題では，趣旨に"アジャイル型開発には，開発担当者とレビューアのペアによる開発，常時リリースするためのツールの活用，テスト部分を先に作成してからコーディングを行うという特徴もある"とあるので，趣旨を参考にして，アジャイル型開発の特徴を踏まえて論旨展開します。

⇒(i)体制面のリスク　ビジネス要件の追加・変更を取り込みながら開発を進めるというアジャイル型手法の特徴を踏まえると，プロダクトオーナの能力不足や，ビジネス要件の優先順位付けに関わる手続の不備というリスク要因よって，ビジネス要件の優先順位付けがビジネスの変化に対応できないリスクを想定できた。

⇒(ii)スキル面のリスク　ペアプログラミング，テストファーストというアジャイル型手法の特徴を踏まえると，アジャイル型開発に関わるスキル不足というリスク要因によって，アジャイル開発において期待できる生産性が得られないリスクを想定できた。

⇒(iii)開発環境のリスク　アジャイル型開発環境の活用というというアジャイル型手法の特徴を踏まえると，開発環境の不都合の発生や，開発環境に関わる教育不足によって，アジャイル型開発環境を使いたいときに使えないリスクを想定できた。

（6）設問イの後半をワークシートに記入する

【設問イの後半】

〔コントロールを明示する展開〕

リスクごとにコントロールを明示します。

⇒(i)体制面でのコントロール　ビジネス要件の優先順位付けがビジネスの変化に対応できないリスクについては，次のコントロールが有効である。

　(a) 情報システムの対象となる利用者業務に関わる専門知識レベルなど，プロダクトオーナの要件を定めた上で，要件を満たす人物を選定する

(b) ビジネス要件の変化に応じて，プロダクトバックログの優先順位付けを，迅速に変更する

⇒(ii)スキル面でのコントロール　アジャイル開発において期待できる生産性が得られないリスクについては，次のコントロールが有効である。

(a) アジャイル型開発に必要なスキル育成計画を盛り込む

(b) ペアプログラミングでは，定期に評価を行い，ジョブローテーションを行う

⇒(iii)開発環境でのコントロール　アジャイル型開発環境を使いたいときに使えないリスクについては，"事前に開発要員にアジャイル開発環境を使わせて，開発環境のセットアップに関わる不都合や，アジャイル型開発に関わるスキル不足による生産性の低下がないことを確認する"というコントロールが有効である。

（7）設問ウをワークシートに記入する

　設問ウでは，三つの節によって構成し，体制面，スキル面，開発環境面に分けて確認すべきポイント，監査手続を述べます。

【設問ウ上段】

〔監査要点（確認すべきポイント）を明示する展開〕

　監査手続によって立証すべき内容を，監査要点（確認すべきポイント）として示します。設問イで述べた二つのコントロールを集約するように表現します。

⇒体制面に関わる確認すべきポイントとしては，プロダクトバックログの優先順位付けを実施する体制や手続が適切か，を設定した。

〔監査手続を明示する展開〕

　監査要点（確認すべきポイント）を立証するために監査手続を明示します。

⇒監査手続としては，(i)プロジェクト計画段階のプロジェクト会議の議事録を入手して，プロジェクトオーナの選定に関わる検討内容を精査して，選定の適切性を示す監査証拠を得る。(ii)アジャイル型開発標準を入手して，アジャイル型開発に適用したプロダクトバックログの優先順位付けに関わる手続を精査し，プロダクトバックログがビジネス要件の変化に応じて優先順位付けされる手続が存在し，なおかつ，手続が適切であることを示す監査証拠を得る，を設定した。

〔専門家として考えやそのように考えた根拠をアピールする展開〕

〔監査手続を明示する展開〕

　理由を述べて，追加の監査手続が必要である理由を採点者にアピールして，追加の監査手続について論じます。

⇒ただし，これだけでは，確認すべきポイントを立証できないと考えた。なぜならば，プロダクトオーナが形式的に選ばれる可能性があるからである。そこで私は，追加の監査手続として，(iii)プロダクトオーナにヒアリングを実施して，ア

ジャイル型開発におけるリスクなどを確認することで，プロジェクトオーナの選定の適切性を示す監査証拠を得る，を設定した。

【設問ウ中段】

〔監査要点（確認すべきポイント）を明示する展開〕
⇒スキル面に関わる確認すべきポイントとしては，生産性を確保するためのスキル面での計画が適切か，を設定した。

〔監査手続を明示する展開〕
⇒監査手続としては，(i)プロジェクト計画書の要員計画を精査して，アジャイル型開発特有のスキル育成計画があることを示す監査証拠を得る。(ii)プロジェクト計画書の要員計画を精査して，ペアプログラミングにおけるジョブローテーションが盛り込まれているかを確認し，ペアプログラミングにおける要員のスキルの違いを考慮した生産性向上策が盛り込まれていることを示す監査証拠を得る，を設定した。

【設問ウ下段】

〔監査要点（確認すべきポイント）を明示する展開〕
⇒開発環境面に関わる確認すべきポイントは，アジャイル開発環境を使用する段階で開発要員が迅速に開発環境を使いこなせるか，を設定した。

〔監査手続を明示する展開〕
⇒監査手続としては，プロジェクト計画書における開発スケジュールを閲覧して，開発が始まる前に，開発環境のセットアップを事前に行い，不都合を抽出した上で，開発要員全員にアジャイル開発環境を使わせる計画になっていること示す監査証拠を得る，を設定した。

〔専門家として考えやそのように考えた根拠をアピールする展開〕
〔監査手続を明示する展開〕
⇒だたし，これだけでは，確認すべきポイントを立証することはできないと考えた。なぜならば，開発要員は当該プロジェクトの計画段階では，他のプロジェクトに従事しており，当該プロジェクトのスケジュールに沿って開発環境に関わる教育を受けることができない可能性があるからである。そこで私は追加の監査手続として，予定されている開発要員にヒアリングを行い，教育計画に関わるスケジュールの連絡を受け，各自のスケジュールに盛り込まれていることを確認して教育計画の有効性を示す監査証拠を得る，を設定した。

これでワークシートが完成しました。みなさんに，論述テクニックの全てを示すために，ワークシートに多くのことが書かれています。何度も書きますが，ワークシートは，みなさんが論文を書き終えるまでの備忘録ですから，みなさんがワークシートに記入する際は，キーワード主体で記入してあればよいでしょう。

Just Do it！ 関所 No.4

　　最初は本書と同じように設計して，本書と同じ論文設計ワークシートを作成してみます。まずは，まねをして論述テクニックを頭に定着しやすくしましょう。

　　ここの演習における主な手順は次の二つです。その前に，巻末ワークシート2にある問題と，巻末ワークシート 3 のコピーを取ります。演習内容が分からない場合は，巻末ワークシート4を参考にしましょう。

①論文設計完成版の作成

　　具体的には，第5章の第1節(5.1)を読んで，巻末ワークシート2にある問題に，章立てやトピックの記入などの作業を行い，論文設計完成版を完成させる

②論文設計ワークシートの作成

　　具体的には，第5章の第 2 節(5.2)を読んで，論文設計完成版から，巻末ワークシート 3 に記入を行い，論文設計ワークシート完成版を作成する。

　　この演習では，ひな型と論文設計ワークシートを，頭にしっかりと入れてください。そのようになれば，論文設計ワークシートは不要となり，論文設計完成版を作成すれば，論文を書けるようになるはずです。

　　なお，論文設計ワークシートに記入する内容は，皆さんが分かればよいので，本書のようにていねいに書く必要はありません。

　　では，演習を始めましょう。

論文を設計して書く演習をする

P_{oint} ここが ポイント！ ! ! ! ! ! ! !

★何が何でも設計した内容に沿って書く必要はない

　論文設計をしてから，論文を書き始めることは重要です。なぜならば，合格には，問題文の趣旨を理解した上で論文を書き始める必要があり，論文設計はそのための重要なステップだからです。しかし，何が何でも設計した内容に沿って書く必要はありません。論文の一貫性は書きながら確保する必要があるからです。長々と書いてしまったことを消しゴムで消すのは止めた方がよいでしょう。消していては論文を書き進めることができず，時間切れのリスクが高まるからです。書いてしまったことに合わせて，論旨を展開すればよいだけです。したがって，論文の終盤である設問ウの後半において，どのような内容を書くことになるか，実際には分らないこともあるのです。

Just Do it！ 関所 No.5

　"Just Do it！ 関所 No.4"では，皆さんには本書と同じ作業を行ってもらいました。ここでは，同じ問題を使って，オリジナルの論文設計をしてもらいます。

　「記入例があるのに，なぜ，同じ問題で演習をするの？」と思っている方へ，論文では正解例はありません。記入例は，筆者の実務経験や専門知識に基づいて書いたものです。本番の試験では，誰も助けてくれません，皆さんの実務経験や専門知識を基に論文を設計して論文を完成させることが重要です。

　皆さんの実務経験や専門知識を活用して論文を設計してみましょう。なお，実務経験がないから書けないと思っている方へ，大学の在学中に筆者の試験対策セミナーを受講して，入社後の春にシステム監査技術者試験に合格した人もいます。専門知識で合格できるのです。なお，筆者の場合，アジャイル型開発については，"アジャイル型開発におけるプラクティス活用リファレンスガイド"など入力して Web 検索し，論文ネタを収集しました。

では，巻末ワークシート2にある問題と，巻末ワークシート 3 のコピーを取り，"Just Do it！　関所 No.4" と同じ作業を行い，オリジナルのワークシートを作成してみましょう。

①論文設計完成版の作成
　第5章の第1節(5.1)を読んで，巻末ワークシート2にある問題に，章立てやトピックの記入などの作業を行い，論文設計完成版を完成させる。
②論文設計ワークシートの作成
　具体的には，第5章の第 2 節(5.2)を読んで，論文設計完成版から，巻末ワークシート 3 に記入を行い，論文設計ワークシート完成版を作成する。
　この演習では，ひな型と論文設計ワークシートを，頭にしっかりと入れてください。そのようになれば，論文設計ワークシートは不要となり，論文設計完成版を作成すれば，論文を書けるようになるはずです。
　なお，論文設計ワークシートに記入する内容は，本人が分かればよいので，本書のようにていねいに書く必要はありません。
　では，演習を始めましょう。

Point ここが ポイント！！！！！！！

★最終的な一貫性の確保は論述の際に行う
　ワークシートは「たたき台」です。したがって，最終的な一貫性は論述の際に確保するようにしましょう。

【訓練5】ワークシートを基に論述する

　論文を，設問アの前半，設問アの後半，設問イの前半，設問イの後半，設問ウの五つ分けて，それぞれについて論述のポイントを説明します。

　"巻末ワークシート4"の"【訓練4】ワークシートに記入する（本試験過去問題改　記入済）"の左側に，（設問イ前半），（設問イ後半）などと記入されていることを確認してください。

　記入済ワークシートには，論述テクニックを皆さんに伝えるために，全てのパターンを盛り込んでいます。そのため，これから示す**論述例は問題文で指定されている制限文字数を超過する可能性がある**点をご了承ください。

　重ねて述べますが，論文設計は重要ですが，論文としての一貫性は，論述しながら確保するので，設計内容と論述内容には違いが生じています。

（1）設問アを論述する

> "巻末ワークシート4"の"【訓練4】ワークシートに記入する（本試験過去問題　記入済）"の設問アの箇所を参照

　設問アの前半では，情報システムの概要について問われます。したがって，事前に準備しておくようにします。字数については，800字以内です。できれば，700字以上，書くようにしてください。根拠は，公開模擬試験の採点では，合格レベルの論文の設問アは700字以上書かれているからです。慣れてきたら，解答用紙の最後の行まで書いてみましょう。

　次の□は，論述の際のチェック項目と考えてください。

（a）設問アの前半を書く

　情報システムの概要について問われています。次の点に留意して，情報システムについて論述します。この問題では，趣旨や設問文で"情報システムの特徴を踏まえて～"などと書かれていないので，情報システムの特徴の明示は必須ではありません。しかし，情報システムの特徴の明示は，重要なポイントなので，例を示しておきます。

　　□質問書に書いた内容と，過度に重複した内容を書かない。
　　□唐突に情報システムの特徴を明示しない。
　　□400字ほど書く。

　情報システムの概要における，論述のポイントを次に示します。

①どのような業種の組織で稼働しているシステムかを示す

②特徴を明示する展開のひな型，"～の特徴としては，～を挙げることができる"を活用して，情報システムの特徴を明示する

③設問アの後半で論じる内容に寄せて論じる

④システム監査人の立場を明示する展開のひな型，"～に所属するシステム監査人の立場で，～"を活用する。なお，システム監査人の立場の明示は，設問アであれば，どこでもよいです。

⑤監査を実施した時点を明示する展開のひな型，"(具体的なプロジェクトの段階，開発工程) ～時点で～を監査することになった"を活用する。なお，監査を実施した時点の明示は，設問アであれば，どこでもよいです。

以上のポイントを踏まえてワークシートを基に論述すると，次のようになります。上の①〜⑤は，次の論述例にある下線①から下線⑤に対応していますので，参考にしてください。なお，ワークシートの内容と論述例の内容は，異なることがあります。**論文設計をすることは重要ですが，設計内容に沿って正確に論述する必要はありません。**論文の一貫性は論述しながら，確保するようにしましょう。

> 第1章　情報システムの概要とアジャイル型開発の概要
> 1.1　情報システムの概要
> 　①A社は，スポーツウェアに加え，"健康"をテーマとした製品としてランニングウォッチや体組成計などの健康機器を製造・販売している。A社は自社の健康機器と連携するスマートフォン用のソフトウェア（以下，スマホアプリという）を開発することになった。スマホアプリの開発では，従来型のスマホアプリの提供にとどまらず，健康機器の利用者の体験価値に着目して，適宜，新サービスを提供することを重視する。そのため，②情報システムの特徴としては，ビジネス要件が頻繁に変更になるという点を挙げることができる。③この特徴を踏まえ，アジャイル開発手法が採用された。開発手法の採用が必須であった。
> 　④私はA社の監査部門に所属するシステム監査人として，⑤プロジェクト計画書の完成後，開発着手前にアジャイル型開発の整備状況を監査することになった。

（100字、200字、300字、400字）

（b）設問アの後半を書く

設問アの後半から，問題によって問われる内容が異なります。次の点に留意して論述します。

□問われている内容について，我田引水して論じない。

設問で問われている事項は，章立てのタイトルの中に含まれているので，章立てにあるキーワードを使って明示的に論じます。論述のポイントを次に示します。

①問われている事項を明示する展開のひな型，"～という（問われている事項）

があった"，あるいは，"（問われている事項）としては〜"を活用する

②設問イにつなげる文章を含める

なお，設問イにつなげる文章については，冗長でなければ自分の立場や所属，設問イで述べる活動の概要などを含めます。

以上のポイントを踏まえてワークシートを基に論述すると，次のようになります。

```
1.2　アジャイル型開発手法を採用する理由
　　予備調査の結果，①アジャイル型開発手法を採用した理
由は，この手法を採用することで，実際の利用者からの          500字
フィードバックの内容を分析し，スマホアプリの改善を
繰り返し，段階的に新サービスの機能を，効率的に充実
させることができることが判明した。
1.3　アジャイル型開発の内容                              600字
　　予備調査の結果，①アジャイル型開発の内容として，
（i）体制としては，A社マーケティング部門の代表とし
て，プロダクトオーナが定められている，（ii）開発要員
のスキルは，アジャイル型開発を経験した開発要員と未      700字
経験の開発要員が半々である，（iii）アジャイル型開発
環境を採用している，ということが判明した。
　　②私は，アジャイル型開発手法特有のリスクを踏まえ，
次の監査手続を設定してシステム監査を実施した。          800字
```

Point **ここが ポイント！！！！！！！**

★「情報システムの概要」を事前に用意する！！

本番の試験において，情報システムの概要を書く際に，何回も消しゴムを使うようでは，論文を最後まで書き終えることは難しいです。情報システムの概要は，事前に用意しておき，短縮できた時間で，設問ウの監査手続をしっかりと書いて，合格を採点者にアピールしましょう。

（2）設問イを論述する

"巻末ワークシート4"の"【訓練4】ワークシートに記入する（本試験過去問題　記入済）"の設問イの箇所を参照

設問イの前半と後半に分けて論述方法を説明します。設問イの論述文字数は，700字以上1,400字以内です。少なくとも，解答用紙の700字の行を超えて，次の行まで書くようにしてください。過剰なインデントについても，不要です。

　なお，問題によっては，設問イおいて，設問ウと同様に監査手続について問われる場合があります。その場合は，設問ウと同様に考え，設問イについて論文設計してください。

（a）設問イの前半を書く

　設問イの前半では次の点に留意して論述しましょう。

□空白行を入れない。

□過剰なインデントをしない。

□問題の趣旨を無視しない。

　設問イの前半における論述のポイントを次に示します。

①趣旨に沿って論じる

②リスクを明示する展開のひな型，"〜という〜の特徴を踏まえると，〜というリスク要因よって，〜というリスクを想定できる"，あるいは，"〜というリスク要因よって，〜というリスクを想定できる"を活用する

　以上のポイントを踏まえてワークシートを基に論述すると，次のようになります。

第2章　想定したリスクとコントロール
2.1　想定したリスク

　①ウォータフォール型開発とは異なるアジャイル型開発特有のリスクとして，次のリスクを想定することができた。100字

（i）体制面のリスク

　②ビジネス要件が頻繁に変更になるという情報システムの特徴や，ビジネス要件の追加・変更を取り込みながら開発を進めるというアジャイル型開発の特徴を踏まえると，プロダクトオーナの能力不足や，ビジネス要件の優先順位付けに関わる手続の不備というリスク要因よって，ビジネス要件の優先順位付けがビジネスの変化に対応できないリスクを想定できる。200字 300字

（ii）スキル面のリスク

　②ペアプログラミング，テストファーストというアジャイル型開発の特徴を踏まえると，スキル差が大きいとスキル不足な人が積極的にならない傾向があり，スキル不足の開発要員側のやる気が低下する可能性がある。アジャイル型開発に関わるスキル不足というリスク要因によって，アジャイル開発において期待できる生産性が得られないリスクを想定できる。400字 500字

```
　　（ⅲ）開発環境のリスク
　　　　②アジャイル型開発環境の活用というアジャイル型開
　発の特徴を踏まえると，開発環境の不都合の発生や，開
　発環境に関わる，開発要員への教育不足というリスク要　600字
　因によって，アジャイル型開発環境を使いたいときに使
　えないリスクを想定できた。
　　　以上が想定したリスクである。
　　　　　　　　　　　　　　　　　　　　　　　　　　700字
```

（b）設問イの後半を書く

　採点者は，設問イを読み終えた段階で，仮採点をする可能性が高いです。仮採点の前に採点者が読むのは，設問イの後半です。したがって，700字を超過したからと安心しないようにしてください。しっかりと論旨展開することが合格には必須です。次の点に留意して論述をしましょう。

□700字未満になるので，解答用紙において700字の行の途中で論述を終わらせない。

□700字を超過したからと，気を抜かない。

　設問イの後半では，コントロールについて論じます。論述のポイントを次に挙げます。

①コントロールを明示する展開のひな型，"～については，～というコントロールが有効である"を活用する

　以上のポイントを踏まえてワークシートを基に論述すると，次のようになります。

```
　2.2　コントロール
　　　システム監査人として私は，アジャイル型開発特有の
　リスクへのコントロールを，次のように想定した。
　（ⅰ）体制面でのコントロール　　　　　　　　　　　　　　800字
　　　　①ビジネス要件の優先順位付けがビジネスの変化に対
　応できないリスクについては，次のコントロールが有効
　である。
　（a）情報システムの対象となる利用者業務に関わる専門　900字
　　　知識レベルなど，プロダクトオーナの要件を定めた上
　　　で，要件を満たす人物を選定する。
　（b）ビジネス要件の変化に応じて，プロダクトバックロ
　　　グの優先順位付けを，迅速に変更する。　　　　　　　1000字
　（ⅱ）スキル面でのコントロール
　　　　①アジャイル開発において期待できる生産性が得られ
　ないリスクについては，次のコントロールが有効である。
　（a）アジャイル型開発に必要なスキル育成計画をプロジ　1100字
　　　ェクト計画書に盛り込む。
　（b）ペアプログラミングでは，定期に評価を行い，ジョ
```

ブローテーションを行う。

(ⅲ) 開発環境でのコントロール

　①アジャイル型開発環境を使いたいときに使えないリスクについては，"事前に開発要員にアジャイル開発環境を使わせて，開発環境のセットアップに関わる不都合や，アジャイル型開発に関わるスキル不足による生産性の低下がないことを確認する"というコントロールが有効である。

　以上が，アジャイル型開発に関わる有効なコントロールである。

1200字

1300字

1400字

5
論文を設計して書く演習をする

$\mathbf{P}_{oint}$ ここが ポイント！

★臨場感のある「当たり前」を論文では書く

　実務経験は，一人一人違います。したがって，本人にとっては当たり前なことでも，採点者にとっては新鮮なこともあるようです。以前，公開されていた情報処理技術者試験のガイドラインによると，試験委員の方は，経験した人しか分からない「当たり前」を論文で書いて，臨場感を出してほしいそうです。

⇒難しいですよね。そのようなこと，できなくとも，合格できます。

（3）設問ウを論述する

　"巻末ワークシート４"の"【訓練4】ワークシートに記入する（本試験過去問題　記入済）"の設問ウの箇所を参照

　設問イを書き終えたからと，安心して集中力を低下させないことが重要です。集中力の低下は，読み手の採点者に伝わり，必然的に評価も低くなります。

（a）設問ウを書く

　設問ウでは高い頻度で，監査手続について問われます。監査要点（確認すべきポイント）を立証するための監査手続を論じる際には，次の点に留意しましょう。

□監査要点（確認すべきポイント）を立証するための監査手続になっている。

□監査手続の表現に，監査技法が含まれている。

□監査手続の表現に，監査技法の適用対象となる監査証拠が含まれている。

□監査の実施時点では入手できない監査証拠を使って，監査手続を論じてはいない。

　なお，「監査の実施時点では入手できない監査証拠を使って，監査手続を論じている」とは，この論文の場合では，「アジャイル開発の生産性を示す指標について報告されているプロジェクト進捗会議の議事録を入手して生産性の指標を確認し，プロジェクト計画書の進捗管理計画にある生産性の指標と突合して，計画どおりの生産性が得られていることを示す監査証拠を得る」という監査手続が該当します。趣旨に「開発着手前」とあるので，「プロジェクト進捗会議の議事録」を入手する話は，趣旨に沿わないことになります。

　設問ウにおける論述のポイントを次に挙げます。なお，「"含め"を明示する展開」については，「確認すべきポイント」，「監査証拠」というキーワードを使って明示すればよいので，ここでは割愛します。

①監査要点（確認すべきポイント）を明示する展開のひな型，"～に関わる確認すべきポイントとしては，～を設定した"を活用する

②監査手続を明示する展開のひな型，「監査手続としては，～を入手し，～を（監査技法）して，～を示す監査証拠を得る，を設定した」，あるいは，"監査手続としては，～に，～についてヒアリングして，～を示す監査証拠を得る，を設定した"を活用する

③専門家として考えやそのように考えた根拠をアピールする展開のひな型，"ただし，これだけでは確認すべきポイントを立証できないと考えた。なぜならば，～からである。そこで私は，追加の監査手続として，～を設定した"を活用する

④論文の最後は，"－以上－"で締めくくります

　以上のポイントを踏まえてワークシートを基に論述すると，次のようになります。

| 第3章　体制，スキル，開発環境の整備状況への監査 |
| 3.1　体制の整備状況を確認する監査手続 |

　①体制面に関わる確認すべきポイントは，プロダクトバックログの優先順位付けを実施する体制や，手続が適切か，設定した。②監査手続としては，(i)プロジェクト計画段階のプロジェクト会議の議事録を入手して，プロジェクトオーナの選定に関わる検討内容を精査して，選定の適切性を示す監査証拠を得る，(ii)アジャイル型開発標準を入手して，アジャイル型開発に適用したプロダクトバックログの優先順位付けに関わる手続を精査し，プロダクトバックログがビジネス要件の変化に応じて優

100字

200字

先順位付けされる手続が存在し，なおかつ，手続が適切であることを示す監査証拠を得る，を設定した。

　③ただし，これだけでは，確認すべきポイントを立証できないと考えた。なぜならば，プロダクトオーナが形式的に選ばれる可能性があるからである。そこで私は，追加の監査手続として，②(iii)プロダクトオーナにヒアリングを実施して，アジャイル型開発におけるリスクなどを確認することで，プロジェクトオーナの選定の適切性を示す監査証拠を得る，を設定した。

3.2　スキルの整備状況を確認する監査手続

　①スキル面に関わる確認すべきポイントとしては，生産性を確保するためのスキル面での計画が適切か，を設定した。②監査手続としては，(i)プロジェクト計画書の要員計画を精査して，アジャイル型開発特有のスキル育成計画があることを示す監査証拠を得る，(ii)プロジェクト計画書の要員計画を精査して，ペアプログラミングにおけるジョブローテーションが盛り込まれていることを確認して，ペアプログラミングにおける要員のスキルの違いを考慮した生産性向上策が盛り込まれていることを示す監査証拠を得る，を設定した。

3.3　開発環境の整備状況を確認する監査手続

　①開発環境面に関わる確認すべきポイントは，アジャイル開発環境を使用する段階で開発要員が迅速に開発環境を使いこなせるか，を設定した。②監査手続としては，プロジェクト計画書における開発スケジュールを閲覧して，開発が始まる前に，開発環境のセットアップを事前に行い，不都合を抽出した上で，開発要員全員にアジャイル開発環境を使わせる計画になっていることを示す監査証拠を得る，を設定した。

　③だが，これだけでは，確認すべきポイントを立証することはできないと考えた。なぜならば，予定されている開発要員は当該プロジェクトの計画段階では，他のプロジェクトに従事しており，当該プロジェクトのスケジュールに沿って開発環境に関わる教育を受けることができない可能性があるからである。そこで私は追加の監査手続として，②プロジェクトへの参画が予定されている開発要員にヒアリングを行い，教育計画に関わるスケジュールの連絡を受け，各自のスケジュールに盛り込まれていることを確認して教育計画の有効性を示す監査証拠を得る，を設定した。示す監査証拠を得ることを設定した。　　　④　－以上－

Point ここが ポイント！！！！！！！

★設問ウで問われる「留意すべき事項」とは

　システム監査技術者試験の平成30年春午後Ⅱ問2では，設問ウにおいて「監査手続及び留意すべき事項について」と「留意すべき事項」についても問われています。問題に「留意すべき事項」についての記述がないので，監査手続を適用する際の留意すべき事項と考えてよいでしょう。では，「留意すべき事項」について，どのように考えたらよいでしょうか。次の監査手続を適用する際の留意すべき事項について考えてみましょう。

　監査手続として，プロジェクトへの参画が予定されている開発要員にヒアリングを行い，教育計画に関わるスケジュールの連絡を受け，各自のスケジュールに盛り込まれていることを示す監査証拠を得る，を設定した。

　この監査手続を実施する際に，想定できる困難な状況を考えてみます。例えば，ヒアリング対象者の選定面，効率的な監査という面から考えます。

　ヒアリング対象者の選定面では，担当するプロジェクトのない開発要員にヒアリングしても，時間があるので，スケジュールの確保は容易と考えることができます。その反対に忙しい開発要員は，スケジュールの確保が難しいでしょう。

　効率的な監査という面では，開発要員はまだプロジェクトに参加していない状況です。情報セキュリティの観点から，現場にスマートフォンを持ち込めないケースもあります。効率的な監査が難しいと考えます。

　これらを基にすると，留意すべき事項を次のように論じることができます。

　留意すべき事項としては，次を挙げることができる。
(i)ヒアリング対象者の選定
　現状の仕事が忙しい開発要員を選ぶ。なぜならば，スキル向上のための研修スケジュールの確保が難しいと考えるからである。
(ii)事前確認の徹底
　効率的に監査手続を適用することが重要と考え，ヒアリング対象者の上司にヒアリングの可否を確認するなど事前確認を徹底する。なぜならば，開発要員へのヒアリングについては，ヒアリング対象者は，当該プロジェクトとは関係ない開発現場にいることがある。その場合は，セキュリティ上の対策からスマートフォンを携帯できないため，直接連絡が取れないケースがあるからである。

Point ここが ポイント！！！！！！！

★論文を最後まで書いたら，2分間休んでから論文を見直す！！

　書いた論文を見直す習慣を付けましょう。そのためには，まずは休むことから始めます。

Just Do it！ 関所 No.6

　"Just Do it！ 関所 No.5 で作成した，皆さん実務経験や専門知識を基に作成したワークシートを使って，"【訓練 5】ワークシートを基に論述する"を実際に演習して，オリジナルの論文を書いてみましょう。

　"巻末ワークシート 6"にある原稿用紙は，本試験で使用する解答用紙に合わせて作成しています。"巻末ワークシート 6"の1枚分をコピーすると，2 枚の 400 字原稿用紙(25 字×16 行＝400 字)になります。設問アは 2 枚，設問イは4枚，設問ウは4枚，合計 10 枚の原稿用紙が必要になります。設問イ・ウは 700 字以上，1,400 字以内ですから，最大字数は 400 字原稿用紙が 3 ページと半ページになります。書き過ぎに留意してください。

　論述の際は，本試験の仕様に合わせて，設問アは先頭ページから，設問イは3ページ目から，設問ウは，7ページ目から論述するようにしてください。

　最初の論述は，13 時間ほど掛かる人もいます。他人が書いた論文を書き写すだけで2時間以上かかることもあります。それでも，合格できるようになりますので，がんばりましょう。

　論文を書き終えたら，第三者に読んでもらい，分かりやすい文章になっているかを確認してもらうとよいでしょう。自分でも，趣旨に沿って書いているか，特徴⇒リスク要因⇒リスクという展開が鮮明になっているか，監査要点（確認すべきポイント）が明示されているか，第三者に指示しても実施できるように監査手続が具体的に表現されているか，専門家としての考えをアピールしているか，などの観点から評価して，課題を明らかにし，演習を繰り返して改善していきましょう。

第6章

添削を受けて書き直してみる

6.1　2時間以内で書く論文の設計をする
(1)2時間以内で書く論文の設計をする
　第5章では，全ての論述テクニックを紹介したため，結果的には，規定字数を超える論述例になっています。では，規定字数内で書くようにすると，ワークシートをどのくらい埋めればよいかを確認しておきましょう。

6.2　添削を受けてみる
(1)添削を受けてみる
　次に論文の添削をします。公開模試における論文の採点の経験を基に，論文における指摘対象，すなわち，添削の対象となる箇所の発生頻度を示しながら，添削しています。
(2)採点結果を確認する
　添削された論文の点数を確認します。60点以上がA判定の合格レベル，50点以上59点までがB判定の不合格レベルです。

6.3　論文を書き直してみる
(1)論文を書き直す
　添削での指示を基に論文を書き直します。
(2)書き直した論文の採点結果を確認する
　添削内容を基に書き直した論文の点数を確認しましょう。

6.1　2時間以内で書く論文の設計をする ・・・・・・・・・・・・・・・・・・・ 108
6.2　添削を受けてみる ・・・・・・・・・・・・・・・・・・・・・・・・・・・・・・・・ 109
6.3　論文を書き直してみる ・・・・・・・・・・・・・・・・・・・・・・・・・・・・ 114

6.1 2時間以内で書く論文の設計をする

　第5章では，全ての論述テクニックを紹介したため，結果的には，規定字数を超える勢いの論述例になっています。字数が多いと，2時間で書き終えることは難しくなります。時間切れのリスク減らして合格レベルの論文を書くには，ワークシートをどのくらい埋めればよいかを確認しておきましょう。

（1）2時間以内で書く論文の設計をする

　論文を規定字数内に収め，2時間以内で書ける論文の設計をするために，ワークシートにある設問イとウの部分の記述量7割くらいにしましょう。

　"巻末ワークシート4"では，設問イの記入欄が埋まっていました。このワークシートを基に，設問イ・ウの記入量を7割ほどに絞ったワークシート作成して，"巻末ワークシート5　設問イ・ウの記入を7割に絞ったワークシート（本試験過去問題記入済）"に掲載しています。

　まず，"ワークシート4"と"ワークシート5"の記入内容を対比させてみましょう。設問アについては，あまり違いはないですが，設問イ・ウについては記入量が減っていることを確認してください。

　これから，"ワークシート5"の内容を基に論述します。ただし，次の節の"6.2"に掲載している論文は，添削を受ける都合上，改善すべき点を多く含む論文であることに留意してください。具体的には，"6.2"に掲載している論文は，"ワークシート5"の内容を十分に反映した論文ではない，ということです。

　"ワークシート5"の内容を十分に反映した論文は，"6.3　論文を書き直してみる"に掲載しています。次節の添削指示では，コメントの中に"頻度高"などと，皆さんが書いた論文における添削事項の発生頻度を示します。学習の参考にしてください。

6.2 添削を受けてみる

公開模試における論文の採点の経験を基に、高い頻度で発生する添削指示内容を盛り込んで、添削対象となる論文を筆者が作成しました。いわゆる、"あるある論文"です。類似の添削指示の発生頻度を示しながら、添削しています。50％くらいの頻度で現れる場合は"頻度高"、30％くらいの頻度の場合は"頻度中"、10％くらいの頻度の場合は"頻度小"としています。

(1) 添削を受けてみる

次に、設問ア、イ、ウと分けて、添削例を示します。

(a) 設問アの添削

設問ア

第1章　情報システムの概要とアジャイル型開発の概要

1.1　情報システムの概要

　A社は、スポーツウェアに加え、"健康"をテーマとした製品としてランニングウォッチや体組成計などの健康機器を製造・販売している。A社は自社の健康機器と連携するスマートフォン用のソフトウェア（以下、スマホアプリという）を開発することになった。①情報システムの特徴としては、ビジネス要件が頻繁に変更になるという点を挙げることができる。したがって、この特徴に適した開発手法の採用が必須であった。

　私はA社の監査部門に所属するシステム監査人として、②アジャイル型開発を監査することになった。

1.2　アジャイル型開発手法を採用する理由

　私は③情報システムの特徴を踏まえて、④アジャイル型開発手法を採用することにした。その理由は、この手法を採用することで、実際の利用者からのフィードバックの内容を分析し、スマホアプリの改善を繰り返すことで、段階的に新サービスの機能を、効率的に充実させることができるからである。

1.3　アジャイル型開発の内容

　⑤開発は、(i)体制としては、A社マーケティング部門の代表として、プロダクトオーナが定められている。(ii)開発要員のスキルは、アジャイル型開発を経験した開発要員と未経験の開発要員が半々である、(iii)⑥アジャイル型開発環境を採用している、ということが判明した。

100字
200字
300字
400字
500字
600字

下線①
話の脈絡を作り込んでから、情報システムの特徴を明示しましょう。（頻度高）

下線②
趣旨に沿って、システム監査を行った時点を具体的に明示しましょう。（頻度高）

下線③
どのような情報システムの特徴を踏まえたのか採点者に分かるように、"～という情報システムの特徴を踏まえて"などと、踏まえる情報システムの特徴を引用しましょう。

下線④
システム監査人がアジャイル型開発手法を選んでしますと、システム監査人として、被監査部署との独立性が危ういことになります。表現の仕方を工夫しましょう。（頻度高）

下線⑤
章立てのタイトルのキーワードである"アジャイル型開発の内容"を使って明示的に書いてみましょう。（頻度中）

下線⑥
設問アの最後では、設問イにつなげる文章を書いてみましょう。（頻度中）

添削者コメント
設問文に沿って章立てをしている点がよいです。管理と監査の立場を鮮明に分けましょう。"アジャイル型開発手法を採用する理由"については、予備調査の結果、判明した展開にしてもよいでしょう。検討してみてください。

（b）設問イの添削

第2章　想定したリスクとコントロール

2.1　想定したリスクとコントロール

　アジャイル型開発特有のリスクとしては，次のリスクを想定することができ，次に挙げるリスクへのコントロールが有効である。（100字）

（i）体制面のリスクとコントロール

　①アジャイル型開発の特徴を踏まえると，②プロダクトオーナの能力不足というリスクを想定できた。このリスクに対しては，「情報システムの対象となる利用者業務に関わる専門知識レベルなど，プロダクトオーナの要件を定めた上で，要件を満たす人物を選定する」，という③コントロールを設定した。（200字／300字）

（ii）スキル面のリスクとコントロール

　ペアプログラミング，テストファーストというアジャイル型開発の特徴を踏まえると，スキル差が大きいとスキル不足な人が積極的にならない傾向がある。したがって，④スキル不足の開発要員側のやる気が低下する可能性があり，アジャイル開発において期待できる生産性が得られないリスクを想定できた。このリスクに対しては，「ペアプログラミングでは，定期に評価を行い，ジョブローテーションを行う」というコントロールが有効である。（400字／500字）

（iii）開発環境のリスクとコントロール

　アジャイル型開発環境の活用というアジャイル型開発の特徴を踏まえると，アジャイル型開発環境に関わる，開発要員への教育不足というリスク要因によって，⑤アジャイル型開発環境を使いたいときに使えない。これに対しては，「事前に開発要員にアジャイル開発環境を使わせて，開発環境のセットアップや使用法に関わる不都合ないことを確認する」⑥というコントロールが有効である。（600字／700字／800字）

下線①

どのような特徴なのか，採点者が分かるように，"〜という特徴を踏まえると〜"などと，設問アで述べた特徴を引用するようにしましょう。（頻度中）

下線②

リスク要因とリスクを鮮明に書き分けるようにしましょう。「プロダクトオーナの能力不足」はリスク要因に近い内容です。「プロダクトオーナの能力不足」によって生じる問題点を含めると，リスクに近づきます。（頻度高）

下線③

コントロールを設定する人は，システム監査人ではないので，語尾に留意しましょう。（頻度高）

下線④

リスクを論じるときは，リスク要因を明示してから，リスクを示すと，より採点者がイメージしやすくなります。（頻度中）

下線⑤

リスクを表現するときは，"〜リスク"という表現の仕方がよいです。（頻度中）

下線⑥

論文の体裁を確保するために，箇条書で節を書き始めない，書き終えないようにしましょう。この記述は，箇条書で節を書き終えています。（頻度高）

添削者コメント

管理の立場とシステム監査人の立場の違いを書き分けられるようにしましょう。基本的には，コントロールは管理の立場の人が設定すると考えてください。システム監査人は，適切なコントロールが存在すること，コントロールを遵守して業務を遂行しているかを，監査手続を通して確認します。

（c）設問ウの添削

設問ウ

第3章　体制，スキル，開発環境の整備状況への監査

3.1　体制の整備状況を確認する監査手続

　体制面に関わる確認すべきポイントは，プロダクトバックログの優先順位付けを実施する体制や手続が適切か，を設定した。①そこで私は，②プロジェクト計画段階のプロジェクト会議の議事録を入手して，プロジェクトオーナの選定に関わる検討内容を精査した。

3.2　スキルの整備状況を確認する監査手続

③監査手続としては，（i）④プロジェクト計画書の要員計画を入手して，アジャイル型開発特有のスキル育成計画があることを示す監査証拠を得る。（ii）プロジェクト計画書の要員計画を精査して，ペアプログラミングにおけるジョブローテーションが盛り込まれているかを確認して，ペアプログラミングにおける要員のスキルの違いを考慮した生産性向上策が盛り込まれていることを示す監査証拠を得る，を設定した。

3.3　開発環境の整備状況を確認する監査手続

　開発環境面に関わる確認すべきポイントは，アジャイル開発環境を使用する段階で開発要員が迅速に開発環境を使いこなせるか，を設定した。監査手続としては，⑤プロジェクト計画書を閲覧して，開発が始まる前に，開発環境のセットアップを事前に行い，不都合を抽出した上で，開発要員全員にアジャイル開発環境を使わせる計画になっていることを示す監査証拠を得る，を設定した。

　ただし，これだけでは，⑥確認すべきポイントを立証することはできないと考えた。そこで私は追加の監査手続として，予定されている開発要員にヒアリングを行い，教育計画に関わるスケジュールの連絡を受け，各自のスケジュールに盛り込まれていることを確認して教育計画の有効性を示す監査証拠を得る⑦を設定した。

下線①
“監査手続”というキーワードを使って，明示的に論じてみましょう。（頻度中）

下線②
確認すべきポイントで述べている“プロダクトバックログの優先順位付け”にかかわる監査手続についても論じてみましょう。（頻度中）
監査手続において入手した資料が何を示す監査証拠になるのか，設問文にある“監査証拠”というキーワードを使って表現してみましょう。（頻度中）

下線③
監査手続を論じる前に，設問文で問われている“確認すべきポイント”について明示的に論じましょう。（頻度中）

下線④
監査手続には，監査技法を含めて表現しましょう。（頻度中）

下線⑤
プロジェクト計画書において，どのような項目を閲覧したのかが採点者に分かるように論じると，より具体性が増す論文になります。（頻度中）

下線⑥
このように考えた根拠を含めて表現すると，採点者への説得力が増します。（頻度中）

下線⑦
小論文は，“ー以上ー”で締めくくりましょう。

添削者コメント
追加の監査手続を論じる展開がよいです。そのように考えた根拠を含めると，更によくなります。

添削例には現れていない，頻度小のコメントを次に挙げておきます。参考にしてください。

①採点者が採点しやすいように設問文に沿った章立てをしましょう。

②段落の書き始めは，字下げをしましょう。

③長い段落を採点者が読みやすく分割しましょう。

④1文章1段落ではなく，複数の文章で段落を構成するようにしましょう。

⑤長文に留意しましょう。

⑥冗長な記述に留意しましょう。

⑦禁則処理をしましょう。

⑧箇条書を活用して整理してみましょう。

⑨誤字に留意しましょう。

⑩ひらがなではなく，漢字で書くようにしましょう。

　監査手順と監査手続の違いを説明できるようにね。あと，監査手続を"監査手続き"と書かないようにね。

（2）採点結果を確認する

　　添削された論文の点数を確認します。60 点以上が A 判定の合格レベル，50 点以上 59 点までが B 判定の不合格レベルです。添削対象となる論文は 53 点ですから，B 判定となります。次に，合格条件充足度評価表を掲載します。

合格条件充足度評価表 システム監査技術者

評価項目			評　価			得　点	
業務経験と立場		1.業務内容と情報システム又はシステム監査業務とのかかわり	状況がよく分かる。的確。	10　8　⑤　2　0	抽象的である。	$\frac{5}{10}$	①
内容的側面	システム監査人としての視点	2.管理と監査の立場が鮮明に書き分けられている。	混同していない。	10　8　5　②　0	混同している。	$\frac{2}{10}$	②
		3.監査又は管理のポイントが明確になっているか。	明確になっている。	15　12　8　④　0	不明確である。	$\frac{4}{15}$	③
	出題意図との整合性	4.出題の意図とマッチしているか。	出題テーマとマッチしている。	10　8　⑤　2　0	出題テーマとずれている。	$\frac{5}{10}$	④
		5.設問の要求項目を全てカバーしているか。	全てカバーしている。	10　⑧　5　2　0	ごく一部。	$\frac{8}{10}$	⑤
表現的側面	面白さ	6.経験に裏打ちされた展開になっているか。	具体性があり，経験が生かされている。	10　⑧　5　2　0	具体性がなく，経験自体が疑問。	$\frac{8}{10}$	⑥
		7.論旨に首尾一貫性と説得力があるか。	首尾一貫して説得力がある。	15　12　⑧　4　0	一貫性がない。	$\frac{8}{15}$	⑦
	分かりやすさ	8.客観的に評価できているか。	客観的な評価である。	10　8　⑤　2　0	独りよがり。	$\frac{5}{10}$	⑧
		9.文章が箇条書きなども適宜取り入れ，簡潔・明解か。用語が一般的か。	簡潔明瞭。	5　4　③　2　0	文章が長い。分かりにくい。	$\frac{3}{5}$	⑨
		10.文字は丁寧に書かれているか。誤字，脱字はないか。	文字が丁寧できれい。好感がもてる。	5　4　③　2　0	読みにくい。間違いが多い。	$\frac{3}{5}$	⑩
総評	点数では，合格ボーダーライン上の点数ですが，管理と監査を鮮明に書き分けていないので，合格レベルの論文にはなりません。語尾に留意して，システム監査人としての独立性を表現している論文を心がけてください。						

合計得点
（100点満点）

51
点

6.3 論文を書き直してみる

　添削指示に従って，2時間以内に論述できるレベルの小論文に書き直してみました。本番の試験では，字数だけに限定すると，設問アは800字以内ですから700字程度，設問イは700字以上1,400字以内ですから800字程度，設問ウも700字以上1,400字以内ですから800字程度書けばよいので，まだ，設問ウの字数が多いといえます。しかし，監査手続が問われる設問ウは1,100字ほど書いて，採点者に合格をアピールするようにしてください。設問ウは残り時間を考慮しながら書けるので，時間切れのリスクは，低減できると考えます。

　次に挙げる論文は，2時間以内に論述できるレベルの文字数と筆者は考えます。参考にしてください。なお，設問イの章立てが，第5章で書いた論文とは違います。**第5章で説明した書き方の方が，字数を稼げるので，字数不足が心配な受験者は，第5章の章立ての仕方で論じる**とよいでしょう。**論述に慣れてきたら，設問イを800字ほどでコンパクトに収めて，設問ウで監査手続を厚く論じて，合格を決める**ようにするとよいでしょう。

　書き直した論文に，コメントが入っていますが，筆者で論文を書いてコメントしています。したがって，自画自賛になっている点はご了承ください。

　通信教育では，一回目に書いた論文を添削者が添削して，それを，添削内容に従って受講者が二度目に書き直すんだ。添削者は赤色で添削しているので，受講者は添削指示のある所を青色でいったん書き直してから，論文全体を書き直すと効果的に論文演習できると思うよ。

（1）論文を書き直す

次に，書き直した論文を，設問ごとに示します。

（a）設問アを書き直す

> 設問ア
> **第1章　情報システムの概要とアジャイル型開発の概要**
> **1.1　情報システムの概要**
> 　A社は，スポーツウェアに加え，"健康"をテーマとした製品としてランニングウォッチや体組成計などの健康機器を製造・販売している。A社は自社の健康機器と連携するスマートフォン用のソフトウェア（以下，スマホアプリという）を開発することになった。スマホアプリの開発では，従来型のスマホアプリの提供にとどまらず，健康機器の利用者の体験価値に着目して，①適宜，新サービスを提供することを重視する。そのため，情報システムの特徴としては，ビジネス要件が頻繁に変更になるという点を挙げることができる。②この特徴を踏まえ，アジャイル開発手法が採用された。
> 　③私はA社の監査部門に所属するシステム監査人として，④プロジェクト計画書の完成後，開発着手前にアジャイル型開発の整備状況を監査することになった。
> **1.2　アジャイル型開発手法を採用する理由**
> 　⑤予備調査の結果，⑥アジャイル型開発手法を採用する理由は，この手法を採用することで，実際の利用者からのフィードバックの内容を分析し，スマホアプリの改善を繰り返し，段階的に新サービスの機能を，効率的に充実させることができるからである。
> **1.3　アジャイル型開発の内容**
> 　予備調査の結果，⑦アジャイル型開発の内容としては，(1)体制としては，A社マーケティング部門の代表として，プロダクトオーナが定められている，(2)開発要員のスキルは，アジャイル型開発を経験した開発要員と未経験の開発要員が半々である，(3)アジャイル型開発環境を採用している，ということが判明した。
> 　⑧私は，アジャイル型開発手法特有のリスクを踏まえ，次の監査手続を設定してシステム監査を実施した。

※右欄注記：100字／200字／300字／400字／500字／600字／700字

下線①
話の脈絡を作り込んで情報システムの特徴を論じている点がよいです。

下線②
次の節で述べるアジャイル型開発に寄せて論じている点がよいです。

下線③
立場を鮮明に説明している点がよいです。

下線④
趣旨に沿って，監査の実施時点を明示している点がよいです。

下線⑤
システム監査人がアジャイル型開発手法を採用する理由を述べていない点がよいです。

下線⑥
節のタイトルにあるキーワードを使って明示的に論じている点がよいです。

下線⑦
節のタイトルにあるキーワードを使って明示的に論じている点がよいです。

下線⑧
設問イにつなげる文章を書いて，一貫性をアピールしている点がよいです。

（b）設問イを書き直す

設問イ

第2章　想定したリスクとコントロール
2.1　想定したリスクとコントロール
　アジャイル型開発特有のリスクとしては，次のリスクを想定することができ，次に挙げるリスクへのコントロールが有効である。
(i)体制面のリスクとコントロール
　①ビジネス要件が頻繁に変更になるという情報システムの特徴，及び，②ビジネス要件の追加・変更を取り込みながら開発を進めるというアジャイル型開発の特徴を踏まえると，③プロダクトオーナの能力不足や，ビジネス要件の優先順位付けに関わる手続の不備というリスク要因よって，④ビジネス要件の優先順位付けがビジネスの変化に対応できないリスクを想定できた。このリスクに対しては，「情報システムの対象となる利用者業務に関わる専門知識レベルなど，プロダクトオーナの要件を定めた上で，要件を満たす人物を選定する」という⑤コントロールが有効である。
(ii)スキル面のリスクとコントロール
　ペアプログラミング，テストファーストというアジャイル型開発の特徴を踏まえると，スキル差が大きいとスキル不足な人が積極的にならない傾向があり，スキル不足の開発要員側のやる気が低下する可能性がある。アジャイル型開発に関わるスキル不足というリスク要因によって，アジャイル開発において期待できる生産性が得られないリスクを想定できた。このリスクに対しては，「ペアプログラミングでは，定期的に評価を行い，ジョブローテーションを行う」というコントロールが有効である。
(iii)開発環境のリスクとコントロール
　アジャイル型開発環境の活用というアジャイル型開発の特徴を踏まえると，アジャイル型開発環境についての教育不足というリスク要因によって，アジャイル型開発環境を使いたいときに使えないリスクを想定できた。このリスクに対しては，「事前に開発要員にアジャイル開発環境を使わせて，開発環境のセットアップや使用方法にかかわる不都合ないことを確認する」というコントロールが有効である。
　⑥以上が想定したリスクとコントロールである。

100字
200字
300字
400字
500字
600字
700字
800字
900字

（ｃ）設問ウを書き直す

第３章　体制，スキル，開発環境の整備状況への監査

3.1　体制の整備状況を確認する監査手続

　体制面に関わる①確認すべきポイントは，プロダクトバックログの優先順位付を実施する体制や手続が適切か，を設定した。②監査手続としては，(i)プロジェクト計画段階のプロジェクト会議の議事録を入手して，プロジェクトオーナの選定に関わる検討内容を③精査して，選定の適切性を示す④監査証拠を得る。(ii)アジャイル型開発標準を入手して，アジャイル型開発に適用したプロダクトバックログの優先順位付けに関わる手続を精査し，プロダクトバックログがビジネス要件の変化に応じて優先順位付けされる手続が存在し，なおかつ，手続が適切であることを示す監査証拠を得る，を設定した。

3.2　スキルの整備状況を確認する監査手続

　スキル面に関わる確認すべきポイントとしては，生産性を確保するためのスキル面での計画が適切か，を設定した。監査手続としては，(1)プロジェクト計画書の要員計画を精査して，アジャイル型開発特有のスキル育成計画があることを示す監査証拠を得る。(2)プロジェクト計画書の要員計画を精査して，ペアプログラミングにおけるジョブローテーションが盛り込まれているかを確認して，ペアプログラミングにおける要員のスキルの違いを考慮した生産性向上策が盛り込まれていることを示す監査証拠を得る，を設定した。

3.3　開発環境の整備状況を確認する監査手続

　開発環境面に関わる確認すべきポイントは，アジャイル開発環境を使用する段階で開発要員が迅速に開発環境を使いこなせるか，を設定した。監査手続としては，プロジェクト計画書における開発スケジュールを閲覧して，開発が始まる前に，開発環境のセットアップを事前に行い，不都合を抽出した上で，開発要員全員にアジャイル開発環境を使わせる計画になっていることを示す監査証拠を得る，を設定した。

　⑤ただし，これだけでは，確認すべきポイントを立証することはできないと考えた。なぜならば，開発要員は当該プロジェクトの計画段階では，他のプロジェクトに従事しており，当該プロジェクトのスケジュールに沿って開発環境に関わる教育を受けることができない可能性があるからである。そこで私は追加の監査手続として，予定されている開発要員にヒアリングを行い，教育計画

下線①
設問で問われている「確認すべきポイント」を明示している点がよいです。

下線②
監査手続を明示している点がよいです。

下線③
監査技法を含めて監査手続を論じている点がよいです。

下線④
設問で問われている「監査証拠」を明示している点がよいです。

下線⑤
追加の監査手続を論じる展開を盛り込んで，専門家としての考えや，そのように考えた根拠を採点者にアピールしている点がよいです。

（100字　200字　300字　400字　500字　600字　700字　800字　900字　1000字）

にかかわるスケジュールの連絡を受け，各自のスケジュールに盛り込まれていることを確認して教育計画の有効性を示す監査証拠を得る，を設定した。

⑥－ 以上 －

1100字

下線⑥

論文としての体裁が整っていてよいです。

Point **ここが ポイント！！！！！！！**

★**百里の道も九十九里が半ば！！**

　皆さんが書いた論文を添削していると，設問ウに入って急に集中力が低下したと思われる論文に出会います。設問イが終わったからといって，決して気を抜かないようにしましょう。最後まで，緊張を連続させることが大切です。

（2）書き直した論文の採点結果を確認する

添削内容を基に書き直した論文の点数を確認しましょう。次に，合格条件充足度評価表を掲載します。75点，A判定，合格レベルの論文です。

合格条件充足度評価表

評価項目		評 価		得 点	
業務経験と立場	1.業務内容と情報システム又はシステム監査業務とのかかわり	状況がよく分かる。的確。　10 ⑧ 5 2 0　抽象的である。		$\frac{8}{10}$	①
内容的側面 / **システム監査人としての視点**	2.管理と監査の立場が鮮明に書き分けられている。	混同していない。　10 ⑧ 5 2 0　混同している。		$\frac{8}{10}$	②
	3.監査又は管理のポイントが明確になっているか。	明確になっている。　15 ⑫ 8 4 0　不明確である。		$\frac{12}{15}$	③
出題意図との整合性	4.出題の意図とマッチしているか。	出題テーマとマッチしている。　10 ⑧ 5 2 0　出題テーマとずれている。		$\frac{8}{10}$	④
	5.設問の要求項目を全てカバーしているか。	全てカバーしている。　10 ⑧ 5 2 0　ごく一部。		$\frac{8}{10}$	⑤
表現的側面 / **面白さ**	6.経験に裏打ちされた展開になっているか。	具体性があり，経験が生かされている。　10 ⑧ 5 2 0　具体性がなく，経験自体が疑問。		$\frac{8}{10}$	⑥
	7.論旨に首尾一貫性と説得力があるか。	首尾一貫して説得力がある。　15 ⑫ 8 4 0　一貫性がない。		$\frac{12}{15}$	⑦
分かりやすさ	8.客観的に評価できているか。	客観的な評価である。　10 8 ⑤ 2 0　独りよがり。		$\frac{5}{10}$	⑧
	9.文章が箇条書きなども適宜取り入れ，簡潔・明解か。用語が一般的か。	簡潔明瞭。　5 4 ③ 2 0　文章が長い。分かりにくい。		$\frac{3}{5}$	⑨
	10.文字は丁寧に書かれているか。誤字，脱字はないか。	文字が丁寧できれい。好感がもてる。　5 4 ③ 2 0　読みにくい。間違いが多い。		$\frac{3}{5}$	⑩

総評

　2時間で書く論文としては，十分に合格レベル論文です。2時間で書けるならば，改善すべき点はありません。本試験では，事前に設問ウに入る時刻を決めておき，時間切れにならないように，しっかりと時間管理をしましょう。

合計得点
（100点満点）

75 点

第7章

午後Ⅰ問題を使って
論文を書いてみる

　再チャレンジ受験者向けセミナーを開催してほしいと依頼がありました。既に一通りの私のセミナーを受講している方が対象ということで，同じ内容ではない効果的なカリキュラムについて，悩んでいました。

　論文がある試験区分の合格者と話す機会があり，その中で記述式問題を使って論文を書くことの重要性を確認することが出来，効果的かつ効率的なカリキュラムを組むことができました。この章では，午後Ⅰ問題を使って論文を書くという私のセミナーの一部を紹介することで，皆さんの合格を支援したいと考えます。

7.1　問題の出題趣旨を確認する ································· 122
7.2　論述式問題を確認する ································· 128
7.3　論文ネタの収集演習をする ································· 130
7.4　論文ネタを確認する ································· 133

あるとき知人と会う機会があり，論文がある試験区分の合格者である A 君が同席しました。

A 君：「岡山さん，どうしよう。合格しちゃいました。部長に"情報処理の論文がある試験なんて，受からないです"と言って，情報処理技術者試験以外の講習会を申し込んでいるのです。」

私　：「会社では，論文がある試験区分の試験合格か，もう一方の資格試験の合格か，どちらかが必須なのですね。情報処理試験の方に合格したので講習会への参加が不要になったということですか。」

この後に A 君は，"記述式問題のネタを使って，論述テクニックを活用しながら論文を書いて合格できた"と言っていました。ここで注意したいことは，"A 君は論述テクニックを取得済み"ということです。論述テクニックについては，既に説明していますから，この章では，論文の書き方ではなく，A 君を合格に導いた，**記述式問題から論文ネタを収集する**点に絞って説明します。

（1）この章の流れを確認する

まずは，この章全体の説明の流れを確認しておきましょう。

① **対象とする記述式問題と論述式問題の出題趣旨の確認**

午後Ⅰ問題を使って論文を書いてみるためには，論文ネタを収集するための記述式問題と，論述するための論述式問題を決める必要があります。決める際には，IPA が発表している出題趣旨を確認するとよいでしょう。

② **記述式問題を演習する**

まずは，通常の問題演習のように，記述式問題を解いてみましょう。理由は，本試験問題の数は限られているので，まずは午後Ⅰ試験対策として問題を有効に活用するためです。本書には，論文ネタの収集の対象となる問題だけを掲載しています。解答は，IPA で公表している解答例を参照してください。

③ **論述式問題を確認する**

問題の趣旨や設問文をよく読み，問題文や設問文において問われている内容を確認します。

④ **論文ネタの収集演習をする**

論述式問題において問われている内容を基に，午後Ⅰ記述式問題から論文ネタを収集する演習を行います。その際，論文ネタとして不足している点や，記述式問題に書かれている内容と少し違う点があるかもしれません。これらについて

は，論述式問題で問われている内容に合わせて加工したり，不足している点を補ったりして，話の整合性を確保するようにしてください。

(2) 対象とする記述式問題と論述式問題の出題趣旨の確認

ここでは，本試験問題を吟味して，次の二つの問題を選びました。

・記述式問題　平成 28 年　午後 I 問 3「プロジェクト管理の監査」
・論述式問題　平成 23 年　午後 II 問 3「システム開発におけるプロジェクト管理の監査」

なお，論文ネタを収集するだけでしたら，記述式問題だけで収集できます。
では，それぞれの問題の IPA 発表「出題趣旨」を確認しましょう。

出題趣旨
大規模なシステム開発を行う場合に，システム部門やオーナ部門の体制が十分でないことがある。そのような場合に，プロジェクト管理業務を含め，開発業務を複数のベンダに委託することがある。とりわけ，プロジェクト管理業務については，それを委託したからといって，委託先間の調整，重要な計画変更，管理上の意思決定まで外部に依存してよいということではない。 　本問では，発注者側の体制が十分でない場合の大規模システム開発プロジェクトを監査するに当たり，リスクと必要なコントロールを把握し，適切な監査要点及び監査手続を設定する能力を問う。

平成 28 年午後 I 問 3 の出題趣旨

出題趣旨の内容から，平成 28 年午後 I 問 3 には，開発業務を複数のベンダに委託した場合のリスクや，リスクに対するコントロールについて書いてあることが分かります。

出題趣旨
情報システムや組込みシステムの重要性の高まりに伴って，システム開発におけるプロジェクト管理が失敗した場合の影響はますます大きくなっている。また，開発手法の多様化やオフショア開発など，プロジェクト管理で対応すべき事項も増えてきている。 　一方，プロジェクト管理の対象となるシステムの構成や開発の条件などは様々であるから，規程やルールどおりにプロジェクト管理を行っているかどうかの準拠性の監査だけでは，プロジェクトに特有のリスクを低減するためのコントロールが機能しているかどうかを判断できないおそれがある。 　本問では，情報システムや組込みシステムの開発プロジェクトにおける特徴と，プロジェクトに特有のリスクを踏まえて，プロジェクト管理の適切性を監査するための見識や能力を問う。

平成 23 年午後 II 問 3 の出題趣旨

出題趣旨にある「プロジェクトに特有のリスク」に着目します。記述式問題に書かれている，開発業務を複数のベンダに委託しているというプロジェクトの特徴から「プロジェクトに特有のリスク」を論じることができそうです。

（3）記述式問題を演習する

　まずは，午後Ⅰ試験対策として，平成 28 年午後Ⅰ問 3 の問題を解いてみましょう。

問3
（H28 春·AU 午後Ⅰ問 3）

　プロジェクト管理の監査に関する次の記述を読んで，設問 1〜5 に答えよ。

　A 法人は，ある地方公共団体の外郭団体である。A 法人では，現行の基幹システムの老朽化と保守サポートの期限切れに伴い，新たに基幹システムを開発することになった。現在，要件定義工程が終了したところである。

　A 法人のシステム部門は要員が少なく，開発規模が大きいことから，基幹システム再構築プロジェクト（以下，S プロジェクトという）では，開発及びプロジェクト管理支援業務を外部に委託することにした。

　監査部のシステム監査チーム（以下，監査チームという）は，今年度の監査計画に従い，S プロジェクトの管理業務及び体制の妥当性の確認を目的とするシステム監査を実施した。

〔プロジェクトの体制〕

　基本設計工程以降の S プロジェクトの体制は，図 1 のとおりである。

(1) ステアリングコミッティは，S プロジェクトの重要な意思決定を行う組織であり，システム担当役員，情報システム部長及び各利用部門の担当役員で構成されている。

(2) プロジェクトマネージャ（PM）には，情報システム部の T 課長が任命されている。

(3) 開発委託先は，サブシステムごとに分割し，W 社，X 社，Y 社及び Z 社に発注されている。

(4) PMO の業務は，P 社に委託されている。

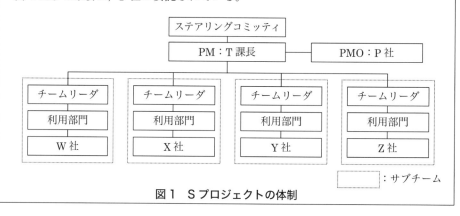

図 1　S プロジェクトの体制

〔プロジェクト管理基準の概要〕

A法人は，システム開発の経験が少ないことから，独自のプロジェクト管理基準を保有していない。そこで，P社のプロジェクト管理基準をベースにし，A法人の要望を取り入れた，Sプロジェクト用のプロジェクト管理基準（以下，管理基準という）を作成し，使用することにした。管理基準は，表1のとおりである。

表1　管理基準（抜粋）

項番	管理項目	管理内容
1	プロジェクトの体制と役割	・PMがプロジェクト管理業務を円滑に実施できる体制とすること
2	ステアリングコミッティの役割	・マイルストーン，開発スケジュール，スコープ，予算などの重要事項は，ステアリングコミッティが承認すること
3	PMOの役割	・PMOは，各サブチームから定型フォーマットで進捗報告書を収集すること ・PMOは，プロジェクトに関わる進捗報告及び課題を整理し，PMに報告すること
4	成果物の管理	・各工程の成果物のうち，あらかじめ指定されているものは，PM及び利用部門の責任者が承認すること ・各工程の成果物は，次工程に漏れなく引き継ぐこと

〔システム監査の計画〕

システム監査計画の中で策定した監査要点及び監査手続の概要は，表2のとおりである。

表2　監査要点及び監査手続の概要

項番	監査要点	監査手続
1	プロジェクトの体制が管理基準に従っていること，及びT課長がPMとしての役割を果たしていること	①　体制図を閲覧し，関係者にインタビューして，プロジェクトの体制が管理基準に従っているか確認する。 ②　進捗会議の議事録を閲覧し，T課長の出席状況を確認する。 ③　T課長にインタビューし，Sプロジェクトの円滑な管理に問題がないか確認する。
2	ステアリングコミッティが，管理基準に記載されている役割を果たしていること	①　T課長にインタビューし，ステアリングコミッティが役割を果たしているか確認する。
3	PMOが，管理基準に従って課題管理及び進捗管理を行っていること	①　進捗会議の議事録の閲覧及びP社へのインタビューで，PMOが，管理基準どおり役割を果たしているか確認する。
4	成果物が，管理基準に従って次工程に引き継がれていること	①　P社を含む各委託先にインタビューし，要件定義工程の成果物が委託先に引き継がれ，要件の説明を受けているか確認する。

〔システム監査の結果〕

システム監査計画に基づいて実施した監査の結果は，次のとおりである。

(1) 表2の項番1の監査要点について，T課長は現行システムの運用の責任者を兼務していることを，体制図の閲覧及び関係者へのインタビューによって確認した。P社との間では週次で進捗会議が実施されており，T課長は，毎回進捗会議に参加している。T課長はインタビューで"兼務していても特に支障はない"と

答えている。監査チームは，これらの監査手続を実施した結果，T課長が管理業務を円滑に実施できていると判断した。

(2) 表2の項番2の監査要点について，T課長にインタビューした。T課長は，"要件定義工程終了後，スケジュールの変更が発生したので，ステアリングコミッティの開催を要請し，対面で報告しようとした。しかし，出席者の都合がつかず，書面によって審議することになり，承認されるまでに約2週間を要した"と説明した。

(3) 表2の項番3の監査要点について，監査チームは，管理基準，及び進捗会議の議事録を閲覧し，PMOが管理基準に記載されている役割を果たしているか確認した。次に，P社にインタビューし，P社がプロジェクトの推進に苦慮していることを把握した。

(4) 表2の項番4の監査要点について，P社にインタビューした。その結果，要件定義書の次工程への引継ぎに問題があり，基本設計に遅れが発生していることが分かった。このときのP社の説明は，次のとおりである。

① 要件定義工程では，現行システムの保守を担当しているG社が業務分析を行った。

② G社は，現行システムの機能を基に要件を洗い出し，要件定義書を作成した。

③ 情報システム部長とT課長が要件定義書をレビューし，承認した。

④ 要件定義書に関しては，基本設計の開始前にG社から各委託先に説明があったが，G社は基本設計の開始後，現行システムの保守に追われ，余分の期間と要員を確保できなかった。その影響で，各委託先の疑問に対して，G社からは回答が速やかに得られないことが多かった。

〔システム監査の報告〕

監査チームは，監査結果を基に，監査報告書を作成した。その内容は，次のとおりである。

(1) 〔システム監査の結果〕(2)について，ステアリングコミッティが十分に役割を果たしているとはいえないので，このままの体制で開発を進めた場合はリスクが大きい。

(2) 〔システム監査の結果〕(3)について，Sプロジェクトの管理業務はP社への依存度が高い。開発工程が進むに従って，進捗会議での報告内容は変化し，解決すべき課題も蓄積されていくと考えられる。それに伴い，発注者側の責任者であるT課長は，進捗報告の粒度，タイミングなどの管理業務の内容を改善していく必要がある。監査チームとしては，進行中のSプロジェクトの管理状況の適切性を確認するために，今後も随時フォローアップする。

(3) 〔システム監査の結果〕(4)について，要件定義を担当した委託先とは異なる委託先に開発を委託する場合には，基本設計工程の計画段階で考慮しておくべきことがある。今回は，スケジュールへの影響に対する考慮が不十分であったと考えられる。

設問1　〔システム監査の結果〕(1)について，T 課長が S プロジェクトを円滑に管理できているか判断するために必要な，表 2 の項番 1 の①～③以外の監査手続を，40 字以内で述べよ。

設問2　〔システム監査の結果〕(3)について，図 1 の体制に起因して監査チームが把握したと思われる課題を，30 字以内で述べよ。

設問3　〔システム監査の報告〕(1)について，監査チームが考えたリスクを，45 字以内で述べよ。

設問4　〔システム監査の報告〕(2)について，監査チームがフォローアップとして確認すべき内容を，45 字以内で述べよ。

設問 5　〔システム監査の報告〕(3)について，監査チームが基本設計工程の計画について確認したと考えられる内容を，50 字以内で述べよ。

コーヒーブレーク
「踊る論文指導」2

　某企業では，教育の一貫として社内の対象者に，システムアーキテクト，システム監査技術者，IT ストラテジスト，プロジェクトマネージャ試験を合否に関係なく，順番に試験対策セミナーを受講して受験してもらう，ということをやっています。

　ある年度の受講者と，B 判定の添削済み論文を相互レビューしているとき，「私は，論文課題は，本気で書いていませんから」と私に言うのです。私は本気で論文添削をしているつもりなので，「次回から君の論文は，手抜きで添削するよ」と言い返しました。正直，手抜きで添削するというのは，難しいです。全力で添削した方が楽です。したがって，「冗談だよ。本気で添削するよ。それに，全力を出さないやつって，嫌いじゃないよ」と話しを終えました。その後，彼は IT ストラテジスト試験に合格したので，めでたし，めでたし，です。

　彼の同期で，もう一人，試験終了直後に「岡山先生のおかげで，合格できました」と私に言うのです。初めて IT ストラテジスト試験を受けたのに，無謀なことを言うな，と思っていました。しかも，いつも彼は論文添削では B 判定です。推測ですが，彼も課題論文は手抜きで書いていたのでしょう。結果は一発合格でした。

　IT ストラテジスト試験を一発合格した受講者の話のオチは，というと，一番目の彼は，実はその時，「本試験では，先生の指導を思い出して，本気で書きます」と言っていたのです。二番目の彼も，本試験の時は本気で指導内容を思い出して書いたのでしょう。そうです，「思い出す」これです。午後Ⅱ論述式試験が始まる前には，本書で学んだ内容，通信教育などで添削を受けた場合は添削の指示内容，これらをしっかりと思い出し，合格に向けた論文設計のイメージトレーニングすることが重要なのです。

（1）論述式問題を確認する

　記述式問題の演習を終えたら，この章の本題に入ります。この章で題材とした論述式問題では，どのような点が問われるのでしょうか。平成 23 年午後 II 問 3 を確認してみましょう。

システム監査技術者試験　平成 23 年春　午後 II 問 3

問3　システム開発におけるプロジェクト管理の監査について

問題文の趣旨

　今日，組織及び社会において情報システムや組込みシステムの重要性が高まるにつれ，システムに求められる品質，開発のコストや期間などに対する要求はますます厳しくなってきている。システム開発の一部を外部委託し，開発コストを低減する例も増えている。また，製品や機器の高機能化などと相まって，組込みシステムの開発作業は複雑になりつつある。

　このような状況において，システム開発上のタスクや課題などを管理するプロジェクト管理はますます重要になってきている。プロジェクト管理が適時かつ適切に行われないと，開発コストの超過やスケジュールの遅延だけでなく，品質や性能が十分に確保されず，稼働後の大きなシステム障害や事故につながるおそれもある。

　その一方で，開発するシステムの構成やアプリケーションの種類，開発のコストや期間などはプロジェクトごとに異なるので，プロジェクトにおいて想定されるリスクもそれぞれ異なる。したがって，システム開発におけるプロジェクト管理を監査する場合，規程やルールに準拠しているかどうかを確認するだけでは，プロジェクトごとに特有のリスクを低減するためのコントロールが機能しているかどうかを判断できないおそれがある。

　システム監査人は，このような点を踏まえて，情報システムや組込みシステムの開発におけるプロジェクト管理の適切性を確かめるために，プロジェクトに特有のリスクに重点をおいた監査を行う必要がある。

　あなたの経験と考えに基づいて，設問ア〜ウに従って論述せよ。

設問ア　あなたが携わった情報システムや組込みシステムの概要と，そのシステム開発プロジェクトの特徴について，800 字以内で述べよ。

設問イ　設問アで述べたシステム開発のプロジェクト管理において，どのようなリスクを想定すべきか。プロジェクトの特徴を踏まえて，700 字以上 1,400 字以内で具体的に述べよ。

設問ウ　設問イで述べたリスクに対するプロジェクト管理の適切性について監査する場合，どのような監査手続が必要か。プロジェクト管理の内容と対応付けて，700 字以上 1,400 字以内で具体的に述べよ。

趣旨に書かれている,「〜求められる」,「〜重要である」,「〜必要がある」などの記述に着目して,趣旨で求められている論旨展開を確認しましょう。これらの記述を確認することで,これから収集する論文ネタをどのように使ってどのように論旨展開するかが把握できます。ただし,この章では論文ネタの収集に注力します。

（2）論述式問題の設問文で問われている内容をリストアップする

設問アで問われている内容については説明を割愛します。設問イとウを対象に,問われている点を次のようにリストアップします。

①　プロジェクトの特徴

プロジェクトに特有なリスクを論じるためには,設問イで問われているプロジェクトの特徴をしっかりと論じる必要があります。

②　プロジェクトの特徴を踏まえたリスク

プロジェクトの特徴を踏まえたリスクを論じる際には,「〜というプロジェクトの特徴を踏まえ」などと鮮明に論じることが重要です。

③　コントロール

この問題では,コントロールについて問われていません。ただし,趣旨に「プロジェクトごとに特有のリスクを低減するためのコントロールが機能しているかどうかを判断できないおそれがある」と記述されているので,コントロールによってリスクが低減されているかどうかを確かめる監査手続を論じる必要があります。一方,コントロールを踏まえて監査手続を論じることが求められている問題もあります。したがって,論文ネタとしては,コントロールを盛り込んでおいた方がよいと考えて,ここに入れてあります。

④　確認すべきポイント

この問題の設問ウでは「確認すべきポイント」については問われていませんが,平成 28 年午後Ⅱ問 2 などの設問ウでは,監査手続と合わせて,「監査証拠及び確認すべきポイントを含め」と書かれています。したがって,論文ネタの収集という観点から,確認すべきポイントと監査証拠について収集します。監査証拠については,⑤に説明する監査手続と絡めて論じることにします。

⑤　監査手続と監査証拠

この章では分かりやすく,**監査手続を実施することで,確認すべきポイントに関わる監査証拠を得て,その監査証拠を,確認すべきポイントを立証するための証拠とする**,と考えてください。例えば,確認すべきポイントを「コンピュータ資源の使用状況のモニタリングは適切か」とした場合,この内容の立証する監査証拠を,監査手続を実施することで得るということです。

これらの点を踏まえて,論文ネタを収集する際の考え方を,説明していきます。ミニ演習という形で話を展開していきますので,理解を深めるために必ず演習を行ってください。さらに,記述式問題には多くの論文ネタが盛り込まれています。ミニ演習だけで終わらせずに,たくさんの論文ネタを収集しましょう。

では，7.2（2）でリストアップした項目に沿って平成 28 年午後 I 問 3 の問題から論文ネタを収集する演習を行います。

（1）プロジェクトの特徴を挙げる

設問イで「プロジェクトの特徴を踏まえて」と問われているプロジェクトの特徴を抽出してみましょう。特徴は，簡潔に表現することが重要です。長い内容を説明されても，特徴にならないからです。

> **ミニ演習 1**
>
> 問題文を利用し，200 字前後でプロジェクトの特徴を述べよ。
>
> ただし，結論として述べる特徴は，「プロジェクトの特徴としては，〜という点を挙げることができる」と表現し，この「〜」部分を 25 字以内にすること。

（2）プロジェクトの特徴を踏まえたリスクを挙げる

「プロジェクトの特徴を踏まえると，〜というリスクがあった」では，プロジェクトの特徴を踏まえているのですが，具体的ではありません。どのようなプロジェクトの特徴を踏まえているのかが，分かるように明示的に論じる必要があります。

> **ミニ演習 2**
>
> 問題文を利用し，100 字前後でプロジェクトの特徴を踏まえたリスクを述べよ。
>
> ただし，「〜というプロジェクトの特徴を踏まえると，〜というリスク要因によって〜というリスクがあった」など，プロジェクトの特徴を引用して，かつ，「リスク要因」，「リスク」というキーワードを使って表現すること。

（3）コントロールを挙げる

リスクを低減するために必要なコントロールを挙げます。リスクは，「プロジェクトマネージャが円滑にプロジェクト管理業務をできずに，意思決定が遅れるリスク」を使いましょう。この後に，他のリスクについてコントロールを挙げるようにして，論文ネタを収集していきましょう。

👓 **ミニ演習3**
問題文を利用し，200字前後でリスクを低減するために必要であると，システム監査人が考えるコントロールを述べよ。
ただし，「〜というリスクを低減するためには，〜というコントロールが有効である」など，監査人の立場から論じるようにして，「〜というコントロールを盛り込んだ」など，管理の立場から論じないように，語尾に留意します。

（4）確認すべきポイントを挙げる

監査要点，いいかえると，確認すべきポイントについて論じてみましょう。「コンピュータ資源の使用状況のモニタリングは適切か」などと，語尾は「〜か」あるいは，「〜こと」とするとよいでしょう。

👓 **ミニ演習4**
コントロールごとに，50字以内で確認すべきポイントを挙げよ。合計で三つ挙げよ。
ただし，語尾は「〜か」とすること。

（5）監査手続と監査証拠を挙げる　その1

繰り返しますが，確認すべきポイントを立証するために，監査手続を実施すると考えてください。監査手続の結果，確認すべきポイントを立証する監査証拠を得ます。監査手続を論じる際には，監査技法の適用対象を明示します。例えば，進捗会議の議事録が監査技法の適用対象となります。この場合，進捗会議の議事録が監査証拠となります。したがって，通常，監査技法の適用対象と監査証拠は同じになります。監査手続の表現の仕方ですが，「監査手続としては，進捗会議の議事録を入手して精査し，T課長の出席率が高いこと，課題管理におけるPMとしての指示内容などを確認して，T課長がPMを兼務しているにも関わらず，PMの役割を果していることを示す監査証拠を得る」などと表現します。

監査手続を明示する展開のひな型は，「監査手続としては，〜を入手し，〜を（監査技法）して，〜を示す監査証拠を得る，を設定した」です。ヒアリングの場

合のひな型は，"監査手続としては，〜に，〜についてヒアリングして，〜を示す
監査証拠を得ることを設定した"です。

> **ミニ演習 5**
>
> 　400 字前後で，「PM がプロジェクト管理業務を円滑に実施できるプロジェクト
> 体制であるか」という確認すべきポイントに関わる監査手続を，監査証拠を含めて
> 述べよ。
>
> 　ただし，最初に，「システム開発業務を複数のベンダに委託しているという」プ
> ロジェクトの特徴を踏まえた，プロジェクトに特有なリスクが低減されていること
> を確認するという話の脈絡を作ること。

（6） 監査手続と監査証拠を挙げる　その2

監査手続を挙げる演習を続けましょう。

> **ミニ演習 6**
>
> 　220 字前後で，「PMO は，適切に進捗管理及び課題管理を行っているか」とい
> う確認すべきポイントに関わる監査手続を，監査証拠を含めて述べよ。

論文ネタを確認する

では，解答例を確認しましょう。なお，解答例はただの例です。論述式問題では正解はありませんから，参考程度と考えてください。

（1）プロジェクトの特徴を挙げる

 ミニ演習1解答例

当該プロジェクトは基幹システムのリプレイスであるため大規模なシステム開発となる。一方，A法人は，大規模なシステム開発をしたことがなく，情報システム部員が少ないという状況であった。そこでA法人では，システム開発とプロジェクト管理支援業務を複数のベンダに委託した。したがって，プロジェクトの特徴としては，システム開発業務を複数のベンダに委託しているという点を挙げることができる。

【解説】

解答例は，あくまでも例なので皆さんの解答とは異なります。ただし，皆さんの解答が，「システム開発業務を複数のベンダに委託している」のように，プロジェクトの特徴が簡潔に明示されていることを確認してください。

なお，これらの内容は，記述式問題の問題文の初めの段落と〔プロジェクトの体制〕の記述，及び図1の内容から導いています。

（2）プロジェクトの特徴を踏まえたリスクを挙げる

 ミニ演習2解答例

システム開発業務を複数のベンダに委託しているというプロジェクトの特徴を踏まえると，プロジェクト体制が複雑であるというリスク要因によって，プロジェクトマネージャが円滑にプロジェクト管理業務を実施できずに，意思決定が遅れるリスクがあった。

【解説】

記述式問題の表1「管理基準」項番1の「管理内容」の記述を参考にして，リスクを論じています。なお，このリスク以外にも，リスクを挙げることは可能です。例えば，項番4の「管理内容」を基に，「システム開発業務を複数のベンダに委託しているというプロジェクトの特徴を踏まえると，プロジェクト体制が複雑であるというリスク要因によって，情報連携が十分に取れず，各工程の成果物が次工程に適切に引き継がれないリスクがあった」などがあります。

（3）コントロールを挙げる

ミニ演習 3 解答例

　プロジェクトマネージャが円滑にプロジェクト管理業務をできずに，意思決定が
遅れるリスクを低減するためには，次の二つのコントロールが有効である。
　①　大規模プロジェクトでは PM が行うプロジェクト管理業務を支援する PMO
　　を設置し，PM がプロジェクト管理業務を円滑に実施できるプロジェクト体制
　　とする。
　②　PMO は，プロジェクトに関わる進捗報告及び課題を整理し，PM に報告す
　　る。

【解説】

　表 1 項番 1 の「プロジェクト体制と役割」の内容や，項番 3「PMO の役割」を
参考にしてコントロールを書いています。表 1 にはその他にも「管理内容」が書い
てありますから，いろいろと論文のネタを収集してみましょう。

（4）確認すべきポイントを挙げる

ミニ演習 4 解答例

　①　PM がプロジェクト管理業務を円滑に実施できるプロジェクト体制であるか
　②　T 課長が PM としての役割を果たしているか
　③　PMO は，適切に進捗管理及び課題管理を行っているか

【解説】

　「大規模プロジェクトでは PM が行うプロジェクト管理業務を支援する PMO を
設置し，PM がプロジェクト管理業務を円滑に実施できるプロジェクト体制とす
る」というコントロールについては，表 2 項番 1 の「監査要点」を参考にして，解
答例の①と②を導いています。
　「PMO は，プロジェクトに関わる進捗報告及び課題を整理し，PM に報告する
こと」というコントロールについては，表 2 項番 3 の「監査要点」を参考にして，
解答例の③を導いています。

（5）監査手続と監査証拠を挙げる　その1

 ミニ演習5 解答例
　システム開発業務を複数のベンダに委託しているというプロジェクトの特徴を踏まえると，プロジェクト体制が複雑であるというリスク要因によって，プロジェクトマネージャが円滑にプロジェクト管理業務を実施できずに，意思決定が遅れるプロジェクトに特有なリスクがあった。
　このリスクが低減されていることを確認するために，確認すべきポイントとしては，「PMがプロジェクト管理業務を円滑に実施できるプロジェクト体制か」を設定した。
　監査手続としては，⒤プロジェクト体制図を入手して閲覧し，プロジェクト管理業務を支援するPMOが設置されていることを確認して，PMのプロジェクト管理業務を支援する組織が存在していることを示す監査証拠を得る，⒤PMにヒアリングして，プロジェクト管理業務におけるPMOの役割や，その役割の遂行に関わる問題点を確認して，PMOがプロジェクト管理業務を適切に支援していることを示す監査証拠を得る，を設定した。

【解説】
　論述式問題の趣旨に沿って，プロジェクト特有なリスクを挙げ，そのリスクが低減されていることを確認するために，確認すべきポイントや監査手続を述べています。監査手続については，記述式問題の表1や表2の監査手続を参考にしています。監査手続の表現の仕方に着目して，皆さんの演習結果と比較してください。

（6）監査手続と監査証拠を挙げる　その2

 ミニ演習6 解答例
　確認すべきポイントとしては，「PMOは，適切に進捗管理及び課題管理を行っているか」を設定した。これを立証するために，監査手続としては，週次で実施されている進捗会議の議事録，進捗報告書，課題管理表を精査して，⒤進捗が定量的に報告されて，遅延が生じた場合，遅延原因への対策，遅延挽回策が適切に策定され実施されていること，⒤課題については解決期限を設定した上で適切に課題が管理されていること，を確認して進捗管理と課題管理の適切性を示す監査証拠を得る，を設定した。

【解説】
　解答例は，記述式問題の表1や表2を参考にして書いています。この記述式問題では，その他にも，監査手続を収集できますので，チャレンジしてみてください。

　次に，**追加の監査手続を設定して，専門家としての考えや，そのように考えた根拠を採点者にアピールする展開**を考えます。学習の参考にしてください。なお，次

の展開は，設問 4 の「プロジェクトの進行に合わせて PM がプロジェクト管理業務を随時見直していること」という解答例をヒントにしています。

　ただし，この監査手続だけでは，確認すべきポイントを立証できないと考えた。なぜならば，プロジェクト管理業務は，開発工程が進むにつれて，管理方法が変化するからである。システム監査の実施期間中であっても，プロジェクトは進捗する。そこで私は追加の監査手続として，PM にヒアリングを行い，今後の開発工程における PMO の役割の変化について確認し，今後の開発工程においても，PMO が適切に進捗管理や課題管理を遂行できることを示す監査証拠を得る，を設定した。

　以上の演習を通して，記述式問題から論文ネタを収集できることが分かりました。この手順にならって，他の記述式問題からも論文ネタを収集してみましょう。
　この章は，**午後Ⅰ問題を使って論文を書いてみる**，という趣旨で書かれています。では，第 1 部の第 1 章〜6 章で説明した論述テクニックと，7 章で収集した論文ネタを基に，平成 23 年午後Ⅱ問 3 の論文を書いてみましょう。

コーヒーブレーク
「踊る論文指導」3

　解答例を確認すると，"記述式問題を丸写し"になっている。
　読者の皆さんは，そう思うでしょう。筆者は，皆さんが論文のネタとするときは各自の事例に合わせて表現が違ってくる，と考えています。したがって，この章を読んだ皆さんの本試験の解答が同じになるとは思っていません。丸写しの方が，記述式問題のどこを参考にしたか，分かりやすいと筆者は考えています。
　論文のネタの収集については，もし余裕があれば，(1)本試験当日の記述式問題も収集対象になると考えて，記述式問題を解く，(2)記述式試験が終了して，昼食です。次の論述式試験の開始までに記述式問題を見直して論文ネタを収集する，ということもやってみてください。

第8章

本試験に備える

　ここでは，試験の前までにしておくべき準備についてお話しします。
　論述式試験対策を十分に行っていても，いざ試験となると実力を発揮できない受験者もいることでしょう。この章に書かれたヒントを活用して，ゆとりをもって試験に臨んでください。

8.1 　2 時間で論述を終了させるために決めておくこと ‥‥‥‥ 138

8.2 　試験前日にすること ‥‥‥‥‥‥‥‥‥‥‥‥‥‥‥ 142

8.3 　本試験中に困ったときにすること ‥‥‥‥‥‥‥‥‥ 144

2時間で論述を終了させる
ために決めておくこと

（1）論述のマイルストーンと時間配分を決める

　筆者自身の受験やセミナー経験に基づいて，次のようなマイルストーンを設定しています。

　試験中は解答を書くことに精一杯の状態ですから，最小限のマイルストーンにすべきですし，所要時間には個人差があるからです。この例を参考にして，自分用のマイルストーンを設定してみてください。

時刻	内容	説明
14：30	試験開始 ①問題選択 　論文設計 　設問アの論述	①　試験開始〜35分で設問アの論述を終了する 　問題選択から，論文設計，設問アの論述終了までを35分で終了させます。慣れてくると30分くらいでできるようになるでしょう。
15：05	②設問イの論述 （設問イ，ウで75分） - - - - - - - - ②設問ウの論述 （設問イ，ウで75分）	②　40分前に設問イの論述を終了して10分前に設問ウを完了する 　論文の中核となる，設問イとウを75分で書きます。設問ウの監査手続の論述に注力したいので，設問イが35分，設問ウが40分ほどの配分になるでしょう。 　ここまでは，集中して問題に取り組んでください。決して，設問イを書き終えただけでは安心しないでください。
15：40		
16：20	③2分間の休憩	③　2分間の休憩 　あせって見直しをすると，消しゴムを使う際に，必要な箇所を消してしまったり，きちんと消されていないところに字を書いたりしてしまいます。そのようなことがないように，見直しをする前に2分間かけて気持ちを落ち着かせましょう。
16：22	④5分間の見直し	④　5分で論文の見直し 　誤字，脱字，主語と述語の掛かり受けをチェックします。ここでは，しっかりと消しゴムで消して修正します。大幅な修正の場合は，残り時間を確認してから，修正を開始するようにしてください。残り時間がない場合は，修正をしないか，少ない修正で済むように工夫しましょう。 　最後に，受験番号の記入，問題番号の選択など，合格に必須な要件をチェックします。答案用紙の間に挟まった消しゴムのカスをきちんと取り除いておきます。
16：27	⑤3分間の予備時間 　試験終了	⑤　3分間の予備時間 　不測事態の発生に備えて，予備時間を3分間，確保しておきましょう。
16：30		

Point ここが ポイント！

★答案用紙のカーボンコピー状態に気を付ける

答案用紙は400字の両面です。鉛筆で文字を書いた面を合わせて，裏から書くと，鉛筆で書いた文字が接触している反対側の答案用紙に相互に写ってしまい，読みにくい論点になります。答案用紙は，問題冊子を下敷きにして書くか，重ねて書かずに1枚ずつ書くようにしてください。

（2）問題の選択優先順位を決めておく

問題の選択は，合否に大きく関わります。別の問題を選択しておけばよかったと後悔しても，どうにもなりません。また，論述式問題では，難易度が高い問題と低い問題間で点数の調整は行われません。

では，問題の選択について考えてみましょう。

試験問題に直面すると，問題は次のパターンに分類できます。

① 準備した論文で対応可能な類似問題

添削済みの論文があり，既に合格レベルの論文を書いた経験がある問題が出題されたケースです。この時点で，かなり合格に近い状況ですが，決して喜ばないことです。私は，安心して論文を書いていて，最後に時間不足になって不合格になった受験者の方を知っています。

② 実務経験に関連した問題

システム監査の実務経験がなくとも，自分が開発したシステムをシステム監査するという展開で論文を書くことができるというケースが，これに該当します。

③ 工夫した点や能力がアピールできる問題

専門知識や実務経験が豊富で，問題文を読んで，すぐに工夫した点やアピールすべき能力が思いつく問題です。

④ 問題文と専門知識を基に，論述内容をその場で考える問題

特に実務経験もなく，専門知識がない場合，問題文を参考にして，解答を考えなければなりません。できるだけ，問題文にトピックが書かれている問題を選ぶとよいでしょう。

各自の実務経験や専門知識のレベルに応じて，優先順位を事前に決定しましょう。③や④を重視することを決定した上で学習をすると「予想した問題が出題されなかったために不合格だった」という状況を事前に回避できると筆者は考えていま

す。事前に優先順位を決めて学習することで学習効果も高まり，試験当日に迷ったり慌てたりしないで，落ち着いて問題の選択ができます。

　問題を選択したら，直ちに答案用紙の表紙の問題番号を選択してください。このとき，受験番号や生年月日も記入済みであること確認するようにしてください。平成 22 年春の午後 II 試験において筆者は時間ぎりぎりまで，受験番号を記入していませんでした。終了時刻の 5 分前に行った論文の見直しで気づきました。

（3）論文の共通部分を事前に用意しておく

　システム監査技術者試験の場合，設問アの前半で必ずシステムの概要が問われるわけではありませんが，平成 29 年午後 II 問 1 と問 2 では，システムの概要について問われています。したがって，システムの概要を 400 字程度で準備しておくとよいでしょう。本試験の場では，それをそのまま書くのではなく，問題文の趣旨に寄せて 3 割ほど変更して使うようにします。例えば，情報セキュリティの監査では，情報セキュリティに寄せてシステムの概要を論じるようにします。

（4）題材の選び方を事前に決めておく

　試験の最中に迷いながら論述したり，題材選びを間違って後悔したりしないように，論述する題材の選び方を事前に決めておきます。次の方法があります。

①　問題に対応して複数の題材から臨機応変に選ぶ

　あらかじめ三つくらいの題材に絞り込んでおき，そのうちから最適な題材を一つ選んで論述します。これには，工夫した点や能力を最大限にアピールできるというメリットがあります。反面，題材を選ぶのに時間が掛かるというデメリットがあります。

②　事前に一つの題材に決めておく

　どのような問題が出題されても，題材は一つと決めておきます。ある一つのプロジェクトを，題材として固定して，いかなる問題にも対応させます。これには，迷って時間を浪費しないというメリットがあります。反面，問題によっては，工夫した点や能力を最大限にアピールできない場合があるというデメリットがあります。

　このように，一長一短ありますから，どちらの方法に決めても結構です。ただし，①の方法に決めた場合は，複数の題材について設問アの前半部分などを事前に用意しておく必要があります。

　なお，どちらの方法を選んでも，基本的には，論文設計をしてから設問アを書くようにしてください。ほかの受験者がカチカチと書く音を出して論述している中で論文設計をするとあせってしまい，設計が不完全になるからです。

（5）消しゴムと筆を選ぶ

　この段階で，筆，いや，鉛筆，シャープペンシルを選んでいては遅いですから，既に2時間書いても疲れない自分に合ったものが選ばれていると思います。ここで言いたいことは，皆さんの論文の中には，きちんと消してないもの，必要な部分も消してしまっているもの，黒くこすれているだけのもの，などがあるということです。

　消しゴムを使って文字を消すときは，きれいに消して，必要なところを消さないように気を付けましょう。そのためには，急いでいてもきれいに消せる消しゴムを選ぶようにしてください。

Point ここが ポイント！！！！！！！

★消しゴムを使うときは，黒い部分をこすりとってから使う

　前回使ったときに付着した黒い部分が消しゴムに残っていると，答案用紙を汚します。これをこすって取り除いてから，消しゴムを使うようにしましょう。

8.2 試験前日にすること

基本的に試験の前日は，勉強を適度に抑えて，早い時間に睡眠に就きましょう。でも，その前に軽く論文を 1 本仕上げてください。これで自信が付きます。

（1）実戦的な論文設計方法を確認する

本書の第 1 章の図表 1-4 の「受験中に書いた論文設計の例」をチェックして，試験本番で，この作業が確実に実施できることを確認しましょう。本番でも，このようにして論文を設計することで，問題の趣旨に沿った論文を完成させることができます。

（2）論文を 1 本書く

論述式試験を嫌いにならないでください。いろいろな方から話を伺うと，残念ながら「さんざん論文を書かされたので，試験までもう論文など書きたくない人」がいることが分かります。論述に慣れていないと最初は 8 時間くらい掛かります。これを繰り返していると自分の時間がなくなるため，はじめは動機付けができたとしても次第に嫌になってきます。この状態でいくら論文練習をしても，これでは合格は危ういです。なぜなら，最も重要な試験の日には，論文を書くことが嫌いになっているからです。

はじめの動機付けを維持できるように自分をきちんとコントロールすることによって，このような状況に陥ることを回避することができます。**コントロール目標は，少なくとも試験前日に論文を 1 本書く**ことです。論文練習が嫌になったら，論文を書かないことも大切です。休みましょう。一度，きっちりと訓練した人は試験前日に 1 本書いただけで合格できたという例もあります。

ある組織では，試験対策として論文を多数書かされたので，誰も前日に論文を書く気が起きなかったそうです。結果は，全員不合格でした。このような状態に陥らないように，皆さんには論述することを好きになってもらいたいと思っています。多くの組織では，昇進試験において論文を書くことになります。筆者も昇進試験において論文を書きました。その経験から，ここで訓練した内容は，皆さんの昇進試験でも役立つと思います。

P_{oint} ここが ポイント！！！！！！！

★前日に論文を書いた人は合格率が違う！！

　ある組織で，前日に論文を書いた人の合格率を調査しました。その結果，50％前後の合格率であったとのことです。

（3）受験環境を整えるアイテムをそろえる

　試験会場は，椅子や机が固定の場合は問題ありませんが，中には固定ではない場合があります。この場合に備えて机がカタカタしないように，机の足と床の間に挟んで安定させるための紙を用意しておきましょう。また，長時間の着席でお尻が痛くならないように座布団も用意しておくとよいでしょう。

　受験中の姿勢についてですが，長時間，頭を下にしておくと首が疲れます。長時間たっても大丈夫なように，頭の置き方を工夫するとよいでしょう。筆者は，あまり頭を下げないようにしています。

8.3 本試験中に困ったときにすること

1年に一度しかない試験です。準備をし過ぎということはありません。用意周到で臨む必要があります。

（1）時間が足りない事態を予防する

時間が足りない事態に陥らないように，論述中は，適宜，経過時間をチェックするようにしてください。万が一，時間が足りない事態に陥ったら，すなわち，設問ウを書けずに試験時間が終了したら，ほぼ不合格です。

時間が足りない事態を予防するには，最悪でも，設問ウに移る時間を決めておいてください。設問アと設問イをどんなに立派に書いても合格できません。事前に決めた時間が経過したら，うまく論旨を展開し，設問イを切り上げて，必ず設問ウも論述してください。

（2）文字数が足りない事態に対処する

同じことを何回も書いてある冗長的な論文は合格できませんが，論文の主張を二度書いても，重要なポイントを強調していると判断されて，大幅な減点対象とならない可能性があります。したがって，文字数が足りない場合は，設問イや設問ウにおいて，論文の主張を書いて，合格の可能性を残しましょう。

論文の主張は問題文に書いてあります。"重要である"というキーセンテンスで探すことができます。

（3）時間が余ったら，これを実行して合格を確実にする

最後にきちんと論文を読み直して，誤字脱字，主語と述語の掛かり受けをチェックしてください。

基本的には，消しゴムで修正してください。しかし，段落の途中で修正箇所の文字数が多くなったり少なくなったりした場合は，修正に時間が掛かる場合があります。この場合は，多少の減点覚悟で，吹出しを使って加筆，あるいは消しゴムで消して二重線を引いておいてください。4.2を参照してください。

（4）合格のための20か条

合格のために特に重要なポイントを 20 か条だけ選んで，次に示します。

合格のための 20 か条

項番	確認項目	チェック
①	合格のための 20 か条を思い出しているか	
②	「である」調で統一しているか	
③	字を濃く，大きく書いているか	
④	設問文に沿って正確に「章立て」をしているか	
⑤	設問文の問いに全て答えた「章立て」をしているか	
⑥	問題文の趣旨にある「～が必要である」，「～が重要である」，「～しなければならない」，「～を踏まえて」などを確認し，問題の趣旨に沿って論文を設計しているか	
⑦	リスク要因，リスク，コントロール，あるいは，問題の趣旨に書かれた留意点などのうち，どのような論旨展開が，問題文の趣旨で求められているかを確認しているか。	
⑧	組織内でしか通じない用語を使わずに，一般的な専門用語を活用して簡潔に表現しているか	
⑨	設問アの文字数を 700 字～800 字にしているか	
⑩	設問イとウの論述開始箇所は，答案用紙に指定されたとおりにしているか	
⑪	本番試験において，設問ウにとりかかる時刻を事前に設定して時間切れリスクを低減しているか	
⑫	システム監査を実施した開発局面を明示しているか	
⑬	管理と監査の立場の違いを鮮明に書き分けているか	
⑭	監査手続を論じる際には，監査を実施した開発局面において入手可能な監査技法の適用対象となっているか	
⑮	追加の監査手続の展開を盛り込んでいるか	
⑯	時間が許す限り監査手続を厚く論じて，採点者に合格をアピールしているか	
⑰	設問イやウにおいて，確実に 700 字を超過しているか	
⑱	最後を "－以上－" で締めくくることを忘れていないか	
⑲	論文を見直して，略字，当て字，誤字脱字をチェックしているか	
⑳	答案用紙の間に挟まった消しカスの除去，受験番号や問題の選択の○印など記入を確認しているか	

Point ここが ポイント！ ！ ！ ！ ！ ！ ！

★採点者はルール違反しない限り，しっかり読んでくれる

　情報処理技術者試験ガイドラインのトピックに書かれている内容を紹介します。それによると，採点者が，ある答案用紙を開いてびっくりしたそうです。なんと，論文を縦書きで書いてあったそうです。論述式試験の問題冊子には「横書き」を指示していないので，採点者は時間をかけてしっかり読んだそうです。受験者がルール違反をしない限り，採点者はしっかり解答を読んでくれると考えてください。

Point ここが ポイント！ ！ ！ ！ ！ ！ ！

★採点者に誠実さを示す

　答案用紙に空白マスや文字の挿入があった場合，減点の対象とされても仕方がありません。ただし，脱字や意味が通らない文章を書くよりは，結果的に得点が高くなります。弊社が実施している公開模試を採点する場合ですが，筆者はこのように修正してある論文について，"きちんと見直しをしている"と判断して好印象を受けます。

第9章

受験者の問題を解消する

　最後に，筆者が受験者から受けた質問とその回答を紹介します。

　質問者には，セミナーの受講生，株式会社アイテックが行っている通信教育の受講生などがいます。読者の皆さんと共通する質問があるかもしれません。学習の参考はもちろん，困難な状況に陥った際の回復の手助けになると思い，紹介させていただきます。

　なお，いろいろな方からの生々しい質問とその回答を集めたＱ＆Ａ集であるために，一部に冗長な内容がある点をご了承ください。

9.1　学習を始めるに当たっての不明な点を解消する ・・・・・・・・・・ 148
9.2　学習中の問題を解消する ・・・・・・・・・・・・・・・・・・・・・・・・・・・ 153
9.3　試験前の問題を解消する ・・・・・・・・・・・・・・・・・・・・・・・・・・・ 161
9.4　不合格への対策を講じる ・・・・・・・・・・・・・・・・・・・・・・・・・・・ 163

9.1 学習を始めるに当たっての不明な点を解消する

筆者は応用情報技術者試験の対策セミナーの講師も務めていますが，その際，応用情報技術者試験に合格したら，次は何を受験するかという質問をすると，ネットワークやデータベースのスペシャリスト系を目指す人が圧倒的に多いです。スペシャリスト系以外のシステムアーキテクト，ストラテジ系やマネジメント系などの試験区別を受験しない理由を聞いてみると，実務経験がないから，論文があるからという回答をもらいます。しかし，マネジメント系やストラテジ系などの試験を目指さない本当の理由は，論文の書き方や合格レベルなど，論述式試験の実態がよく分からないからだと思っています。

それについては，本書によってかなり理解が進んだと思います。しかし，学習の開始時点，中盤，仕上げ，それぞれの局面において不明な点があると思います。それらを，適宜，解消するために，この章を書いてみました。まずは，学習を始めるに当たっての不明な点を解消していきましょう。

（1）学習を開始するに当たって不明な点を解消する

 合格する人の論文って，どのような論文ですか。

 オリジナリティが盛り込まれている論文です。

受験する試験区分と，皆さんの実務の分野が合っている場合は，実務経験を基本にして，本書の第1部で紹介している論述テクニックを活用して，第2部の事例にあるトピックを盛り込むなどして論述するとよいでしょう。

受験する試験区分と，皆さんの実務の分野が完全には合っていない場合について考えてみます。システムアーキテクトの実務に携わっている方がプロジェクトマネージャ試験を受験するときは，プロジェクトマネージャとも仕事をしているはずですから，そのプロジェクトマネージャの立場になって，論述すればよいでしょう。また，コンピュータシステムの基盤関連，サーバやネットワーク環境の構築の実務に携わっている方は，システムアーキテクトとも仕事をしているはずです。このようなことは，システムアーキテクト，IT サービスマネージャ，IT ストラテジストなどの試験を受ける多くの方に当てはまると考えます。

受験する試験区分と皆さんの実務の分野が完全に合っていなくとも，立場を変えることで実務経験を論文の題材にして論述できます。したがって，事例の詳細を書

けば，論文にオリジナリティを盛り込むことは難しくないと考えます。問題は，実務経験と関係のない試験区分を受験する場合です。例えば，実務経験のない新入社員が受験する場合です。

実務経験のない場合であっても，オリジナリティを盛り込んでいる論文を書ける方は合格できる可能性が高いです。実務経験のない場合，サンプル論文などの事例を参考に題材を考えると思います。その際，サンプル論文をそのまま流用する論文を書いている人よりも，サンプル論文の事例を，自分が考えたオリジナルの題材に適用して論述する人の方が合格の可能性が高いと，経験的に推察します。整理すると次のようになります。

実務経験がない場合，サンプル論文の切貼りをして論文を書くよりも，サンプル論文の事例を自分のものにするために，一時的に完全消化して，その消化したものを，自分の考えた題材に適用するスタイルで論述演習をした方が合格の可能性が高まるということです。本書の第1章の図表1-3や1-4の作業をしているということですね。サンプル論文の事例を，自分の考えた題材に適用しているので，完成した論文にはオリジナリティがあります。

 学習以外に合格に必要な要素は何でしょうか？

 動機付けと時間の有効活用です。

ある受験者が「先生，早く論文を書かせてください。去年，同期が合格して，私は不合格，同期には絶対に負けたくはない」と筆者に詰め寄ってきました。すごい気迫です。最終的に，この方は合格しました。でも，自己採点の午前試験がぎりぎりでした。私は，この「同期には絶対に負けたくない」という動機付が，合格を引き寄せたと思っています。本番では，朝から試験を始めて，午後IIの終盤は，もう夕方になってきます。この時点での踏ん張りを支えるのが，この動機付けです。学習を開始する前に，何を糧に合格を引き込むのかを決めるようにしましょう。

講師をしていて，「あなたは合格できるから大丈夫です」と言ってしまうことがあります。余計なプレッシャーを受講生に与えるので，本来は控えるべきです。それにも関わらず，時間の有効活用をしている受講生を見てしまったとき，これを筆者は言ってしまいます。忙しくて学習時間を確保できない理由は，いくらでもあります。例えば，講義開始を待つ時間が1分でもあれば，それを学習時間に回すべきです。

余計なことを言うと，時間の有効活用を突き進めて考えると，"何かを失わないと，新しいものを得ることができない"とも言えます。例えば，同僚との昼食後の会話を少しの期間だけやめて，学習時間を確保するなどを検討する必要があるかもしれません。

論文は何本も書く必要があるのでしょうか。

 少ない人で2〜3本書いて合格しています。

　合格までに書く論文の数ですが，個人差があるので何とも言えません。本をよく読む人は少ない数で合格できる可能性が高くなると考えています。

　本書によって習得してもらいたいことは次の二つであり，重要なことは，これらを分けて考えて欲しいということです。

　①論文を設計できるようになること

　②設計に基づいて論述できようになること

　論述することは時間の掛かる作業です。したがって，①よりも②の作業に時間が掛かると考えるのが一般的でしょう。そこで次のように考えてください。②ができるようになり，いろいろな問題について①を繰り返して演習すれば，時間の掛かる②の作業をしなくとも，本番試験における問題に対応でき，効率的に合格の可能性が高められるということです。言い換えれば，設計に基づいて論述できようになれば，"いろいろな問題について論文を設計することで，その問題を解答できることと同じ効果を見込める"ということです。論文設計は論述より時間が掛からないので，効率的ですよね。

（2）論文を設計するに当たって不明な点を解消する

 問題文には，よく「あなたの経験に基づいて」とありますが，問題文のトピックを論文に引用することを優先すると，経験がない論文の題材について論述することになります。このような場合，次の点について，どちらを優先すべきであり，また採点上有利なのでしょうか？

　①　「あなたの経験に基づいて」を重視して，問題文のトピックは無視し，設問に沿った論述をすべきである

　②　専門家として，専門知識を基に，問題文のトピックを活用して，設問に沿った論述をすべきである

 ②を優先すべきであり，②が有利です。

最初に，問題文の趣旨に沿って書くことは必須であることを確認しておきましょう。問題冊子に書いてあるからです。次に問題文に書かれているトピックの活用について検討します。

　質問に答える前に，経験に基づいて論文を書ける，書けない，について話をしてみます。

　あなたの経験に基づいて書けるなら，①を選択すべきです。ただし，設問に全て解答するとともに，本試験の問題冊子に書かれているとおり，問題文の趣旨にも沿って書くことが求められていると考えてください。経験をそのまま，設問に沿って書いただけでは，合格できないケースがあるということです。合格するためには，問題文の例には従わなくともよいですが，設問のみならず，問題文の趣旨に沿って書かなければならないということです。

　経験に基づいて書くことができないなら，②を選択すべきです。すなわち，問題文に挙がっているトピックをなぞる程度に書くのではなく，それらのトピックを基に，さらなる論旨展開をする方法です。このようにして問題文のトピックを活用すると，問題文の趣旨に沿って書くことになりますから，論文が B 判定になる最大の要因を回避できることにもなります。

　どちらを優先すべきであるかという点について，経験に基づいた論述の観点から書きましたが，少し分かりにくい点があると思います。どんなに経験がないとはいえ，実際には，専門知識と経験の両方を論文に書くからです。この点を踏まえると，最終的に質問に対しては②を優先すべきと回答します。なぜならば，経験がないとは言え，論述には専門知識と経験の両方を書いてしまうことから，**経験も専門知識として論述のために再利用可能なように整理しておけばよい**からです。自分の経験を基に設問文に答える論文を書けたとしても，本試験では問題文の趣旨に沿って書くことも求められています。筆者の講師経験から①を優先すると，事実に沿って書くために，問題文の趣旨に沿って書くことを軽視しがちになるようです。これでは，問題文の趣旨に沿っていないことを理由に B 判定になります。

　どちらが採点上有利なのかという点については，IPA が発表する午後Ⅱ講評をホームページでチェックしてみると分かります。不合格の論文には問題文の趣旨に沿っていない論文が多いです。したがって，2 時間という短い時間内で，問題文の趣旨に沿って書ける②が有利と判断します。

設問アの内容を踏まえて設問イを論述する，あるいは，設問アや設問イの内容を踏まえて設問ウを論述することは，必須なのでしょうか？

 設問文や問題文に踏まえることを明示している場合は踏まえる展開をしてください。

　設問文において，設問イやウで，踏まえることを明示している場合は，必ず踏まえる展開をしてください。設問文に明示していなくとも，問題文の趣旨に書いてある場合も，踏まえる展開が求められていると考えてください。それ以外の場合，合格論文を書くためには，必須，というわけでありません。論文の一貫性がより向上し，説得力が増すと考えてください。踏まえる展開を盛り込むことで，一般的な対応ではなく，状況に応じた対応ができることを採点者にアピールすることができます。これによって，一般論を論じる受験者よりは，アドバンテージがあると考えることができます。

学習中の問題を解消する

本書を読んだ直後に合格レベルの論文が書けるわけではありません。論述テクニックを，①説明できる，②使うことができる，③使って合格できる，この三つのプロセスを経る必要があります。ここでは学習中の質問について答えてみます。

（1）論文を設計できる

 本書の第1部を2回熟読しました。実際，何から始めたらよいのでしょうか？

 Just Do it！ 関所No. 1〜6までをやりましょう。

それが終わったら，新たに解きたい問題について，Just Do it！ 関所 No.4〜6までをやってください。

 本書に，ワークシートを活用した論文の書き方が紹介されています。しかし，実際の試験においてはワークシートを書いている時間などないはずです。さらに，このワークシートによる論文の書き方がどのような場面で役に立つのか，分かりませんでした。

ワークシートは論文設計方法を習得するためのツールです。

ワークシートについてですが，論文を書いたことのない，論文の書き方の分からない人のために，"ワークシートに基づいた論文の書き方"を紹介しています。本書では，ワークシートを作成することで問題文の趣旨に沿った論文を書けるようになるという意図で説明しています。

論文の書き方が役に立つ場面ですが，本番の試験で問題を見た場面で役立ちます。問題文の趣旨に沿った論旨展開ができるようになれば，ワークシートを使わなくとも，問題文の趣旨にあるトピックや，自分で追加したトピックを活用して論旨展開ができると考えています。

質問書で“分からない”としか，答えられない質問項目があります。どうしたらよいでしょうか？

 “分からない”を選択してください。ただし，分からない理由を簡潔に書くとよいです。

　理由を“分からない”の下に書いておくとよいです。質問書はコンピュータ採点ではありませんので，分からない箇所については，採点者に“受験者の誠意”が伝わればよい，と考えてください。“答えようと努力していない”，“記入漏れのミスがある”と採点者に判断されなければ問題ありません。

 本書で書いてある内容をすべて反映しないと，合格論文にならないのでしょうか？

 いいえ。ただし，反映できるようになる必要はあります。

　本試験の時間は限られています。短い時間内に合格を引き込むためには，いろいろな論述テクニックを取得しておく必要があります。取得した論述テクニックを時間内に，適宜，引き出して活用すればよいでしょう。多肢選択式問題や記述式問題は，本試験の採点では，60点以上が合格です。それと同様に，本書の内容の6割ほどを本試験で実現できれば，合格レベルに達すると考えています。ただし，専門家としての“考え”をアピールすることは必須と考えてください。

（2）論述できる

Q 問題文の前の質問書の内容で答えられない項目があり未記入にしておきましたが，減点対象になるのでしょうか？

A 未記入は，本試験の採点では減点対象になります。

　未記入ではなく，少なくとも「分からない」を選択するようにしてください。しかし，論述式試験のある試験区分で「分からない」は，採点者によい印象を与えない可能性があります。そこで，分からない理由を「分からない」の下に小さく書いておくとよいでしょう。質問書はコンピュータ採点ではありませんので，本当に分からない項目については，採点者に"受験者の誠意"を伝えればよい，と考えてください。

　"努力もしないで"と採点者に判断されないように，未記入だけはやめましょう。

Q 論文を書く上で，高いレベルの守秘義務についてはいかがでしょうか。

A あなたが判断すべきです。

　結論を先に言うと，これは，あなたとあなたの会社との契約，あなたの会社と顧客との契約に関係する話なので，私には契約の内容は分かりませんからあなたが判断すべきです。回答者はあらゆる責任を負うことはできません。以上を前提に，これからは一般的な話をさせていただきます。

　高いレベルの守秘義務の場合，試験関係者から万一漏えいした場合，重大な社会不安を引き起こす可能性があります。例えば，国防など国家機密に関する題材などは書くべきではないでしょう。

　また，宝くじシステムのように，システム名で顧客が一意に決まるシステム名の場合も守秘義務の問題が生じます。そこで私は，例えば，金融商品管理システムという表現で対処するように指導しました。参考にしてみてください。

Q 2部の事例集にある論文のように書かなければ，合格できないのでしょうか？

A そのようなことはありません。2部の事例集の主目的は，本書の読者による論文内のトピックの再利用です。

　2部の事例集の論文は，字数も多く，書かれているトピックも多いために，実戦的な合格論文ではないものがあります。本書の読者が，①論文を書く際の体裁を確認するため，②論文を書くためのトピックを集めるため，に事例集の論文を掲載していると考えてください。基本的には，事例集の論文は，事例集の論文に書かれているトピックを問題文の趣旨に合うように再構成することで，論文が書けるようになっています。

　では，実戦レベルの合格論文はどのように確認すればよいでしょうか。

　本書をしっかりと学習して，規定時間内に自分で論文を書いてみてください。本書を学習すれば，自分の欠点は自分で分かるはずです。その欠点を改善した論文があなたの実戦レベルの合格論文と考えてください。

Q 「なぜならば……」の後の記述について，重要なことは分かりましたが，やはり書けません。

A グリコのおまけ法で考えてみては，どうでしょうか。

　論文設計する際に重要なことは，"採点者に何をアピールして合格を決めるかを明確化する"ことです。これをキラーメッセージと呼んでいます。キラーメッセージを自分で説明できないと論文を設計した意味がありませんし，合格も難しいでしょう。

　キラーメッセージの一つが，"なぜならば"の後の文章です。前述した二段論法や三段論法に加え，ここで一つの発想法としてグリコのおまけ法を考えてみました。通常，見込まれる効果に加えて，副次的な効果をアピールする方法です。次のような例を挙げることができます。

　「私はグリコのキャラメルと買うことにした。なぜならば，キャラメルも美味しいし，楽しいオモチャも付いているからである。」

　どうでしょうか。読んでいて納得しませんか。「なぜならば……」の後の文章は難しいです。しかし，その難しさを分かったということは，合格に近づいている証

拠です。「私は A を先に行った。なぜならば，A よりも B の方が順番が先だからである」などと書いていては，採点者を納得させることは難しいですからね。

（3）評価を上げることができる

 会社の先輩に論文を添削してもらっていますが，試験ではB評価から上がりません。どのような対策を講じればよいでしょうか？

 第三者による添削が効果的です。

　いろいろな原因が考えられますが，会社の先輩に論文を添削してもらっていることを踏まえると，原因としては，**社内で内輪受けする内容を書いるために第三者が理解できず合格できない**，ということを挙げることができます。ある会社で，社内で相互に論文をレビューしていましたが，論文を 5 本以上書いても誰も合格できない状況でした。あるとき，本書を基にセミナーを実施したところ，合格率が 6 割に達しました。内輪で優秀な論文は，第三者が読むと，内容が分かりにくい論文になっているようです。以上の点を踏まえると，先輩ではなく，別の第三者にも読んでもらうことを考えてはいかがでしょうか。

 B評価は何が足りないのでしょうか？

 基本以外の全てが足りない可能性があると考えるべきです。

　論文の内容によって，いろいろと考えられますので，一般的な点から回答させてください。まず，午後Ⅱの評価の分布ですが，不合格のほとんどは B 評価です。したがって，**B 評価は，もう少しで合格ではない**と考えてください。B 評価であっても，もしかしたら，いろいろと改善すべき点があるということです。B 評価となる原因と対策について，次に説明します。

① 問題文の趣旨に沿っていない

　設問文に答えるだけでは，問題冊子に明記してある，問題文の趣旨に沿って書く，という条件を満足しないということです。問題文を基にしっかりと論旨展開を設計する必要があります。これは，書ける内容を論述するのではない，ということでもあります。**合格するためには，問題文の趣旨に沿うように，論述内容をその場**

で**考える**ことも重要です。

② 論文としての体裁に欠けている

　論文に“思う”は禁物と，20 年以上前に教わりました。それを平成 21 年春のプロジェクトマネージャ試験で試してみました。設問ウで“思う”を連発です。やはり，B 評価となりました。内容はともかく，**“論文としての体裁に欠けている”**など，**採点者に不合格になる明白な口実を与えてはならない**，と考えるとよいでしょう。

③ 専門家としての“考え”のアピールが不足している

　設問イやウでは施策などを問いますが，採点者は施策を導いた根拠や考えを探していると考えてください。なぜならば，施策などはテキストなどに書かれている一般論で書けるからです。専門家としての“考え”は，論文の題材ごとに異なるために，受験者の能力を評価しやすいと考えるとよいでしょう。

④ 専門家としての能力のアピールが不足している

　例えば，施策を講じたら成功した，という論旨展開では，採点者は受験者の能力の程度が分かりません。したがって，施策を講じると新たに生じるリスクなど説明し，事前にリスク対策を講じておくという展開の方が，採点者に能力をよりアピールできるでしょう。このような能力アピールの論旨展開をしっかりと設計することが大切です。

⑤ 問題文の記述をなぞっている

　論文の“結論”と問題文のトピックを同じにしているケースです。問題のトピックから論旨を展開させることが重要です。

　以上，主なポイントを説明しましたが，詳細については論文の設計方法や論述方法が書かれている章で確認してください。

（4）2時間以内に論文を書き終えることができる

 論文を2時間で書き終える方法を教えてください。

 まず3時間で書き終えるように訓練してください。

　時間内に書き終えるために重要なことは，字数を多く書き過ぎないということです。余裕をもたせて規定字数を 3 行ほど超過すればよいです。その上で，まずは 3 時間ほどで書き上げることができればよいと考えてください。

　自宅において 3 時間で書ければ，本試験で 2 時間以内に書けるという根拠は，ただの経験則です。筆者も自宅では，なかなか 2 時間で書き終えることができません。しかし，本試験では 2 時間以内で書いています。

（5）通信教育の課題を書ける

 通信教育の論文の課題に取り掛かっているのですが，提示されている課題に関して経験がなく，全く書くことができずにお手上げの状態です。

 知識を基に論述してください。

　本書では，問題文を膨らませて論文を書く方法を推奨しています。さて，この膨らませるための知識を，具体的にはどこからもってくるかが，問題になります。基本的には，専門知識，実務経験からもってきます。ポイントは，経験も知識の一部として，再利用可能な状態に整理することです。質問では，実務経験がない，ということですね。したがって，専門知識からもってくるしか方法はありません。このような場合，私はセミナーなどで，次の方法を指導しています。

①　専門知識の学習
②　事例集のトピックの専門知識化，すなわち，論文へのトピックの流用
③　問題文を基にした実務経験者へのインタビュー

　最近のセミナーでは，特に③を推奨しています。インタビュー技法を確認した上で，いろいろな経験者にインタビューしてみてください。インタビュー技法に関する専門知識も，論述に必要になるかもしれません。

　なお，論述に最も重要なことは，筆者がいただいた合格者からのメッセージから分かります。それは，問題文の趣旨に沿って書くために，問題文を膨らませますが，**その際に最も重要なことは一生懸命考えること**です。論文設計は，そのための訓練と考えてください。

（6）論文添削の結果を有効に活用できる

 通信教育の論文添削を受けました。論文を書き直したいのですが，効果的な方法を教えてください。

 添削内容を漏れなく反映するために，書き直す前に，添削内容に基づいて青色のペンで添削後の論文を修正しましょう。

　添削しても添削内容が書き直した論文に反映されていないケースが多いです。これでは効果的な学習とはいえません。添削結果を基に，どのように書き直したいのかを，赤の添削内容の近くに青色のペンで書いてみましょう。そのようにすることで，添削内容を漏れなく論文に反映できます。その上で，論文を別の用紙に書いてみるとよいでしょう。

 論文課題の実施は，時間はあまり気にせずに，完成度を優先した方が効果的でしょうか。それとも，制限時間内で書くようにした方が効果的でしょうか。

 合格レベルの論文を書くことを優先してください。

　合格レベルの論文を書くことが重要です。時間短縮は，その後に訓練してください。
　自宅で，3時間で書けるようになると，本番において2時間で書き終えられ可能性が高まります。なお，本試験における時間管理の方法は，本書の説明を参考にしてください。

試験前の問題を解消する

ひと通り学習が終わると，新たな疑問が出てくると思います。次は，学習後の質問に答えてみます。

（1）問題の選び方を説明できる

 どのように問題を選択したらよいでしょうか？

 一つの方法としては，問題文にトピックがより多く挙がっている問題を選ぶという方法があります。

どのような問題が出題されても合格論文を書けるように，問題文を活用して論述する方法を取得してください。これができれば，最短で合格できる可能性が高くなります。

（2）問題の趣旨に沿って書ける

 実務経験がないために，問題文の趣旨に沿って書けません。対処方法を教えてください。

 トピックを収集して再利用可能なように整理しましょう。

実務経験があっても，問題文の趣旨に沿って書くことは難しいです。実務経験がない場合，論述に必要なトピックは，前述のとおり，次のようにして，収集する方法があります。
① 専門知識の学習
② 事例集のトピックの専門知識化，すなわち，論文へのトピックの流用
③ 問題文を基にした実務経験者へのインタビュー

トピックを収集したら，論文で再利用できるように，自分の言葉で整理することが大切です。問題文の趣旨に沿って，トピックを組み合わせて，足りない分についてはその場で考えて論述しましょう。合格者からのメールによると，経験の少ない若手の受験者は，この方法で合格しているようです。

 事例集を基に，トピックの整理が終わりました。論文を書く回数が多いほどよいのでしょうか？

 論述に慣れたのならば，論文設計だけでもよいでしょう。

　既にトピックをもっているので，イメージトレーニングをするとよいです。問題文を読みながら，手持ちのトピックを頭の中でまとめて，論文を設計するイメージトレーニングをしてください。その際に，簡単な論文設計書を書いてもよいでしょう。最終的に，これが本試験における論文設計方法になります。

（3）論文添削の結果が60点未満の場合の対処方法を説明できる

 通信教育の第2回目の添削結果が60点未満で合格レベルに達することができませんでした。効果的な対処方法を教えてください。

 "急がば回れ"で，本書を，再度，学習してみることを薦めます。

　筆者のケースですが，ある顧客の本試験合格者の添削時の点数は，50点以上であったことが分かりました。添削時点で50点以上ではないと合格の可能性が極端に低くなることを意味しています。そこで50点を境にして，それぞれについて対処方法を書いてみます。

　第2回目の添削結果が50点未満の方は，"急がば回れ"で，本書を，再度，学習してみることを薦めます。改善点が見つかると思います。

　50点以上の方は，添削結果を基にして，60点に達しなかった原因を，本書を参考に分析してみてください。原因が分かったら，どのように書き直したらよいかを検討して，再度，論文を書き直すようにしましょう。

9.4 不合格への対策を講じる

残念ながら合格できなかった方からの相談や質問をまとめてみました。次の試験で合格するために，改善すべき点だけは早めに整理するようにしましょう。

（1）想定した問題が出題されなくとも合格できる

 想定した問題が出題されなかったのですが，来年度も同じように，想定した問題が出題されなかった場合，不合格になってしまいます。どのような対策を講じたらよいでしょうか？

 どのような問題が出題されても論述ができるように，問題文の論旨展開やトピックを活用して論述する方法の習得を薦めます。

本番では，想定した問題が出ないと私は指導しています。これを受け入れて論文練習しましょう。問題冊子に書いてあるとおり，問題の趣旨に沿って書くことが重要です。設問文の全てに答えるようにして，問題文の趣旨に，経験や専門知識を盛り込んで，論文を完成させる訓練をしてください。第1章第1節にある図表1-3が示している論文の書き方を実践しましょう。

仮に想定した問題が出題されたとしましょう。私は，ウキウキ状態になって論文を書き，最終的に時間不足になり，字が荒れて不合格になった人の話を聞いたことがあります。この話から分かることは二つあります。

一つ目は，後半になって字が荒れると，その焦りが採点者に移ってしまうということです。**段々と字の荒れてくる論文を読んでいると，採点者も読み方がおざなりになります。**採点者をこのような状況にしてしまっては，合格できません。これを回避するためには，一定の品質を保った字を書くことが重要です。

二つ目は，本当に不合格になった理由は時間不足か，ということです。類似問題ということで，過去問題の内容をそのまま書いた結果，問題文の趣旨に沿っていない論文になったのではないでしょうか。**類似問題であっても，問題文の趣旨に沿って再構成する**必要があると考えてください。

（2）論文全体の字数のバランスを考慮して論述できる

本試験で規定字数には達しましたが，最後まで書き終えることができませんでした。何が悪いのでしょうか？なお，二度の論文添削を受けましたが，1回目は44点，2回目は57点でした。

時間不足の原因の一つには，字数不足を早めに回避するために設問イの前半でがんばり過ぎることを挙げることができます。

　2回目で60点に達していない点が気になります。60点に達していない理由が添削内容に書いてあれば，それを基に改善してください。

　時間不足の状況としては，設問イの前半に注力し過ぎていることがよくあります。字数不足が不安となるため，前半から風呂敷を広げ過ぎてしまうパターンです。具体的には，リスクの挙げ過ぎです。これでは後半の監査手続を論じる際に収拾がつかなくなります。

想定したボリュームが多過ぎ，書き終えることができませんでした。字数については，どのくらい超過すればよいのでしょうか？

規定字数を3行超過すればよいです。

　論文のボリュームですが，字数は設問文にある規定字数を，余裕をもたせて3行超過すれば問題はありません。筆者が受験した平成22年春の試験では，設問イは3行超過しただけですが，A評価でした。ただし，設問ウでは1,100字程度書いています。

　なお，第2部の事例集の論文は字数が多いものもあります。できるだけトピックを盛り込むことで，トピックを本書の読者に再利用してもらいたいからです。

（3）問題文をなぞった記述から脱却する

 IPAの講評には，"問題文をなぞっただけの記述"とありますが，これを回避する方法を教えてください。

 問題文の記述を基にして，そこから論旨を展開してください。

　問題文の内容と論文の"結論"が同じ場合，問題文の記述をなぞっただけの記述と評価されます。それを回避するためには，問題文の記述を基に論旨を展開して，話を先に進めるようにしましょう。

（4）来年も受験する

 情報処理試験で，以下の結果のとおり，不合格でした。
平成XX年度 X期　　XX試験　成績照会
受験番号　XXXX–XXXX の方は，　　　不合格　　です
午前Ⅰ得点 ***. **点
午前Ⅱ得点 72. 00点
午後Ⅰ得点 75点
午後Ⅱ評価ランクB
　初めての高度試験で，ここまでの結果を残せたのは、アイテックの合格ゼミに参加したお陰だと思っております。ありがとうございます。来年も参加しますのでよろしく，お願いします。

 悔しいです。

　午後Ⅱ評価ランク B ということで，私の力も今一歩足りなかったのでは，と思っています。来年は必ず合格を決めたいと思います。つきましては，ランク B の論文を再現して，今年度の添削論文とともに次年度のセミナーに持参していただけると，より効果的，効率的に弱点を克服できると思います。

　午後Ⅰ得点 75 点については立派だと思います。次回のセミナーのときに，選択した問題をぜひ教えてください。なお，論述について 1 年間のブランクという状態を回避するため，次回は，別の試験区分を受験してはどうでしょうか。論述力の維持・向上のためです。では，次回も，一緒にがんばりましょう。

第2部

論文事例

午後Ⅱ論述式問題のカテゴリ分けについて

　カテゴリ分けは，皆さんが学習しやすいように，できるだけカテゴリごとに掲載論文数を均等に配慮しています。具体的には，情報システムのライフサイクルを"企画・要件定義"，"開発"，"運用"の三つに分けています。本来ならば，企画と要件定義を分けたいのですが，掲載数に偏りが生じるので"企画・要件定義"としています。更に，重点学習分野である"情報セキュリティ"と"システム監査の専門能力"を加えて，合計5つのカテゴリを設定しています。具体的には，"情報システムの運用段階における情報セキュリティ監査"の場合は，"運用"より，"情報セキュリティ"を着目して分類しています。なお，このカテゴリ分けは，重点的に学習する分野を識別するためのカテゴリ分けではない点に留意してください。

表　年度別 問題掲載リスト

年度	問番号	問題タイトル	著者	章	カテゴリ	ページ
31	1	IoTシステムの企画段階における監査について	岡山　昌二	1	企画・要件定義	171
			古山　文義			176
	2	情報セキュリティ関連規程の見直しに関するシステム監査について	岡山　昌二	4	情報セキュリティ	289
			長嶋　仁			294
30	1	アジャイル型開発に関するシステム監査について	落合　和雄	2	開発	197
			古山　文義			202
	2	リスク評価の結果を利用したシステム監査計画の策定について	岡山　昌二	5	システム監査の専門能力	335
			北條　武			340
29	1	情報システムに関する内部不正対策の監査について	岡山　昌二	4	情報セキュリティ	301
			落合　和雄			306
	2	情報システムの運用段階における情報セキュリティに関する監査について	岡山　昌二	4	情報セキュリティ	313
			落合　和雄			318
28	1	情報システム投資の管理に関する監査について	岡山　昌二	3	運用	251
			落合　和雄			256
	2	情報システムの設計・開発段階における品質管理に関する監査について	岡山　昌二	2	開発	209
			落合　和雄			214
27	1	ソフトウェアの脆弱性対策の監査について	岡山　昌二	2	開発	219
			落合　和雄			224
	2	消費者を対象とした電子商取引システムの監査について	岡山　昌二	4	情報セキュリティ	323
			落合　和雄			328
26	1	パブリッククラウドサービスを利用する情報システムの導入に関する監査について	落合　和雄	1	企画・要件定義	183
	2	情報システムの可用性確保及び障害対応に関する監査について	岡山　昌二	3	運用	263
25	1	システム運用業務の集約に関する監査について	長嶋　仁	3	運用	269
	2	要件定義の適切性に関するシステム監査について	岡山　昌二	1	企画・要件定義	189
	3	ソフトウェアパッケージを利用した基幹系システムの再構築の監査について	岡山　昌二	2	開発	231
24	1	コントロールセルフアセスメント（CSA）とシステム監査について	落合　和雄	3	運用	275
	2	システムの日常的な保守に関する監査について	岡山　昌二	2	開発	237
	3	情報システムの冗長化対策とシステム復旧手順に関する監査について	岡山　昌二	3	運用	281
23	3	システム開発におけるプロジェクト管理の監査について	岡山　昌二	2	開発	243
21	2	システム監査におけるログの活用について	岡山　昌二	5	システム監査の専門能力	347

　問題ごとに掲載した事例論文の後に，IPA が発表した試験の採点講評を掲載しています。採点者はどのような視点で論文を採点しているのか，合格論文に近づくためには，どのよう点を改善すればよいのか，について書いてあります。学習の参考にしてください。

　なお，ページ数が増えて持ち運びに支障ないように，講評の掲載箇所に若干の移動があります。

第1章

企画・要件定義

平成 31 年度　問 1
IoTシステムの企画段階における監査について ・・・・・・・・・・・・・・・・・・・・ 170
　　　　　論文事例 1：岡山　昌二 ・・・・・・・・・・・・・・・・・・171
　　　　　論文事例 2：古山　文義 ・・・・・・・・・・・・・・・・・・176

平成 26 年度　問 1
**パブリッククラウドサービスを利用する情報システムの導入に関する
監査について** ・・・ 182
　　　　　　　　論文事例：落合　和雄 ・・・・・・・・・・・・・・・・・・・183

平成 25 年度　問 2
要件定義の適切性に関するシステム監査について ・・・・・・・・・・・・・・・・・ 188
　　　　　　　　論文事例：岡山　昌二 ・・・・・・・・・・・・・・・・・・・189

IoT システムの企画段階における監査について

　近年，センサと通信機能を備えた IoT デバイスを利活用したシステム（以下，IoT システムという）の運用事例が増えてきている。例えば，IoT デバイスから位置，状態，動きなどの情報を継続的かつ大量に収集・分析して，機器の故障予測，自動車の運転制御，製造ラインの自動制御を行ったり，農作物の生産管理などに利用したりしている。また，収集した情報を活用した健康増進型保険や自動車保険のサービスなど，新たなビジネスモデルも出始めている。

　IoT システムに多様かつ大量の IoT デバイスが接続されると，IoT システムの構成も変化し，アプリケーションソフトウェアの種類・機能も拡充されていく。そのため，IoT デバイスに故障，誤動作などが生じると，関連するアプリケーションシステム，サービスに様々な影響を及ぼすことが考えられる。また，IoT デバイスがサイバー攻撃の踏み台として悪用されるおそれもある。さらに，医療機器，自動車などに組み込まれた IoT デバイスが不正に遠隔操作されると，人命に危険が及ぶことも想定される。

　今後，IoT システムの利活用がますます拡大していく状況を踏まえて，システム監査人には，IoT システム特有のリスクを想定した上で，IoT システムの開発，運用，保守，及びセキュリティに関わる方針・基準などが適切かどうかを，企画段階で確かめておくことが求められる。

　あなたの経験と考えに基づいて，設問ア～ウに従って論述せよ。

設問ア　あなたが関係する組織において導入した IoT システム，又は導入を検討している IoT システムの概要と，IoT システムの利活用によるビジネス上のメリットについて，800 字以内で述べよ。

設問イ　設問アで述べた IoT システムにおいて，システム監査人はどのようなリスクを想定すべきか。IoT システム特有のリスクを中心に，700 字以上 1,400 字以内で具体的に述べよ。

設問ウ　設問イで述べたリスクを踏まえて，IoT システムの企画段階において，IoT システムの開発，運用，保守，及びセキュリティに関わる方針・基準などが適切かどうかを確かめるための監査手続について，700 字以上 1,400 字以内で具体的に述べよ。

設問ア

第 1 章　IoT システムの概要

1．1　導入した IoT システムの概要

　A 社は，産業用発電機を製造・販売している製造業である。産業用発電機の業界は成熟しており，売上高利益率など横ばい状態で，産業用発電機自体の販売は，経営指標を向上させることは難しい状況であった。そこで A 社では，自社の製品に IoT デバイスを装着し製品の稼働状況や故障情報をネットワーク経由で収集する IoT システムの導入を決めた。

　IoT デバイスから収集されたデータは，A 社のサーバで処理され，製品の保守時期の決定などに利用される。顧客のメリットとしては，遠隔保守などによって機器の停止時間が減り，結果として工場の操業率が上がるという点が挙げられる。

1．2　IoT システムの利活用におけるビジネス上のメリット

　顧客のメリットとしては，遠隔保守などにより A 社製品の MTTR が改善して，工場の操業率が上がる点を挙げることができる。一方，A 社のメリットとしては，次の点を挙げることができる。

①保守サービス料による売上高利益率の改善

　製品の売上に加え，有料の保守サービスを立ち上げることで，売上高利益率の改善が期待できる。

②需要予測の精度向上

　顧客の機器の稼働率を収集し分析することで，顧客における新規増設の需要予測を高い精度で立てることができる。その情報を基にセールス活動をすることで受注増が期待できる。

　私は，A 社監査室のシステム監査人の立場で，IoT システムに関わるリスクを踏まえて，当該システムの企画段階の監査を実施することになった。

100字
200字
300字
400字
500字
600字
700字
800字

── *memo* ──

設問イ

第2章　想定したリスク

2. 1　想定したリスク

　IoTシステムの企画段階においてシステム監査を実施する場合，リスクを漏れなく抽出するためには，システムのライフサイクルの各段階に関係するリスクを想定する必要があると考えた。次に各段階に関係するリスクを説明する。

①開発段階に関係するリスク

　IoTデバイスを装着した機器では，開発中のデバッグや出荷後のメンテナンスのためのデバッグモニタ機能が実装される。開発段階におけるセキュリティ対策の不備により，機器が出荷された後，利用サイドでデバッグモニタ機能が起動できるという脆弱性がある。このように，開発段階で埋め込まれた脆弱性により，デバッグモニタ機能が第三者に不当に操作され，IoTデバイスを装着した機器の機能が停止するリスクがある。

②運用段階に関係するリスク

　運用段階では，IoTデバイスとサーバ間の通信障害が発生するという脆弱性により，機器からデータが収集できなかったり，遠隔保守ができなかったりするリスクがある。

③保守段階に関係するリスク

　IoTデバイスのファームウェアのアップデートが遅れると，ネットワークに接続されたIoTデバイスが脅威にさらされる機会が増えることになる。したがって，保守段階において，IoTデバイスのファームウェアのアップデートが容易ではないという脆弱性によって，悪意ある者がネットワーク上の他の機器を，攻撃するための踏み台にされるリスクがある。

④セキュリティに関わる方針・基準に関係するリスク

　近年，ネットワーク上の新しい脅威による被害が相次ぎ，その件数が増加傾向にある。したがって，企業の経

100字
200字
300字
400字
500字
600字
700字
800字

ここに注目！

リスク要因である脆弱性を踏まえてリスクを論じている点がよいです。

172

——— *memo* ———

営責任者が IoT に関わるセキュリティ対策の陣頭に立つことが重要となる。 IoT に関わる情報セキュリティ方針が不十分であるという脆弱性により， IoT デバイスに関わるインシデント対応が遅れ， IoT システム全体が停止してしまうリスクがある。

　以上のリスクに対応して，企画段階でのシステム監査では，次の監査手続を設定した。

900字

1000字

1100字

1200字

1300字

1400字

設問ウ

第 3 章　リスクを踏まえた監査手続
3.1　IoT システムの企画段階における監査手続
　各段階におけるリスクを踏まえた監査手続を次に述べる。なお，予備調査の結果から，IoT デバイスについては，外部の IoT デバイスの開発会社に開発を委託する計画であることが判明している。
①開発段階に関係するリスク
　開発段階で埋め込まれた脆弱性によって，デバッグモニタ機能が第三者に不当に操作され，IoT デバイスを実装した機器の機能が停止するリスクについては，開発段階でセキュリティ対策を施した上で，十分なテストの実施が計画されているかを確認する必要がある。
　監査手続としては，企画書，及び，企画チームが作成した議事録（以下，議事録という）を査閲して，デバッグモニタ機能へのセキュリティ対策とアクセスコントロール機能に関わるテストの実施を要件として盛り込む旨が計画されていることを示す監査証拠を得るを設定した。
②運用段階に関係するリスク
　IoT デバイスを実装した機器とサーバ間の通信障害が発生するという脆弱性により，機器からデータが収集できなかったり，遠隔保守ができなかったりするリスクについては，通信方式を可用性の面から検討して通信障害が発生しにくい方式を選択している必要がある。
　監査手続としては，企画チームのメンバにヒアリングを行い，適切な通信方式を検討していることを示す監査証拠を得る，更に，ヒアリング結果に基づき，議事録にある通信方式の検討内容の資料を精査して，適切な通信方式の採用を計画していることを示す監査証拠を得るを設定した。
③保守段階に関係するリスク
　ファームウェアのアップデートが容易ではないという脆弱性によって，ネットワーク上の他の機器を攻撃する

———— *memo* ————

ための踏み台にされるリスクについては，アップデートの容易性を確保する必要がある。

　監査手続としては，企画書を閲覧して，ファームウェアのアップデートの方法が容易であることを，IoTデバイスの要件として盛り込まれていることを示す監査証拠を得るを設定した。

④セキュリティに関わる方針・基準に関係するリスク

　IoTデバイスに関わるインシデント対応が遅れ，IoTシステムのインシデントに関わる被害が増大しまうリスクについては，今までの情報セキュリティインシデントと同様に，企業の経営陣が陣頭に立つ必要がある。

　監査手続としては，企画書を閲覧して，IoTに関わるリスクが適切に想定され，セキュリティ対策の必要性が計画され，セキュリティに関わる方針・基準の見直しが，経営の観点から計画されていることを示す監査証拠を得るを設定した。

　更に，企画書にあるIoTシステム特有のリスクについて，A社のCIOが十分に認識している必要があると考え，追加の監査手続として，企画書を基にA社のCIOにヒアリングを行い，経営陣がIoTシステム特有のリスクについて把握し，その対応の重要性を認識していることを示す監査証拠を得るを設定した。

—以上—

900字
1000字
1100字
1200字
1300字
1400字

ここに注目！ ◉◉

企画段階の監査なので，企画段階で入手できる，監査対象となる資料に対して監査手続を設定します。開発段階や運用段階にならないと入手できない資料に対して監査手続を論じないようにしましょう。

論文事例2

古山 文義

設問ア

—— memo ——

第1章 IoTシステムの概要とビジネス上のメリット
1.1 IoTシステムの概要

　私は，家電メーカに勤務するシステム監査技術者である。私が勤務する家電メーカは白物家電を中心に数十年多くの商品を生み出し，多くの顧客に使用してもらっている中堅企業である。昨今顧客のIoTへの関心の高まりや，愛用顧客からの要望などを踏まえ，デバイスを利活用したシステムの導入を検討することとなった。当社が考えたIoTシステムはエアコンにセンサと通信機能を備えたIoTデバイスを搭載させ，IoTデバイスから室温や対象範囲の屋内の状況などの情報を継続的に収集・分析し，その家庭にあった最適な室温調整や生活スタイルに準じたスイッチオン・オフなどを自動的に行うシステムである。これによって高齢者の熱中症対策や一人世帯の快適ライフを実現しようとしたのである。

1.2 ビジネス上のメリット

　ビジネス上のメリットは，当社のシステムに適合したエアコンを導入することで，自宅での熱中症リスクの軽減が図れることから，高齢者向けの医療保険を扱う保険会社と連携し新たな割引制度の導入し，売上増加にメリットがあると考えられた。

　また一人世帯や共働き世帯など帰宅時に家に誰もいない世帯をターゲットにすることで快適な生活空間の実現とともに，照明機器への応用によって防犯上の利点も享受できるものと考えていた。今後段階的にスマートフォンと連動したアプリを展開し，より多くのサービスを提供する予定である。しかし，熱中症防止や生活スタイルの情報を入手することなど，機器が故障した際の対応やセキュリティ関連の対応は企画段階でしっかり確認しておくことが必要との見解が経営陣から示された。このためシステム開発・運用・保守及びセキュリティに関わる方針・基準などを企画段階で監査することとなった。

設問イ

第2章　想定したリスク

2. 1　誤作動によるリスク

　高齢者の熱中症対策向けのため，誤作動で本来冷房を起動すべきところに対し，暖房を起動した場合，熱中症となる可能性を引き上げることにつながり，大変危険である。また，一人世帯や共働き世帯に対しての快適空間の提供も，真夏に暖房が起動している部屋や真冬に冷房が起動している部屋へ帰宅することは，利用者の期待を裏切り，当社の離れていくきっかけになりかねない。

　このため，作動状態を管理するとともに，作動後の室温把握を別センサで管理するなど，物理的な媒体故障を踏まえた対策を開発内で検討し，実装を確認するプロセスを実行するコントロールが必要である。また，運用フェーズにおいて，障害が発生した場合の円滑な対処などをルール化することが必要である。

2. 2　不正操作によるリスク

　IoTシステムのため，インターネット経由でシステムに接続しているが，なんらの理由でネットワーク回線に侵入し不正操作などを行われた場合には，快適な生活スタイルを提供すべき場が，全く異なる環境になることが予想される。また位置情報などから自宅が判明するなど，セキュリティ上の問題にもつながりかねない。

　そのため，盗聴やなりすまし，不正侵入などの対策をきちんと講じることが重要である。コントロールとしては，開発中の計画書に第三者の有識者の意見を聞き対策として問題ないことを確認するプロセスが必要である。また運用フェーズにおいて，不正操作が発生した場合の対処方法が明確に示されている必要がある。

2. 3　個人情報に類似する情報を取り扱うことへのリスク

　IoTシステム導入に関する契約をエアコン購入者と締結するため，契約情報とデバイスの位置情報を関連させ

100字
200字
300字
400字
500字
600字
700字
800字

—— memo ——

れば，より詳細な個人情報となる。この情報が流出，悪用されることとなれば，会社の信用の失墜に加え，顧客にも多くの恐怖心を与えてしまうことになる。また保険会社との連携についても契約の解除など多くの損失が見込まれる。

900字

　このため，個人情報の取扱いに関して，契約時に必要な許可をもらう書式や説明手順となっていることが重要である。またシステムのセキュリティへの対応方法の明確化や事故が起こった場合対応方法などがしっかりと準備され，必要な訓練が行われていることが必要となった。

1000字

2．4　複数のアプリケーションを開発することへのリスク

1100字

　今回開発するシステムは，本システムの基幹となる部分である。今度継続的なアプリケーションの開発が予定されており，本基幹部分で誤りがあると今後の開発にも大きな影響を与えるリスクがある。

1200字

　そのため，基幹システムとしての品質保証を確実に行うことが重要であり，さらに拡張性も踏まえた設計が行われているかを，確認するプロセスを実行されることがコントロールとして考えられた。

1300字

1400字

ここに注目！

リスクについて問われている場合は，このように“リスク”というキーワードを使って明示的に論じるようにしましょう。

論文事例2

平成31年度　問1

企画・要件定義

1

設問ウ

第3章　企画段階において開発，運用，保守，セキュリティに関わる方針・基準などの監査手続

3．1　システム開発計画書の監査手続

　システム開発計画書に以下のコントロールが定義されているかをシステム開発計画書の査閲によって確認する。

　誤作動によるリスクについては，センサ別に管理するように物理的な媒体故障を含めた対策を検討し，実装を確認するプロセスが定義されていることを確認する。またレビュー体制や決裁手順なども適切にルール化されていることをシステム開発計画書上で確認するとともに，実際のレビュアや決裁権者にヒアリングを行い実現できる計画かを合せてインタビューし確認する。

　不正操作によるリスクについては，システムへの盗聴，なりすまし，不正侵入などの対策を検討するプロセスの定義や，第三者の有識者による意見収集のプロセスが定義されているかをシステム開発計画書の査閲で確認する。また，有識者の確保の実現性や対策に関する不備があった場合，スケジュール的にリカバリが可能であるかもインタビューなどを通じて確認する。

　さらに拡張性の観点から今後継続的にアプリケーション開発が行われていく前提で機能面や拡張面での確認もレビュー観点に含めることが示されているかを確認する。

3．2　運用・保守手順書作成要領の監査手続

　当社ではシステム開発時に運用・保守手順書を作成する。その際に既に存在する作成要領を下に作成を行う運用となっている。そのため，当該手順書作成要領に以下の内容が記載されていることを作成要領を査閲し確認する。

・誤作動が実際に起きた場合の対応手順を示すように規定が存在するか

・不正操作が発生した場合の対応手順を示すように規定が存在するか

memo

ここに注目！👀

ここで"以下のコントロール"と書いているので，"コントロール"という言葉を使って明示的に論じると，採点者が分かりやすくなります。

・個人情報が漏えい等した場合の対応手順や体制構築など必要な行動の説明などを記載することを示す規定があるか

900字　　また，実際に手順書を作成する場合のレビュー体制などがシステム計画書上の体制から考えて矛盾がないかも併せて確認する。また手順書に基づく訓練が計画されているかもシステム開発計画書とともに確認する。

1000字　3.3　セキュリティに関わる方針・基準などについて

　個人情報を扱うため，全社的なセキュリティポリシの内容を確認し，会社としての方針が示されていることや，個人情報の管理規程が整っていることを確認する。また，

1100字　当該システム開発に伴い，セキュリティ関連の規程に関する過不足確認や是正に関する検討などが計画されているかもシステム開発計画書とともに確認を行う。

1200字

1300字

1400字

■IPA発表採点講評■

　（IoTシステムの企画段階における監査について）では，IoTシステムの概要についての論述が不足していたり，ビジネス上のメリットとは言えない論述にとどまっていたりする解答が目立った。また，企画段階におけるIoTシステムに関わるリスクの論述を求めたが，開発，運用，保守におけるリスクを論述している解答が散見された。企画段階の監査手続については，運用段階の監査手続を論述している解答や，入手すべき監査証拠を記述していない解答が多かった。題意を踏まえて，システム監査人の立場から具体的な監査ポイントと監査証拠を論述してほしい。

Memo

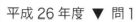
パブリッククラウドサービスを利用する情報システムの導入に関する監査について

　今日，クラウド環境を利用する情報システムの導入事例が増えている。クラウド環境とは，サーバ仮想化，分散処理などの技術を組み合わせることによってシステム資源を効率よく利用することができるシステム環境のことである。クラウド環境を利用した情報システムの導入事例の中でも，インターネットを介して多数の利用者に共用のハードウェア資源，アプリケーションサービスなどを提供する，いわゆるパブリッククラウドサービスは，より低価格，短期間での情報システムの導入を可能にしている。

　一方で，パブリッククラウドサービスを利用する情報システムの導入に当たっては，クラウド環境に共通するリスクに加え，パブリッククラウドサービスによく見られる特徴に留意する必要がある。例えば，パブリッククラウドサービスを提供するベンダが，海外を含めて複数のデータセンタにサーバを保有している場合は，サービスを利用する側にとって，データがどこに存在するのかが分からないということも少なくない。また，パブリッククラウドサービスでは，サービスレベルをはじめとした契約条件を個別に締結するのではなく，あらかじめ定められた約款に基づいてサービスが提供されるものが多い。

　このような状況において，システム監査人は，パブリッククラウドサービスを利用する情報システムの導入の適切性について確認する必要がある。

　あなたの経験と考えに基づいて，設問ア〜ウに従って論述せよ。

設問ア　あなたが関係する組織において導入した又は導入を検討している，パブリッククラウドサービスを利用する情報システムについて，その対象業務，パブリッククラウドサービスを利用する理由，及びそのパブリッククラウドサービスの内容を 800 字以内で述べよ。

設問イ　設問アで述べた情報システムの導入に当たって留意すべきリスクについて，利用するパブリッククラウドサービス及び対象業務の特徴を踏まえて，700 字以上 1,400 字以内で具体的に述べよ。

設問ウ　設問イで述べたリスクについて，適切な対策が検討又は講じられているかどうかを確認するための監査手続を 700 字以上 1,400 字以内で具体的に述べよ。

落合　和雄

1

企画・要件定義

設問ア

memo

1．パブリッククラウドサービスの対象業務，利用する理由及びそのサービス内容

1．1　パブリッククラウドサービスの対象業務

　A法人は美術系の専門学校である。最近は，美術デザインだけでなく，アニメやWeb系の技術者の育成も行っている。A法人では，従来PCサーバを利用した学校事務システムを自社で運用してきたが，システム改定に合わせて，大手SIベンダB社が提供するパブリッククラウド型の学校事務システムに全面移行することとした。学校事務システムは，事務系システムとサービス系システムの2つのサブシステムからなり，事務系システムには学費関係，入試関係，証明書関係の業務が含まれる。サービス系システムには，履修情報管理，出欠情報管理，成績管理，学生への各種連絡などの業務が含まれる。

1．2　利用する理由

　従来使用していた学校事務システムは，元々オフコンで開発したシステムをPCサーバに移行したシステムであり，ユーザインターフェースも使いにくいものとなっていた。また，最近は学生への連絡などもインターネットを活用する学校が増えており，学生サービスの観点からも業務の効率化の面からもインターネットの活用は避けて通れない課題となっていたが，従来のシステムでは対応が難しかった。

1．3　パブリッククラウドサービスの内容

　今回利用したのは，B社がクラウド上で提供している学校事務システムと，仮想デスクトップサービスである。仮想デスクトップサービスは，ユーザごとの仮想デスクトップをクラウドサーバ上に作成して，PC端末内にデータを残さない仕組みである。これにより個人情報等の機密情報の漏えいを防ぐことと情報共有を両立させることが，仮想デスクトップサービスを利用した理由の1つである。

100字
200字
300字
400字
500字
600字
700字
800字

───── *memo* ─────

設問イ

2．システム導入に当たって留意すべきリスク

2．1　機密情報が漏えいするリスク

　今回のパブリッククラウドサービスを利用するに際して，最も考慮したリスクは機密情報の漏えいリスクである。学校法人という事業の特性から，非常に多くの個人情報を扱う必要がある。もし，これらの情報が漏えいすることになれば，学校法人の信頼性を大きく損なうことになる。

　B 社は大手の SI ベンダであり，学校事務システムについても全国で 60 校以上の導入実績がある。その実績と企業としての信頼性を評価して，B 社に委託することにしたわけであるが，そうだからと言ってリスクがないわけではない。特に最近は B 社も，データセンタの一部を海外に設置することも計画しており，本当に機密漏えいの可能性がないと言えるかどうか検討する必要がある。

2．2　データ消失のリスク

　学校事務システムは，基本的にはほとんどの処理がコンピュータ上で行われるために，サーバ上のデータが消失してしまうと，業務を継続することが不可能になり，学生にも多大な迷惑をかけてしまうことになる。したがって，データの消失は絶対に防がなくてはいけない。

　これに関しても基本的には，B 社のクラウドシステムの運用環境や体制を信頼して，委託をしているわけであるが，大手のサーバサービスでデータ消失を起こした例もあり，全面的に信頼してよいわけではない。本当にデータ消失の可能性がないと言えるかどうか，十分な検討が必要である。

2．3　サービスレベルが達成できないリスク

　新学校事務システムでは，学生が直接インターネットを介して，各種の入力や照会を行う仕組みを取り入れている。したがって，システムが使えなくなると多くの学生が影響を受けてしまうことになる。また，障害が発生

ここに注目！👓
具体的にパブリッククラウドサービスや対象業務の特徴を踏まえて，リスクを論じている点がよいです。

100字
200字
300字
400字
500字
600字
700字
800字

———— *memo* ————

した場合にも，短時間で障害から回復され，事務に大き
な影響が出ずに，学生にも大きな迷惑がかからないこと
が必要である。さらに，新学期が始まった時期などは，
多くの学生が履修登録を同時に行うことが予想され，多
くのアクセスが集中しても，学生にとってストレスのな
いスピードでレスポンスが返ってくる必要がある。

　これらのサービスレベルに関しては，Ａ法人の希望が
すべて通るわけではなく，Ｂ社が定めている利用各社共
通の約款に従う必要がある。しかし，これではＡ法人の
望むサービスレベルが達成できないリスクがあるので，
これに関しても十分な検討が必要である。

900字

1000字

1100字

1200字

1300字

1400字

設問ウ

3．適切な対策が検討又は講じられているかを確認する
　　ための監査手続
3．1　機密情報漏えいリスクに関する監査手続
　最初に，B社のサービスを選定する際して，機密情報漏えい対策に関して，B社の対策や体制が十分であるかを，検討していたかどうかを確認する必要がある。具体的には，新システムの導入計画やシステム選定会議の議事録や補足資料から，どのような判断資料を元に検討が行われたか，また，その検討内容が十分であったかを確認する必要がある。
　次に，B社のシステム内容や体制は変化していくと予想されるので，毎年定期的にB社の機密保持の仕組みや体制に問題がないかどうかをチェックしていく必要がある。B社のような大手のSIベンダに対して，A法人が直接システム監査を行うことは現実的には不可能と考えられるので，B社のシステム監査結果の内容の一部を開示してもらい，それを元に判断を行うことになる。具体的には，B社とシステム監査結果の内容の一部を開示してもらう契約が結ばれているかどうか，また，その開示内容が十分であるかどうか，B社との契約書を見て確認する。さらに，その結果をチェックする仕組みがA法人にあるかどうかについて，A法人のシステム運用規約を見て確認する必要がある。
3．2　データ消失リスクに関する監査手順
　データ消失リスクに関しても，基本的には機密情報漏えいリスクと同じように導入時と毎年のチェックが適切かをチェックすることになる。ただし，万が一データが消失してしまうと，その影響はA法人にとって甚大となるので，機密情報漏えいリスクに関して述べた対策に加えてデータのバックアップ状況に関する確認を追加で行う必要がある。具体的には，バックアップが定期的に取られていること，また，そのバックアップは国内のサー

———— memo ————

ここに注目！👓
情報セキュリティ対策の形骸化への対応についても論じている点がよいです。

——— *memo* ———

バのある拠点とは別の拠点で同時に被害にあう可能性が
ない場所に保管されていることを，Ｂ社に対するインタ
ビューや提出資料から確認している必要がある。また，
毎年のＢ社のシステム監査結果の中にバックアップの安
全性に関する項目があるかどうかも，契約内容やＢ社に
対するインタビューなどで確認する必要がある。

3.3　サービスレベル未達成リスクに関する監査手続

　サービスレベルに関しては，最初にＡ法人としてどの
ようなサービスレベルが必要となるかが十分に検討され
ていることを，新システムの導入計画やシステム選定会
議の議事録や補足資料から確認する。

　次にＢ社から提示されたサービスレベルが，Ａ社が作
成したサービスレベルと同等かそれを超えていることを
確認していることを新システムの導入計画等で確認する。
もし，Ｂ社から提示されたサービスレベルが不十分だっ
た場合には，それを補う対策がとられているかも，新シ
ステムの導入計画やシステム選定会議の議事録や補足資
料から確認する。

　また，そのサービスレベルが継続的に達成できている
ことを確認することも必要である。具体的には，Ｂ社の
サービスレベルの状況を測定する仕組みがあることをＡ
法人のシステム運用規約を見て確認する。また，その検
討が実際に行われていることを毎年の運用報告で確認す
る。　　　　　　　　　　　　　　　　　　－以上－

900字
1000字
1100字
1200字
1300字
1400字

■IPA発表採点講評■

　（パブリッククラウドサービスを利用する情報システムの導入に関する監査について）
は，一般的なデータセンタの外部委託のリスクと，その監査手続を論述している受験者が多
かった。設問イでは，クラウド環境特有のリスク及びパブリッククラウドサービスによく見
られる特徴を踏まえたリスクの論述を求めているが，問題文に記述されている例だけを挙げ
ている答案が目立った。また，設問ウでは，設問イで挙げたリスク対策について確認する監
査手続の論述を求めているが，データセンタに対する往査など，パブリッククラウドサービ
スにおいては，一般的に実施が困難な監査手続を論述している受験者が散見された。

要件定義の適切性に関するシステム監査について

　　システムを正常に稼働させ，期待どおりの効果を得るためには，システム開発において，業務機能を対象とする機能要件と，性能，セキュリティなどの非機能要件を適切に定義し，システムに組み込むことが必要である。適切な要件定義が行われなかったり，要件が適切にシステムに組み込まれなかったりすると，プロジェクトの失敗及びトラブルが生じる可能性が高くなる。

　　要件定義を適切に行うためには，システム開発のプロジェクト体制及び開発手法に合わせた要件定義の役割分担，方法，文書化などが必要となる。例えば，システム開発を外部に委託するプロジェクト体制では，要件定義におけるシステム部門と利用部門との役割分担だけでなく，外部委託先との役割分担も明確にしておかなければならない。また，ウォータフォール型の開発手法を用いる場合と，プロトタイピング手法を用いる場合とでは，要件定義の方法，作成すべき文書などが異なってくる。

　　システム監査人は，システム開発のプロジェクトの失敗及びトラブルを防止するために，システム開発のプロジェクト体制及び開発手法を踏まえた上で，要件定義の役割分担，方法，文書化状況などが適切かどうかを確認する必要がある。また，要件定義の適切性を監査するための手続は，要件定義工程だけでなく，システム開発の企画，プロジェクト体制の決定，設計，テストの各工程においても実施する必要がある。

　　あなたの経験と考えに基づいて，設問ア～ウに従って論述せよ。

設問ア　あなたが関係したシステム開発の概要について，システム開発のプロジェクト体制及び開発手法，並びに要件定義の役割分担，方法，文書化状況などを含め，800 字以内で述べよ。

設問イ　設問アのシステム開発において，適切な要件定義が行われなかったり，要件が適切にシステムに組み込まれなかったりした場合に，生じる可能性のあるプロジェクトの失敗及びトラブルについて，その原因を含めて 700 字以上 1,400 字以内で具体的に述べよ。

設問ウ　設問イに関連して，要件定義の適切性について監査を実施する場合，システム開発の企画，プロジェクト体制の決定，要件定義，設計，テストの五つの工程でそれぞれ実施すべき監査手続を 700 字以上 1,400 字以内で具体的に述べよ。

論文事例

平成25年度　問2

岡山　昌二

設問ア

第1章　システム開発の概要

1．1　プロジェクト体制及び開発手法

　電子部品を製造・販売するA社では，月次決算を現在の6営業日から4営業日に短縮することを目的に，原価管理システムの再構築を行った。当該プロジェクトでは，要件定義及び導入を準委任契約，外部設計から総合テストまでを請負契約でB社に委託した。

　プロジェクト体制としては，A社のプロジェクトオーナの下で，A社では委託側プロジェクトマネージャ（以下，委託側PMという），B社では受託側PMがあった。さらに，A社の委託側PMの下に原価管理部のユーザ部門チーム，A社のシステム開発部チームがあり，B社では，受託側PMの下に二つの開発チームがあった。

　開発手法は，ウォータフォール型を採用していた。

1．2　要件定義の役割分担，方法，文書化の状況

　ウォータフォール型に合わせた要件定義の役割分担としては，A社側のユーザ部門チームが作成した機能要件をB社の開発チームが，機能要件と非機能要件を要件定義書としてまとめる，という方法を採用した。

　要件定義の方法は，A社のシステム開発チーム及びユーザ部門チームと，B社の開発チームの要員で構成される要件検討会を週2回の割合で開催して，そこで決まった要件をユーザ部門チームがまとめ，それを開発チームに渡していた。開発チームでは，類似システムの機能要件を基に，機能要件の漏れや誤りがないことを確認しながら要点定義書にまとめていた。非機能要件については，B社の持つ非機能要件のひな型を利用した。

　文書化の状況については，A社のシステム開発チームで要件定義書のレビューを逐次実施して，問題があれば，要件定義検討会で検討するという管理施策を採用していたため，要件定義段階では問題のない品質レベルであった。

memo

100字
200字
300字
400字
500字
600字
700字
800字

—— *memo* ——

設問イ

第2章　生じる可能性のあるプロジェクトの失敗及びトラブル

2.1　生じる可能性のあるプロジェクトの失敗及びトラブル

　私はA社システム監査部門のシステム監査人の立場で，当該プロジェクトの要件定義の適切性を監査するにあたって，次に述べる各工程について，生じるプロジェクトの失敗やトラブルを挙げることとした。

2.2　システム開発の企画工程

　システム開発プロジェクトではプロジェクトの途中で委託側の予算不足となり，プロジェクトが中断されるケースがある。原因としては，要件の優先順位付けや承認体制が不十分で，要件定義において要件が膨張してしまい，システム開発規模が想定以上になることが考えられる。システム企画段階において，ある程度の要件の膨張を考慮した予算を委託側で確保していないことも，システム企画段階工程にある原因として考えられる。

2.3　プロジェクト体制の決定工程

　要件定義において，主体はユーザ部門である。ユーザ部門の従来の業務が忙しいなどの理由によって，ユーザ部門の参画が疎かになると，要件定義のスケジュール遅延を招くことにある。プロジェクト体制の決定工程にある原因としては，ユーザの参画意識の低さや，ユーザ部門の業務の繁忙期を考慮していない要件定義の役割分担やシステム開発スケジュールなどが考えられる。

2.4　要件定義工程

　機能要件を十分に盛り込んでも，性能面での非機能要件が疎かになると，業務効率の低下などの問題が総合テストで表面化してトラブルとなる。要件定義工程原因としては，要件定義においてシステムの特徴を踏まえた非機能要件を盛り込んでいないなど文書化の方法に関する点を挙げることができる。

100字
200字
300字
400字
500字
600字
700字
800字

————— *memo* —————

　要件定義では，要件が膨張してしまい，要件定義のスケジュール遅延やシステム開発規模の増大が考えられる。原因としては，要件の優先順位付けや承認体制が不十分という点を挙げることができる。

2．5　設計工程

　ウォータフォール型では要件の漏れや誤りによって，開発の手戻りが発生してしまうトラブルが考えられる。原因としては要件定義書のレビュー体制の不備などが考えられる。

2．6　テスト工程

　要件の漏れがあり，総合テスト段階に入って，要件が不足しているなどのトラブルが考えられる。原因としては要件定義書のレビュー体制の不備などが考えられる。

　以上のトラブルを想定して，次に監査手続を述べる。

900字

1000字

1100字

1200字

1300字

1400字

設問ウ

第3章　要件定義の適切性について監査手続
3．1　要件定義の適切性についての監査手続
　要件定義の適切性について，次の工程ごとに実施すべき監査手続を述べる。
3．2　システム開発の企画工程
　要件の膨張を考慮した予算を確保していない原因によるシステム開発プロジェクトの中断については，システム企画書を入手して，委託側PMに予算の試算方法についてヒアリングを行い，十分な予算を確保している，あるいは，確保していないをこと示す監査証拠を得る。
3．3　プロジェクト体制の決定工程
　ユーザの参画意識の低さやユーザ部門の業務の繁忙期を考慮していないシステム開発スケジュールが原因となる要件定義の進捗遅れについては，プロジェクト計画書を入手してプロジェクト体制や要件定義の役割分担を確認する。さらに，ユーザ部門の要員にヒアリングを行い，参画意識の向上についての委託側PMからのアプローチの有無やユーザ業務の繁忙期を意識した要件定義の役割分担やスケジュールになっていることを確認する。ユーザが要件定義に参画しやすい環境づくりをしている，あるいは，していないことを示す監査証拠を得る。
3．4　要件定義工程
　要件定義においてシステムの特徴を踏まえた非機能要件を盛り込んでいないことが原因のトラブルについては，非機能要件のひな型などを入手して，要件定義書にある非機能要件と突合して，システムの特徴を踏まえた非機能要件が設定されている，あるいは，されていないことを示す文書化の状況に関する監査証拠を得る。
　要件の優先順位付けや承認体制が不十分であることが原因で生じるトラブルについては，要件の優先順位付けや承認体制に関する手順書，要件検討会の議事録を入手して内容を精査し，要件の膨張を抑える効果的な仕組み

memo

ここに注目！👀

五つの工程ごとに監査手続を論じる点を考慮して，それぞれの工程の文字数を決めると，"時間切れ"のリスクを減らせます。

―――― *memo* ――――

であること，効果的ではない仕組みであることを示す監査証拠を得る。

3．5　設計工程
　ウォータフォール型では要件の漏れや誤りによって，開発の手戻りが発生してしまうトラブルが考えられる，原因としては要件定義書のレビュー体制の不備などが考えられる。

900字

　設計工程の進捗管理資料を精査して，開発の手戻りが発生している，あるいは，発生していないことを示す監査証拠を得る。開発の手戻りが発生している場合は，作業を行った要員のヒアリングを行い，要件の漏れや誤りの原因を示す監査証拠を得る。

1000字

1100字

3．6　テスト工程
　テスト計画書，テスト実施報告書を入手して，要件定義書にある要件と突合し，要件の漏れや誤りがない，あるいは，あることを示す監査証拠を得る。要件の漏れや誤りがあった場合は，必要に応じて前述の要件定義で述べた監査手続を実施する。

1200字

　以上が要件定義の適切性についての監査手続である。
　　　　　　　　　　　　　　　　　　　　－以上－

1300字

1400字

■IPA発表採点講評■
　（要件定義の適切性に関するシステム監査について）は，身近なテーマであるので，設問イ及び設問ウについては，多くの受験者が一通りの論述はできていた。しかし，一般的かつ抽象的な論述にとどまっている解答が散見された。設問イでは，プロジェクトの失敗の原因となる要件定義の問題点について論述を求めているが，"要員の能力不足"などの表面的な原因にとどまり，なぜ適切な要員体制が確立されなかったのかといった根本問題まで言及している論述は少なかった。また，設問ウの要件定義の適切性を監査する手続については，"要件定義書に要件が網羅されているかを確認する"などの一般的には現実的でない監査手続の論述が目立った。

第2章

開発

平成 30 年度　問 1
アジャイル型開発に関するシステム監査について ・・・・・・・・・・・・・・・・・ 196
　　　論文事例 1：落合　和雄・・・・・・・・・・・・・・・・・・・・・ 197
　　　論文事例 2：古山　文義・・・・・・・・・・・・・・・・・・・・・ 202

平成 28 年度　問 2
情報システムの設計・開発段階における品質管理に関する
監査について ・・・ 208
　　　　　　　　論文事例 1：岡山　昌二・・・・・・・・・・・・・・・・・・・ 209
　　　　　　　　論文事例 2：落合　和雄・・・・・・・・・・・・・・・・・・・ 214

平成 27 年度　問 1
ソフトウェアの脆弱性対策の監査について ・・・・・・・・・・・・・・・・・・・・・ 218
　　　　　　　　論文事例 1：岡山　昌二・・・・・・・・・・・・・・・・・・・ 219
　　　　　　　　論文事例 2：落合　和雄・・・・・・・・・・・・・・・・・・・ 224

平成 25 年度　問 3
ソフトウェアパッケージを利用した基幹系システムの再構築の
監査について ・・・ 230
　　　　　　　　論文事例：岡山　昌二・・・・・・・・・・・・・・・・・・・・ 231

平成 24 年度　問 2
システムの日常的な保守に関する監査について ・・・・・・・・・・・・・・・ 236
　　　　　　　　論文事例：岡山　昌二・・・・・・・・・・・・・・・・・・・・ 237

平成 23 年度　問 3
システム開発におけるプロジェクト管理の監査について ・・・・・・・・・・ 242
　　　　　　　　論文事例：岡山　昌二・・・・・・・・・・・・・・・・・・・・ 243

アジャイル型開発に関するシステム監査について

　情報技術の進展，商品・サービスのディジタル化の加速，消費者の価値観の多様化など，ビジネスを取り巻く環境は大きく変化してきている。競争優位性を獲得・維持するためには，変化するビジネス環境に素早く対応し続けることが重要になる。

　そのため，重要な役割を担う情報システムの開発においても，ビジネス要件の変更に迅速かつ柔軟に対応することが求められる。特に，ビジネス要件の変更が多いインターネット関連ビジネスなどの領域では，非ウォータフォール型の開発手法であるアジャイル型開発が適している場合が多い。

　アジャイル型開発では，ビジネスに利用可能なソフトウェアの設計から，コーディング，テスト及びユーザ検証までを 1〜4 週間などの短期間で行い，これを繰り返すことによって，ビジネス要件の変更を積極的に取り込みながら情報システムを構築することができる。また，アジャイル型開発には，開発担当者とレビューアのペアによる開発，常時リリースするためのツール活用，テスト部分を先に作成してからコーディングを行うという特徴もある。その一方で，ビジネス要件の変更を取り込みながら開発を進めていくので，開発の初期段階で最終成果物，スケジュール，コストを明確にするウォータフォール型開発とは異なるリスクも想定される。

　システム監査人は，このようなアジャイル型開発の特徴，及びウォータフォール型開発とは異なるリスクも踏まえて，アジャイル型開発を進めるための体制，スキル，開発環境などが整備されているかどうかを，開発着手前に確かめる必要がある。

　あなたの経験と考えに基づいて，設問ア〜ウに従って論述せよ。

設問ア　あなたが関係する情報システムの概要，アジャイル型開発手法を採用する理由，及びアジャイル型開発の内容について，800 字以内で述べよ。

設問イ　設問アで述べた情報システムの開発にアジャイル型開発手法を採用するに当たって，どのようなリスクを想定し，コントロールすべきか。ウォータフォール型開発とは異なるリスクを中心に，700 字以上 1,400 字以内で具体的に述べよ。

設問ウ　設問ア及び設問イを踏まえて，アジャイル型開発を進めるための体制，スキル，開発環境などの整備状況を確認する監査手続について，監査証拠及び確認すべきポイントを含め，700 字以上 1,400 字以内で具体的に述べよ。

設問ア

1. 情報システムの概要とアジャイル型開発の内容

1. 1　情報システムの概要

　A社は，関東近郊に約50店舗のスーパー・マーケットを運営している小売業である。A社は，商品の発注業務をAIを使って自動化するプロジェクトを立ち上げることになった。自動発注は過去に試みたことがあったが，特売等があると，過去の売上データが大きく変動してしまい，それを元に発注量を計算すると余計な発注を行ってしまうなどの問題があり，採用に至らなかった。今回はAIを使うことによって，この問題をクリアできるだろうということでプロジェクトが立ちあがることになった。過去の商品別の売上データに特売情報や天候情報を加味して，AIで分析し，将来の売上量を推定，それに基づいて発注量を計算して，発注を行う仕組みである。

1. 2　アジャイル型開発手法を採用する理由

　AIを使うことによって，どこまで将来の売上量を正確に予測できるかは，システムを作ってみないと分からない部分が多い。また，最初から全ての商品を対象とするのはリスクが高いので，最初は定番品に限定して発注を行い，それがうまくいくようであれば，だんだんと対象商品を拡大していくことを考えている。さらに，AIに考慮させるデータもどこまで広げると良いのかもやってみないと分からない部分が多い。このように対象商品範囲，開発内容，AIの活用方法も結果を見ながら臨機応変に変更していく可能性が高いので，これに対応できるようにアジャイル型の開発手法を採用することになった。

1. 3　アジャイル型開発の内容

　今回のアジャイル型開発では，コーディング，テスト及びユーザ検証を2週間のサイクルで行い，そこでの検証内容を参考に次の開発対象を決めていくことにした。スポンサーは商品管理部長で，プロジェクト・マネジャには情報システム部のB主任がアサインされた。

memo

100字
200字
300字
400字
500字
600字
700字
800字

設問イ

2．想定したリスクとコントロール

2．1　アジャイル型開発手法採用時に想定したリスク

　アジャイル型開発手法を採用するに当たって，次のようなリスクを想定した。

⑴プロジェクト目的が達成できないリスク

　今回のプロジェクトの目的は，少なくとも定番商品について，自動発注が行える目途が立つことである。そして，これがうまくいったら，さらに対象商品を広げていくのが経営層の要望である。これに対して，開発対象やAIの活用方法などを，検証結果を見ながら臨機応変に変えていくことが出来ないと，プロジェクトの目的を達成できずに，開発コストを無駄に掛けてしまうことになる。

⑵品質が確保できないリスク

　今回の開発は，将来の売上量を正確に予測することが求められているが，どの程度正確になれば品質が確保されたと判断するかの基準を明確にしていく必要がある。また，アジャイル開発では，開発と検証を短いサイクルで繰り返すので，短い時間で検証が行える方法を確立しないと，検証がいい加減になってしまうリスクがある。

⑶進捗管理が適切に行えない

　アジャイル開発では，開発スケジュールを詳細に決定できないので，従来の進捗管理の手法は使えない。このために進捗管理が適切に行えず，プロジェクト終了時に最低限必要な作業が完了できないリスクがあった。

2．2　リスクを回避，軽減するためのコントロール

　前記のリスクを回避，軽減するために次のようなコントロールを設定した。

⑴プロジェクト目標を達成するためのコントロール

　プロジェクト目標を達成するためには，検証結果を見ながら臨機応変に開発対象やAI活用方法を変更していく必要がある。この判断を適切に行うために，開発サイクル（イテレーション）の完了時に必ずレビュー会議を実

ここに注目！ 👀

問題の趣旨に沿って，ウォータフォール型開発におけるリスクにならないように留意して論じましょう。

施し，次のイテレーションでどの案件（バックログ）を
どのように開発するかを決定するようにした。このレビ
ュー会議には，スポンサーである商品管理部長が必ず参
加し，プロジェクト目的の達成状況を見ながら，適切な
開発案件を選択できるようにした。

⑵品質を確保するためのコントロール

　品質を確保するために必要なことは，予測精度がどこ
まで高くなれば，受入れ可能とするかを決めることであ
る。これに関しては，商品管理部と協議した結果，90％
以上精度が出れば受入れ可能とした。

　次に，有効かつ効率的な検証が行える仕組みを確立す
る必要がある。そこで，プロジェクトの最初に検証プロ
グラムを開発することとした。この検証プログラムは，
過去の商品別の売上データと予測プログラムから出力さ
れた予測（テスト時には過去のデータを使った予測を行
う）を比較し，予測の精度を計算するものである。

⑶進捗を把握するためのコントロール

　進捗を把握する仕組みとしては，2つの方法を使うこ
ととした。1つは，バックログの残量の推移を把握する
方法である。バックログが順調に減少していけば，プロ
ジェクトの進捗は順調であることが判断できる。

　もう一つの進捗管理の方法は，予測精度が高くなった
商品の範囲を把握することで，プロジェクト目標の達成
度を把握する方法を採用することである。

900字
1000字
1100字
1200字
1300字
1400字

3．アジャイル型開発を進めるための体制，スキル，開発環境などの整備状況を確認する監査手続

3．1　体制の整備状況を確認する監査手続

　体制の整備状況として確認する必要があるのは，レビューを適切に行える体制になっていることと，進捗がきちんと管理できる体制になっていることである。

⑴レビューを適切に行える体制についての監査手続

　レビューで重要なことは，常にプロジェクト目標を意識しながら，次のイテレーションに関して的確な判断が行える体制になっていることである。ここで重要な役割を果たすのがスポンサーである商品管理部長なので，プロジェクト体制図で商品管理部長が参画する体制になっていることを確認する。また，このレビューではAIの活用方法の見直しの検討も必要になるので，レビューの参加者としてAIの専門家も参画することになっていることをプロジェクト計画書を見て確認する。

⑵進捗が管理できる体制についての監査手続

　本プロジェクトでは，アジャイル開発の特徴に合わせた進捗管理の仕組みが確立している必要がある。そこでプロジェクト計画書の進捗管理に関する記述に，バックログの残量を使った方法と予測精度が高くなった商品の範囲を使った方法の2つの進捗管理の方法が記述されていることを確認した。

3．2　スキルの整備状況を確認する監査手続

　スキルの面では，開発者のスキルと，レビュー者のスキルの両方の確認が必要である。

⑴開発者のスキルを確認する監査手続

　アジャイル開発では，アジャイル開発の進め方をチーム・メンバが正しく理解している必要がある。このためには，プロジェクトの最初にメンバに対してアジャイル開発の進め方について研修が行われている必要がある。これを確認するために，プロジェクト計画書を見て，研

ここに注目！◉◉

設問イで述べるコントロールと設問ウで述べる監査手続の関係が鮮明になるように，論文を設計すると，さらによくなります。

100字
200字
300字
400字
500字
600字
700字
800字

―― *memo* ――

修が予定されていることを確認する。

⑵レビュー者のスキルを確認する監査手続

　今回の開発のレビューでは，AIの専門家が重要な役割を果たす。そこで，プロジェクト体制図を見て，AIの専門家がアサインされていることを確認する。また，その専門家の経歴書を閲覧して，AIに関するスキルが十分にあるかどうかを確認する。

3．3　開発環境の整備状況を確認する監査手続

　開発環境に関しては，品質を確保できるテスト環境が整備されていることを確認する必要がある。これに関しては，品質基準の整備とテスト環境の整備に関して確認を行う。

⑴品質基準の整備状況を確認する監査手続

　受入れ可能な品質基準が決められていることを確認するために，プロジェクト計画書の品質管理に関する記述を参照して，品質基準が定められていることを確認する。

⑵テスト環境の整備状況を確認する監査手続

　テスト環境としては，検証プログラムが開発されることになっていることを確認する必要がある。これを確認するために，プロジェクト計画書の品質管理に関する記述に検証プログラムを使用することになっていることを確認することと，プロジェクト計画書のスケジュール表に，検証プログラムの開発スケジュールが明記されていることを確認する。　　　　　　　　　　　　－以上－

900字

1000字

1100字

1200字

1300字

1400字

古山　文義

設問ア

第1章　情報システムの概要，アジャイル型開発手法を採用する理由・内容

1．1　情報システムの概要

　私は，生命保険会社のシステム監査部門に勤務するシステム監査技術者である。当社は中堅の生命保険会社として，生命保険に参入してから30年が経過しようとしている。昨今は外資系の生命保険会社も日本に参集してくるなど競合企業が乱立するとともに，寿命の延長や晩婚化などから生命保険の仕組みや特約も目まぐるしく変化し，競合他社との商品開発競争が一段と激化している。対象となるシステムは当社の被保険者管理システムである。当該システムは参入から機能追加を繰り返し，仕様が複雑になったため5年前に全面刷新をした。これによって機動的な機能追加が可能となるシステム構成となったが，開発工程モデルとしてはウォータフォールモデルを採用していた。

1．2　アジャイル型開発を採用する理由

　前述のとおり，競合他社との新商品開発競争が激化し，システム改修を考慮した商品開発を行わざるを得ない状況となった。営業部門は現状のウォータフォール型開発を用いることによる高品質の実現は理解していたが，スピード感をもった機能追加ができる仕組みの導入も求められており，アジャイル型開発を採用する理由となった。

1．3　アジャイル型開発の内容

　アジャイル型開発で対応する内容は主に長期健康特約や健康診断優良特約の機能追加であった。イテレーションの特徴を十分に活用した段階的なリリース，それを可能とするツールの活用や，ペアプログラミングを採用した品質強化，テスト駆動開発で要求仕様から先にテストを考え，そのテストを満たす設計などの対応を行うこととした。

設問イ

第2章　想定したリスクとコントロール

2．1　想定したリスク

　システム開発にアジャイル型開発手法を採用するに当たり，特にウォータフォール型開発とは異なるリスクを中心に列挙する。

(1)システム全体の不具合の検出が遅れるリスク

　アジャイル型開発手法は，開発の初期段階で最終成果物が明確でなく，イテレーションを繰り返す中で全体像が見えてくるものが多い。そのため，今までウォータフォール型で開発してきた当社情報システム部員が全体を見通せないまま，狭い範囲の妥当性だけで開発をすすめることが考えられた。

(2)スケジュール遅延リスク

　ビジネス要件の変更を取り込みながら開発を進めていくため，ウォータフォール型の開発と比べ，全体スケジュールが明確に示されないことが考えられる。今まではシステム開発計画書の計画をもとに予実管理を行い，最終リリースを見据えた要員の組み換えなども行ってきたが，短い期間の開発を繰り返すアジャイル型開発ではシステム全体に関する対応スケジュールが見通せず，イテレーション内の少しの遅延が最後に大きなスケジュール遅延を招くリスクが考えられた。

(3)コスト超過リスク

　常時リリースを可能とするツールの活用によって，短期間でのリリースを可能とする反面，当該ツールの開発や付随するツールなど開発に間接的に関与するコストが発生しやすい状況であった。新たに使用するツールの教育なども考えると間接的なコストが多くなることはある程度見込まれたが，習熟度によってはコスト超過を起こす可能性がある。また，イテレーションを繰り返す開発のため，前述のスケジュールと同様に個々の小さなコスト超過の積み重ねが全体として大きなコスト超過につな

—— memo ——

100字

200字

300字

400字

500字

600字

700字

800字

—— *memo* ——

いつプロセスを実行するのか，もう少し具体的に書くと，より採点者がイメージしやすくなります。

がるおそれがあった。

2．2　想定したリスクに対するコントロール

(1)システム全体の不具合の検出が遅れるリスクについてのコントロール

　ペアプログラミングを採用して，個々の機能追加内容には品質の向上が見込まれたが，設計時とリリース前にシステム全体に関する影響調査を確実に行い，影響調査結果に準じて設計変更やリリース時期の見直しを検討するプロセスを実行する。またテスト駆動開発の採用に関しては，システム全体の影響を見た上で採用要否の判断を下すことが必要となる。

(2)スケジュール遅延リスクについてのコントロール

　全体スケジュールをその時点で判明している事実を下に作成し，その全体スケジュールとの整合を確認するプロセスを実行する。

(3)コスト超過リスクについてのコントロール

　コスト管理を徹底するため，直接費と間接費が把握できるようにプロジェクトマネージャが管理できる管理方法の周知徹底や定期的に全体コストとの整合を確認するプロセスを実行する。特にツール類の開発や教育関連費用については特出した点がないかをモニタできる仕組みを導入する。

900字
1000字
1100字
1200字
1300字
1400字

設問ウ

第3章　アジャイル型開発を進めるための整備状況を確認する監査手続と監査証拠

(1)体制について

　監査手続としては，ペアプログラミングにて効率的な開発作業が行えるペアが構築できるか，設計時とリリース前にシステム全体の影響調査を行える人材がアサインされているか，テスト駆動開発の採用要否について知見をもち，採用要否の決定ができる要員がアサインされているかをプロジェクト要員一覧と要員の保有スキル，経験一覧を突き合わせて検討しているかを確認した。品質管理面，スケジュール管理面，コスト管理面での的確な判断が求められる場合が想定されるため，体制内に的確な判断ができる組織を設置しているかも合せて確認した監査証拠としては，プロジェクト要員検討時の根拠資料の査閲や実際にプロジェクト要員をアサインしたプロジェクトマネージャへのヒアリング結果，システム計画書内の組織図，体制図とした。

　確認すべきポイントは，一覧上の情報はもとより，プロジェクトマネージャの考えなどを踏まえて第三者に納得性のある根拠が存在することとした。

(2)スキルについて

　前述の保有スキル，経験一覧について，一覧上のスキルが期待どおりかの確認を行う。そのために，一覧の最新化状況を確認し直近の情報が反映されているか，社員データベースの保有資格一覧の取得年月日や同データベースのプロジェクト遍歴と照合して確認する。特に保有資格の取得年月日が5年以上前の者については，更新研修などの受講履歴なども併せて確認した。また，スキルが不足している要員に対しては，必要な教育計画が立案されているかもシステム開発計画書内の査閲で確認した。教育計画の場合は，講師役にも大きな負担がかかるためこの負荷を鑑みたスケジュールとなっているかもシステ

memo

ここに注目！ ◉◉

設問イで述べたコントロールと，設問ウで論じる監査手続の関係が鮮明になるように論じると，より論文の一貫性を採点者にアピールできます。

―― memo ――

ム開発計画書を査閲して確認し，必要に応じて，プロジェクトマネージャへのヒアリングよって確認した。

⑶開発環境について

　ウォータフォール型開発とは異なる手法のため，各種ツール類が円滑に起動できる開発環境が整っていることが重要である。また事務室内も情報交換がすぐに行えるよう座席配置も気を配る必要がある。そのため，使用予定開発ツール一覧と開発環境仕様を用いて各種ツールの起動可能環境が整っているか，もしくは準備可能かの検討がなされているかを確認した。監査証拠としては，検討会議議事録の査閲や議事録時の出席者へのインタビュー結果を用いた。またマネジメント関連のツールに関しても，直接費と間接費が明確に分かるツールが導入され，一定周期ごとにコストを確認するプロセスがシステム開発計画書に定義されていることを確認した。ツールの使用方法などの習熟度についてもプロジェクトマネージャへのヒアリング結果を基に確認した。

－以上－

900字
1000字
1100字
1200字
1300字
1400字

■IPA発表採点講評■

　（アジャイル型開発に関するシステム監査について）は，設問アでは，アジャイル型開発の内容について論述していない解答や，情報システムの内容の論述にとどまっている解答が多かった。設問イでは，設問アで述べた情報システムの開発にアジャイル型開発手法を採用するに当たってのリスクとコントロールを求めているが，一般的な内容で具体性のない論述や，リスクだけでコントロールが記述されていない解答が散見された。設問ウでは，体制，スキル，開発環境などの整備状況を開発着手前に確認する監査手続を求めているが，運用段階での監査手続を論述している解答が目立った。また，監査手続ではなく，監査結果を論述している解答も多かった。解答に当たっては，問題文と設問をよく読み，題意を踏まえて論述してほしい。

2

開発

情報システムの設計・開発段階における品質管理に関する監査について

情報技術の進展に伴い，企業などでは，戦略的な新規サービスの提供，業務の効率向上などに情報システムを積極的に利活用している。また，情報システムはネットワーク化されており，不具合が発生するとその影響は組織内にとどまらず，取引先，さらには国民生活にまで及ぶおそれがある。したがって，本番稼働前の設計・開発段階において，業務の要件を満たしているか，プログラムに誤りはないかなど，品質が十分に確保されているかどうかを監査しておくことが重要である。

情報システムに求められる品質は，関係するサービス又は業務の要件によって，その内容及びレベルは異なってくる。一方で，品質は，設計・開発段階における各工程を通じて，順次，組み込まれていくものである。したがって，設計・開発段階における情報システムの監査において，品質の確保状況を評価するには，一つの工程を対象とするだけでは不十分である。また，システム監査人が，設計書，テスト報告書などの内容を精査して，品質の確保状況を直接，評価することも難しい。

これらの点を踏まえて，システム監査人は，設計・開発段階における品質管理に関わる体制，プロセスなどが適切かどうかを確かめることで，求められる品質が確保されているかどうかを評価する必要がある。さらに，レビュー，テストなどの実施において，品質が確保されているかどうかを測る客観的な指標が設定され，評価されていることを確かめることも有効である。

あなたの経験と考えに基づいて，設問ア～ウに従って論述せよ。

設問ア あなたが関係する情報システムの概要と，当該情報システムにおいて重要と考えられる品質の内容，及びその品質が確保されない場合のサービス又は業務への影響について，800 字以内で述べよ。

設問イ 設問アで述べた品質について，設計・開発段階で品質が確保されなくなる要因，及び品質を確保するために必要なコントロールを，700 字以上 1,400 字以内で具体的に述べよ。

設問ウ 設問イで述べたコントロールを踏まえて，設計・開発段階における品質管理の適切性を確認する監査手続について，監査証拠及び確認すべきポイントを含め，700 字以上 1,400 字以内で具体的に述べよ。

論文事例1

2

開発

岡山　昌二

設問ア

第1章　情報システムと品質

1．1　情報システムの概要

　対象となるシステムは，保険会社A社におけるSFAシステムである。A社では，顧客との対面サービスを充実させることで，顧客満足度を上げ，A社内における業務効率の改善を目指し，SFAシステムを構築することになった。SFAシステムはタブレット端末を用いて，販売員が顧客と接するため，営業部の意向を取り入れた，使いやすいユーザインタフェースをもつシステムを構築することが，システムの成否にかかわっていた。

1．2　当該システムにおいて重要と考えられる品質

　当該システムにおいては，ユーザインタフェースにかかわる品質を重視するため，外部設計における評価指標として，エラー摘出率，レビュー時間を設定し，評価目標としては，それらの上限値及び下限値を設定して，その間に収まることで品質を確保する必要があると考えた。ただし，外部設計だけでは不十分であるために，その前工程でのエラーの混入を考慮して，要件定義工程も，同様の評価指標を設定して，評価目標値を適切に設定する必要があると考えた。

1．3　その品質が確保されない場合の業務への影響

　エラー摘出が不十分であるために，当該システムにエラーが残留したり，レビュー時間が目標値を逸脱したことを放置したりすると，顧客との対面販売時において，不都合が生じて販売業務自体をストップするという事態が生じる。最悪の場合，顧客からの信頼を失い顧客離れが生じることになる。

　私はA社のシステム監査室のシステム監査人として，外部設計終盤において，次に述べる監査を実施した。

——memo——

設問イ

第 2　品質にかかわるリスク

2．1　設計・開発段階で品質が確保されなくなる要因

　当該システムでは，要件定義工程終盤においてPMが交代となり，外部設計において新PMがプロジェクト管理を実施することになっていた。そのため，次に挙げる，品質が確保されなくなる要因があった。

①品質管理のための体制が不適切

　プロジェクトにおけるチームは3チームあり，チームリーダからPMに，評価指標の値などの品質に関する報告を行う体制が，新PMであるために不適切であるという要因があった。

②品質管理プロセスが不適切

　品質管理の体制が適切であっても，新PMの下，品質管理プロセスが不適切であるという要因があった。

　以上の要因を踏まえて，次のコントロールが必要であると考えた。

2．2　品質を確保するために必要なコントロール

　品質が確保されなくなる要因を踏まえると，次のコントロールが必要であると考えた。

①品質管理を支えるプロジェクト体制がシステム開発標準において規定されている。及び，該当規定を遵守してプロジェクト体制が構築される。

　品質管理のための体制が不適切という要因については，システム開発標準を遵守して，設計・開発チームとは別に，プロジェクト管理チームをプロジェクト体制に組み込むなどのコントロールが必要である。

②品質管理に必要なプロセスがシステム開発標準で規定されている。及び該当規定を遵守して品質管理プロセスが構築，運用される。

　品質管理プロセスが不適切という要因については，品質管理に関する問題点が，正確かつ迅速にPMに届き，PMによる迅速な意思決定を支援することが重要である。し

ここに注目！◎◎

要因を踏まえてコントロールを論じることが大切です。

———— memo ————

たがって，品質管理のプロセスが規定され，遵守される
必要がある。
　以上のコントロールを踏まえて，次に述べる監査手続
を適用した。

900字

1000字

1100字

1200字

1300字

1400字

設問ウ

― memo ―

ここに注目！ ◉◉

監査要点の代わりに，「確認すべきポイント」を論じてから監査手続を論じてもよいです。

第3章　監査手続
3．1　品質管理の適切性を確認する監査手続
　リスクを踏まえて，次のような監査要点を設定して，監査手続を適用した。
①プロジェクト体制は適切か。
　この監査要点について，システム監査標準を閲覧して，プロジェクト体制に関する規定を確認した。さらに，プロジェクト体制図，プロジェクトメンバの役割分担を入手して，システム開発標準の規定を遵守して，プロジェクト体制を構築していること，PMの業務を支援するプロジェクト管理チームが存在していることに関する監査証拠を得た。
　ここで確認すべきポイントは，プロジェクト管理チームの活動状況である。PMを十分に支援している必要がある。そこで，プロジェクト管理チームから品質管理に関するアウトプットを入手して，品質管理チームのメンバにヒアリングを行い，PMの品質管理業務を支援している監査証拠を得た。
②品質管理プロセスは適切か。
　この監査要点については，実際の品質管理会議の議事録を入手して，品質管理のための評価指標が適切に評価されていることを精査した。外部設計のみならず，前工程の要件定義においても，評価指標が評価されていることである。品質管理会議の議事録を基に，品質管理のための評価指標が適切に設定され，評価されていることを示す監査証拠を得た。
　ここで確認すべきポイントは，摘出したエラーを分析し，前工程まで遡った品質の再評価などの必要性を判定して，品質保証をしているかという点である。なぜならば，前工程に遡ることは，エラーの増幅作用の面から重要であり，前工程のエラーを見逃すことは，後工程における開発の手戻りを誘発させると考えたからである。そ

——— memo ———

こで私は，PMにインタビューをして，前工程に遡って品質の再レビューを行った実績を確認し，再レビュー報告書を入手して，品質管理の適切性を示す監査証拠を得た

－以上－

900字

1000字

1100字

1200字

1300字

1400字

■IPA発表採点講評■

　（情報システムの設計・開発段階における品質管理に関する監査について）は，設問イでは，設計・開発段階において，どのような品質を確保すべきなのかを工程ごとに整理して論述できている解答は少なかった。設問ウでは，"品質管理"と"品質"を混同して論述している解答，設問イとの関連がなく一般論で論述している解答，そもそも監査手続になっていない解答が多かった。問題文の趣旨と設問で求められていることを正しく理解した上で，論述してほしい。

———— memo ————

設問ア

1．情報システムの概要と品質が確保されない場合の業務への影響

1．1　情報システムの概要

　B社は大手生命保険会社である。保険商品の種類や契約数の増加に伴い，保険金支払いの可否判断を行う支払査定業務や付随する書類量も増加する一方であったが，従来のシステムでは，保険金支払業務量増大への対処ができないことは明らかであった。また，監督官庁から支払漏れをなくすよう指導があり，保険金支払査定での判断誤りを抑止するために，支払査定業務の自動化範囲拡大の要望も提出されていた。そこでK社は，支払業務の効率化と精度向上を目指し，既存システムを全面再構築し，新規に支払業務システムを構築した。その目的は，次の三つである。

・支払査定の精度向上（支払漏れ，誤りの抑止）

・支払査定の負荷軽減とスピードアップ

・支払査定資料の電子化

1．2　重要と考えられる品質の内容，及びその品質が確保されない場合の業務への影響

　支払業務システムで最も重要と考えられる品質内容は，支払金額を絶対に間違えないということである。保険金の支払額の算出に不具合がある場合は，受取人が不利益を被るだけでなく，その事実が公になった場合には，B社の社会的信用を損なうことにもなる。

　また，支払査定の負荷軽減とスピードアップを確実に実現することも強く求められた。特に従来多くの紙の書類で処理していた業務をイメージ処理して，業務を大幅にスピードアップさせることが期待されている。これが実現できないと保険金支払業務量増大へ対処できず，結果として顧客への支払いが遅れてしまい，顧客にも多大な迷惑をかけることになる。

設問イ

2．設計・開発段階で品質が確保されなくなる要因，及び品質を確保するために必要なコントロール

2．1　設計段階で品質が確保されなくなる要因と必要なコントロール

　設計段階で最も懸念されたことは，従来の紙による処理を，イメージを直接端末から扱う処理に変更して，本当に業務効率が上がるのかという点である。机上の計画では確かに紙をコピーしたりする手間が省け，業務効率が向上するはずであったが，システムの使い勝手が悪いと，かえって従来の処理よりも効率が悪くなるおそれもあった。これを解決するために，このイメージ処理に関しては，プロトタイプを事前に作成し，これを使用して処理を行ってみて，本当に効率が上がることを確認してから，設計作業を進めるようにした。

2．2　開発段階で品質が確保されなくなる要因と必要なコントロール

　開発段階では，あらゆる条件の組合せを確実にテストして，どんな場合にも支払金額を間違えるようなことがないようにしている必要がある。このテストが不十分だと，品質が確保できずに，顧客に迷惑をかけることになる。このためのコントロールとして，シナリオによるテストケースの作成を行った。業務機能の確認のため，業務シナリオを作成し，シナリオごとにテスト仕様書とテストデータ入力シートを作成し，支払業務システムに入力して稼働結果を確認した。このシナリオの作成に際しては，実際に支払業務を担当しているベテランの担当者に参加してもらい，シナリオに漏れが発生しないようにした。テストケースの作成に際しては，設定した品質目標（テストケース設定密度）をクリアしていることを確認した。

　また，システムテストの最後に，旧システムの過去3か月の処理データを使用して，これを新システムのテス

memo

ここに注目！◎◎

設問文にある「要因」というキーワードを使って明示的に論じると，さらによくなります。

———— memo ————

トデータに加工して，新システムに流してみて，支払金額が一致していることを確認するテストを行った。

　実際のシステムテスト完了時には，モジュールごとの品質目標（障害発生密度）を全モジュールクリアしていることを確認し，下回っているモジュールがあった場合には，根本的な問題が発生していないか確認し，必要な対応策をとることにした。

900字

1000字

1100字

1200字

1300字

1400字

設問ウ

3．品質管理の適切性を確認する監査手続
3．1　設計段階における監査手続

　設計段階においては，プロトタイプによる検証が適切に行われていることを確認する必要がある。プロトタイプによる検証報告書を閲覧し，イメージ処理に関しては最初から最後までの一連の流れが確認できるプロトタイプになっていることを確認する。また，このプロトタイプの検証に，実際に業務を行っている担当者が参画していることを確認し，その担当者の評価で，従来よりも業務効率がアップするというコメントがあるかどうかを確認する。

3．2　開発段階における監査手続

　シナリオによるテストケースが適切に作成されていることを確認するために，シナリオの作成に携わった支払業務を担当しているベテランの担当者にインタビューして，実際に想定される全てのケースについて，テストケースを作成していることを確認する。また，同時にテストケースの項目数を数えて，テストケース密度が基準を満たしているかどうかを確認した。

　次に，過去データによるテストが適切に実施されているかを確認するために，テスト報告書を閲覧して，旧システムの過去3か月の処理データを使用したテストが実施されていることを確認する。

　また，モジュールごとに品質目標がクリアされていることを確認するために，テスト報告書を閲覧して，品質目標である障害発生密度が正常範囲を逸脱しているものがないことを確認する。また，障害発生密度が正常範囲を超えているものがあった場合には，適切な対応策がとられていることを課題管理表を見て確認する。

－以上－

---
memo

ここに注目！ ◉◉

趣旨にある「品質の確保状況を評価するには，一つの工程を対象とするだけでは不十分である」という点を踏まえていることを，もっと採点者にアピールするように論じるとさらによくなります。

ソフトウェアの脆弱性対策の監査について

　近年，ソフトウェアの脆弱性，すなわち，ソフトウェア製品及びアプリケーションプログラムにおけるセキュリティ上の欠陥を悪用した不正アクセスが増えている。ソフトウェア製品とは，アプリケーションプログラムの開発及び稼働，並びに情報システムの運用管理のために必要なオペレーションシステム，ミドルウェアなどをいう。

　ソフトウェアの脆弱性によっては，それを放置しておくと，アクセス権限のない利用者が情報を閲覧できるなど，アクセス権限を越えた操作が可能になる場合もある。例えば，不正アクセスを行う者が，この脆弱性を悪用して攻撃を仕掛け，情報の窃取，改ざんなどを行ったり，情報システムの利用者に，本来は見えてはいけない情報が見えてしまったりする。

　ソフトウェアの脆弱性対策では，開発段階で，ソフトウェア製品及びアプリケーションプログラムの脆弱性の発生を防止するとともに，テスト段階で脆弱性がないことを確認する。しかし，テスト段階で全ての脆弱性を発見し，取り除くことは難しい。また，ソフトウェアのバージョンアップの際に新たな脆弱性が生じる可能性もある。したがって，運用・保守段階でも継続的に脆弱性の有無を確認し，適切な対応を実施していくことが必要になる。

　システム監査人は，ソフトウェアの脆弱性を原因とした情報セキュリティ被害を防止するために，ソフトウェアの脆弱性対策が適切に行われるためのコントロールが有効に機能しているかを確認する必要がある。

　あなたの経験と考えに基づいて，設問ア～ウに従って論述せよ。

設問ア　あなたが携わった情報システムの概要，及びその情報システムにおけるソフトウェアの脆弱性によって生じるリスクについて，800 字以内で述べよ。

設問イ　設問アに関連して，ソフトウェアの脆弱性対策について，開発，テスト，及び運用・保守のそれぞれの段階において必要なコントロールを，700 字以上 1,400 字以内で具体的に述べよ。

設問ウ　設問イで述べたコントロールの有効性を確認するための監査手続について，確認すべき監査証拠を含めて 700 字以上 1,400 字以内で具体的に述べよ。

論文事例 1

設問ア

第 1 章　情報システム及びリスク

1. 1　情報システムの概要

　A 社は，ディジタル機器の開発及び受託開発を行う，従業員 400 名の企業である。昨今，ソフトウェアの脆弱性が報告されていることを受け，A 社の親会社の X 社で，A 社の開発するシステムについて，開発，テスト，運用・保守段階のそれぞれでシステム監査を実施することになった。私は，X 社のシステム監査室のシステム監査人である。

　対象となる情報システムは，A 社が受託開発をしている，自然食品を扱う B 社において稼働する Web 受注システム（以下，システムという）である。このシステムは B 社の顧客情報を扱うシステムのため，情報システムの特徴としては，機密性が重視されるという点を挙げることができる。

1. 2　脆弱性によって生じるリスク

　当該システムのプログラミング工程に入った直後に，予備調査を行った。その結果，システムは C 言語を使って開発していることが判明した。言語の特性上，特に，バッファオーバフロー脆弱性（以下，BOF 脆弱性という）が組み込まれやすいというリスク要因があることが判明した。したがって，以下は，BOF 脆弱性を中心に論じる。

　予備調査の結果，リスク要因を踏まえると，開発段階では，脆弱性を組み込むリスク，テスト段階では，脆弱性を見逃すリスク，運用・保守段階では，脆弱性への対応が遅延するリスク，及び，保守によって，新たな脆弱性が盛り込まれるリスクがあると考えた。

　私は，各段階において，次に述べるコントロールが必要であると考えた。

memo

100字
200字
300字
400字
500字
600字
700字
800字

ここに注目！◉◉

リスクを論じる際には，「リスク」という言葉を使うとよいです。

設問イ

第２章　ソフトウェア脆弱性対策

２．１　開発段階におけるコントロール

　脆弱性を組み込むリスクについては，次のコントロールが必要と考える。

①開発標準に脆弱性を組み込まないための留意点や，コーディング規則を明記する。

②開発段階では，成果物について，開発標準に従って開発者が設計及び製造を行っているかをレビューする。

　以上，開発標準における脆弱性への対策が重要となる。

２．２　テスト段階におけるコントロール

　脆弱性を見逃すリスクについては，人間によるチェックでは限界があるので，ソフトウェアツールを活用する必要がある。したがって，ソフトウェアツールを使って脆弱性を効率的かつ効果的に洗い出すというコントロールが必要である。

　なお，ソフトウェアツールについては，通常の利用では想定しないデータを入力し，その応答から脆弱性を探すファジング検査を行うツールを利用して脆弱性を洗い出すことが可能となる。

２．３　運用・保守段階におけるコントロール

　脆弱性への対応が遅延するリスクについては，脆弱性が発見された場合，迅速に顧客に修正プログラムを展開する手順をあらかじめ用意する，というコントロールが必要である。修正プログラムを迅速かつ正確に展開することで，脆弱性に起因する被害を最小限に抑えることが重要である。

　保守によって，新たな脆弱性が盛り込まれるリスクについては，定期的に情報セキュリティの専門家によるペネトレーションテストを実施する，というコントロールが必要である。情報システムの環境は日々変化するため，専門家による客観的な評価が情報セキュリティの強度を維持するためには必要である。

　以上のコントロールを踏まえ，次の監査手続を策定した。

memo

900字

1000字

1100字

1200字

1300字

1400字

設問ウ

第3章　監査手続

3．1　開発段階における監査手続

　開発段階における二つのコントロールに基づいて"開発標準において脆弱性に関する記述が適切で，開発標準に基づいてコーディング及びレビューを行っているか"という監査要点とした。

　監査手続としては，開発標準を精査して，開発言語ごとに脆弱性に関する留意点やサンプルコーディングがあるかを確認して，開発標準において脆弱性に関する考慮が適切であることを示す監査証拠を得る。さらに，監査手続として，プログラム設計におけるレビュー報告書を精査して，脆弱性に関するレビューが適切であることを示す監査証拠を得る。

3．2　テスト段階における監査手続

　監査の時点がプログラミング工程である点を踏まえ，テスト段階における監査については，脆弱性を摘出するツールに関するマニュアル整備や，テスト手順が開発標準に盛り込まれているか，という監査要点とした。

　監査手続としては，ツールのマニュアルを基に，開発者にヒアリングを行い，マニュアルの内容の適切性，及び開発者における内容の理解度の適切性を示す監査証拠を得る。

　なお，監査の時点がテスト工程に入った場合は，テスト報告書を閲覧して，ツールが適切に使われて脆弱性が摘出されていること示す監査証拠を得ることができると考える。

3．3　運用・保守段階における監査手続

　監査の時点が運用・保守段階に入った場合，前述の二つのコントロールを踏まえ，定期的に専門家によるペネトレーションテストが実施され，迅速に顧客に修正プログラムが提供されているか，という監査要点とする。

　監査手続としては，保守報告書を精査して保守の頻度

に応じた，専門家によるペネトレーションテストが実施されていることを確認し，ペネトレーションテストが保守の頻度に応じて適切に実施されていること示す監査証拠を得る。なお，ペネトレーションテストが実施されていない場合は，保守の頻度などに応じて実施する旨を改善勧告とする準備をする。

　さらに，監査手続として，ペネトレーションテストなどによって，脆弱性が検出された場合の対応手順書，及び，修正プログラムのリリースに関する報告書を精査して，脆弱性が適切な手順で顧客に迅速にリリースされることを示す監査証拠を得る。

　以上が各段階における監査手続である。

－以上－

900字

1000字

1100字

1200字

1300字

1400字

memo

ここに注目！👓

設問ウでは，残り時間を考慮しながら，しっかりと監査手続を論じることが大切です。

論文事例2

落合　和雄

—— memo ——

1．情報システムの概要とソフトウェアの脆弱性によって生じるリスク

1．1　情報システムの概要

　A社は中堅生命保険会社である。A社は営業支援システムを再構築することになり，プロジェクトがスタートした。営業支援システムとは，生命保険を販売する営業職員が営業活動で利用をするシステムであり，中心となる機能としては，生命保険販売時に提示する契約概要書の作成機能である。それ以外に営業所長等の管理職が配下の営業職員の活動状況を把握するための活動管理機能を有している。従来のシステムは，ホストコンピュータを使用していたが，今回の改定ではPCサーバを利用したWebシステムに変更し，営業員はWebが使える環境であれば，どこからでもシステムが利用できるようになる。

1．2　ソフトウェアの脆弱性によって生じるリスク

　営業支援システムは，営業所で使用する場合もあるが，客先にタブレットを持参して，そこで使用する場合もある。この処理を行う際には，顧客の個人情報を扱うことも多く，これらのデータが万が一流出するようなことがあると，顧客企業に迷惑をかけるだけでなく，A社の信用も大きく揺らいでしまうことになる。特に今回のシステムはWebシステムでインターネット環境でも使用されるため，Webシステムの脆弱性を悪用した不正アクセスの攻撃を受けることによって，個人情報の漏えいなどが発生すると，損害賠償等でA社が多大な損害を被る可能性があった。また，不正アクセス等により，ハードディスクの内容が改ざんされたり，削除されてしまうようなことがあれば，間違った処理が行われたり，システムが停止して，業務が出来なくなり，顧客に多大な迷惑をかけてしまう可能性もある。

設問イ

2．開発，テスト，及び運用・保守において必要なコントロール

2．1　開発において必要なコントロール

　開発段階で最初に行わなければならないことは，使用するOSやミドルウェアに存在する脆弱性を，マニュアルを参照したり，開発元に問合せたりして，各種のパッチなどでその脆弱性をカバーする対策がとられていることを確認することである。この結果，脆弱性対策が不十分であった場合には，そのミドルウェアは使用しないで，別のものを使用することも検討することとする。

　次に行わなければいけないことは，開発時に脆弱性をもたらす危ないコーディングや，危ないモジュールの使用を避けることである。これらは，A社においても開発ガイドとチェックリストが整備されている。各開発者はプロジェクトに参加した時点で，開発ガイドを読むことが義務付けられており，どのようなコーディングを行ってはいけないか，危ないモジュールを使用する時の留意点を理解した上で開発を行うことが義務付けられている。また，開発が完了した際のレビューにおいては，チェックリストを使用して，開発ガイドに反することが行われていないかをチェックすることになっている。

2．2　テストにおいて必要なコントロール

　テスト段階で行わなければいけないことは，開発が完了したシステムについて，脆弱性検査ツールを走らせて，新システムに脆弱性が残っていないことを確認することである。この結果は，テスト報告書にも記載するルールになっている。

2．3　運用・保守において必要なコントロール

　運用・保守段階においてまず重要なことは，最初にOSやミドルウェアに対するセキュリティ・パッチが必ず適用されるルールになっており，そのルールにしたがって確実に適用されていることである。

— memo —

ここに注目！◉◉

もっと鮮明に，設問アで述べたリスクを踏まえてコントロールを論じると，さらによくなります。

100字
200字
300字
400字
500字
600字
700字
800字

225

———— *memo* ————

900字

1000字

1100字

1200字

1300字

1400字

　次に，Ａ社では毎年 1 回外部の業者に，セキュリティ診断を依頼することになっており，その診断で発見された脆弱性に対して，適切な対応をとることが義務付けられている。

memo

設問ウ

3．コントロールの有効性を確認するための監査手続

3．1　開発に係るコントロールの監査

　開発段階では，最初に使用するOSやミドルウェアに存在する脆弱性が確認されていなければならない。これを確認するために，開発開始時に作成されているはずの脆弱性調査結果を確認して，脆弱性調査が行われていることを確認する。また，この調査結果において重大な脆弱性の問題が存在した場合には，使用するミドルウェアへ変更するなどの対策がとられていることも確認する。

　次に，開発時に危ないコーディングや，危ないモジュールの使用を避けるために，開発ガイドの内容が開発者に十分に理解されていることを確認する必要がある。このために，何人かの開発者に開発ガイドに書かれている内容を質問して，正しく理解しているかどうかを確認する。

　さらに，開発完了時のレビュー時に使用したチェックリスト確認票を見て，確かにチェックリストにしたがってレビューが行われていることを確認する。また，そこで不備な点があれば，レビュー記録にその事実が記載されており，かつ，課題管理表を見てその課題が記録され，必要な対応がとられていることを確認する。

3．2　テストに係るコントロールの監査

　テスト段階では脆弱性検査ツールによる検査が行われている必要がある。このために，テスト報告書を確認し，脆弱性検査ツールを使用したテストが行われていることを確認する。また，テスト報告書でツールの使用により脆弱性が発見されていた場合には，その対策が実施されていることをテスト報告書で確認する。

3．3　運用・保守に係るコントロールの監査

　運用・保守段階では，OSやミドルウェアに対するセキュリティ・パッチが確実に適用される必要がある。これを確認するために，運用・保守マニュアルを確認し，セ

—— memo ——

ここに注目！👀

設問文にある「監査証拠」というキーワードを使って明示的に論じるとさらによくなります。

キュリティ・パッチを定期的に適用するルールになっていることを確認する。また，運用記録を確認して，実際にセキュリティ・パッチが適用されていることを確認する。

　次に，年 1 回のセキュリティ診断が実施されていることを確認する必要がある。このために，専門家のチェック記録を確認し，確かに診断が行われていることを確認する。また，その記録で発見された脆弱性については，適切な対応がとられていることを担当者にインタビューして確認する。また，その対応策が実際に実施されていることを，運用記録や保守記録などによって確認する。

—以上—

■IPA発表採点講評■

　（ソフトウェアの脆弱性対策の監査について）は，アクセス権管理，ウイルス対策などの一般的なセキュリティ対策の論述に終始している解答が散見された。また，脆弱性の発生防止，発見，対応のためのコントロールについて，コントロールの具体的な内容が論述されていない解答も散見された。問題文に記述されている脆弱性対策の定義を踏まえて解答する必要があることを理解してほしい。

2

開発

ソフトウェアパッケージを利用した基幹系システムの再構築の監査について

　企業など（以下，ユーザ企業という）では，購買，製造，販売，財務などの基幹業務に関わるシステム（以下，基幹系システムという）の再構築に当たって，ソフトウェアパッケージ（以下，パッケージという）を利用することがある。パッケージには，通常，標準化された業務プロセス，関連する規制などに対応したシステム機能が用意されているので，短期間で再構築できる上に，コストを削減することもできる。

　その一方で，ユーザ企業の業務には固有の業務処理，例外処理があることから，パッケージに用意されている機能だけでは対応できないことが多い。このような場合，業務の一部を見直したり，パッケージベンダ又は SI ベンダ（以下，ベンダ企業という）が機能を追加開発したりすることになる。しかし，追加開発が多くなると，コストの増加，稼働開始時期の遅れだけではなく，パッケージのバージョンアップ時に追加開発部分の対応が個別に必要になるなどのおそれがある。

　これらの問題に対するユーザ企業の重要な取組みは，パッケージの機能が業務処理要件などをどの程度満たしているか，ベンダ企業と協力して検証することである。また，追加開発部分も含めたシステムの運用・保守性などにも配慮して再構築する必要がある。

　システム監査人は，このような点を踏まえて，パッケージを利用した基幹系システムの再構築におけるプロジェクト体制，パッケージ選定，契約，追加開発，運用・保守設計，テストなどが適切かどうか確かめる必要がある。

　あなたの経験と考えに基づいて，設問ア～ウに従って論述せよ。

設問ア　あなたが関係した基幹系システムの概要と，パッケージを利用して当該システムを再構築するメリット及びプロジェクト体制について，800 字以内で述べよ。

設問イ　設問アで述べた基幹系システムを再構築する際に，パッケージを利用することでどのようなリスクが想定されるか。700 字以上 1,400 字以内で具体的に述べよ。

設問ウ　設問イで述べたリスクを踏まえて，パッケージを利用した基幹系システムの再構築の適切性を監査する場合，どのような監査手続が必要か。プロジェクト体制，パッケージ選定，契約，追加開発，運用・保守設計，テストの六つの観点から，700 字以上 1,400 字以内で具体的に述べよ。

第1章　基幹系システムの概要とパッケージ利用のメリット及びプロジェクト体制

1．1　基幹系システムの概要

　電子部品を製造・販売するA社では，販売管理，購買管理，原価管理，在庫管理，会計管理などの基幹系システムをERPパッケージで再構築することが，A社経営陣により決定された。なお，工場系システムである，生産計画，生産管理については，従来通りのシステムとすることになった。これを受け，A社では基幹系システムの再構築プロジェクトが立ち上がった。私は基幹系システムの再構築の適切性をシステム監査する，A社のシステム監査部門のシステム監査人である。

1．2　パッケージを利用して当該システムを再構築するメリット

　A社では，システム保守費用の増大に起因するITコストの肥大化が問題となり，ITコストの削減が経営目標として掲げられた。これを受け，A社ではERPパッケージの導入が決定された。

　第一のメリットとしては，基幹業務に関連する法規への充足のためのシステム保守費用を削減できることが挙げられた。さらに，従来通りの手法により，基幹系システムを再構築するとなると，システム間連携が複雑となり，システム開発期間が長いという問題があった。そこでERPパッケージを採用することで，第二のメリットとしては開発期間の短縮が挙げられた。

1．3　プロジェクト体制

　プロジェクト体制としては，プロジェクトマネージャ（以下，PMという）の下に，(1)関連する業務部門の要員で構成される業務チーム，(2)A社のシステム開発チーム，(3)ERPパッケージを提供するB社の要員で構成されるベンダチーム，という体制である。B社とは，すべての工程を準委任契約で業務を委託する契約とした。

設問イ

───── *memo* ─────

ここに注目！👀

リスクに加えて，リスク要因についても論じている点がよいです。

第2章　パッケージ利用におけるリスク

　基幹系システムの再構築の適切性を監査するに当たり，リスクとリスク要因を次のように識別した。

(1)標準化された業務プロセスを活用できないリスク

　標準化された業務プロセスを徹底して活用できないリスクにより，最終的に追加開発分が肥大して，パッケージ導入のメリットを享受できない状況に陥る。リスク要因としては，プロジェクト体制にベンダ企業の要員が専任で入っていない，要員のスキルレベルが低い，が考えられる。

(2)フィットギャップ分析の結果のギャップが大きくなるリスク

　採用したパッケージを基に詳細なフィットギャップ分析を実施した結果，ギャップが想定した以上に大きいリスクがある。結果的に追加開発が肥大する。リスク要因としては，パッケージ選定の際に，複数のパッケージに対して，パイロット的なフィット＆ギャップ分析を実施していない，が考えられる。

(3)追加開発分のプログラムをA社側の都合で管理できないリスク

　追加開発したプログラムをA社側が自由に改造できないなどのリスクがある。リスク要因としては，追加開発したプログラムの著作権がA社側にあることを契約書に明記していない，が考えられる。

(4)優先順位の低い要件が盛り込まれるリスク

　ユーザから挙げられた要件が適切に検討されることがなく採用されるリスクがある。結果的に，追加開発分が肥大してしまう。リスク要因としては，追加開発について，開発を抑制する仕組みがない，あるいは，機能していない，が考えられる。

(5)保守性が低下して保守コストが増大するリスク

　本稼働後，パッケージのバージョンアップに工数がか

かり，保守コストが想定した以上に増大するリスクがある。リスク要因としては，ERPパッケージのバージョンアップ時の保守性を考慮した追加開発をしていない，が考えられる。

(6)デグレートしてしまうリスク

　テストにおいて，追加開発分の機能テストを重視して，従来のパッケージが持つ機能に障害が発生するリスクがある。リスク要因としては，レグレッションテストを十分に実施していない，が考えられる。

　以上のリスクとリスク要因を踏まえて，次のような監査手続が効果的であると考えた。

900字

1000字

1100字

1200字

1300字

1400字

設問ウ

第3章　監査手続
　リスクやリスク要因を踏まえた監査手続は次のとおりである。

(1) プロジェクト体制の観点
　プロジェクト計画書を入手してプロジェクト体制を精査する。さらにPM及び各チームのリーダにベンダ企業の要員のスキルレベル，兼任か専任か，についてヒアリングを行う。その結果，ベンダ企業の要員のスキルレベルやプロジェクトへの参画の度合いについて妥当である，あるいは，妥当ではないことを示す監査証拠を得る。

(2) パッケージ選定の観点
　システム企画書にあるパッケージ選定に関する資料を入手する。その上で，複数のパッケージを評価した妥当な選択である，複数のパッケージを評価していないが妥当な選択である，あるいは，妥当な選択ではないことを示す監査証拠を得る。

(3) 契約の観点
　A社とB社間での契約書を入手して，契約内容を精査する。プログラムの著作権がA社側にあること，あるいは，B社側にあることを示す監査証拠を得る。

(4) 追加開発の観点
　追加開発について，①標準の業務プロセスに業務を合わせる，②ギャップ部分について今後パッケージの機能追加の予定があるかを調査して対処している，③例外業務を廃止する，などの検討がされているかを，要件検討会議の議事録，ギャップの対処方法を明記した資料を入手して精査する。追加開発を抑える活動が妥当である，あるいは，妥当ではないことを示す監査証拠を得る。

(5) 運用・保守設計の観点
　追加開発の設計書を入手して，PMやチームリーダにヒアリングを行い，ERPパッケージのバージョンアップ時の保守性を考慮した設計が行われている，あるいは，行

——— *memo* ———

われていない監査証拠を得る。

(6)テストの観点

　テスト計画書を入手して精査して，レグレッションテストを計画している，あるいは，していないことを示す監査証拠を得る。さらにテスト報告書を入手して，テスト計画書と突合して，レグレッションテストを計画して実施している，あるいは，していないことを示す監査証拠を得る。

　以上がリスクを踏まえた監査手続である。

－ 以上 －

900字

1000字

1100字

1200字

1300字

1400字

■IPA発表採点講評■

　（ソフトウェアパッケージを利用した基幹系システムの再構築の監査について）は，多くの組織で検討あるいは実施しているテーマとして出題したが，設問ア及び設問イでは，パッケージの利用を前提とした再構築についての監査という出題趣旨とは関係なく，一般的な再構築のメリットやリスクについての論述が散見された。また，設問ウでは，再構築の適切性を監査する具体的な監査手続を求めているが，六つの観点からの監査項目だけを論述して監査証拠については述べていない論述や，監査実施結果についての論述が目立ち，監査手続を理解できていないと思われる受験者が多かった。

システムの日常的な保守に関する監査について

　　稼働中の情報システムや組込みシステムでは，関連する業務内容の変更，システム稼働環境の変更，システム不具合への対応などの目的で，マスタファイルの更新，システム設定ファイルの変更，プログラムの軽微な修正など，日常的な保守が必要になる。これらの保守は，業務の大幅な見直しに伴うシステム変更のような大規模な保守に比べて，短期間で対応しなければならない場合が多い。

　　例えば，新商品を発売したり，商品の売価を改訂したりする場合は，当該商品の発売や売価改訂のタイミングに合わせて，商品マスタファイルを変更する必要がある。また，プログラムやシステム設定ファイルなどの不備が原因でシステム障害が発生した場合は，速やかに当該プログラムやシステム設定ファイルなどを修正して，システムを復旧しなければならない。

　　一方で，これらの日常的な保守は，当該システムの開発に携わっていない保守要員が行ったり，外部に委託したりすることも多い。また，システムの利用部門がマスタファイルへの追加や変更を行う場合もある。もし，誤った変更や修正が行われると，その影響はシステムの誤作動や処理遅延にとどまらず，システムの停止などに至ることもある。

　　システム監査人は，このような状況を踏まえて，情報システムや組込みシステムの日常的な保守が適切に行われているかどうかを確認する必要がある。

　　あなたの経験と考えに基づいて，設問ア～ウに従って論述せよ。

設問ア　あなたが関係した情報システム又は組込みシステムの概要と，当該システムの日常的な保守の体制及び方法について，800 字以内で述べよ。

設問イ　設問アで述べたシステムの日常的な保守において，どのようなリスクが想定され，また，そのリスクはどのような要因から生じるか。700 字以上 1,400 字以内で具体的に述べよ。

設問ウ　設問イで述べたリスクが生じる要因を踏まえて，当該システムの日常的な保守の適切性を監査する場合，どのような監査要点を設定するか。監査証拠と対応付けて，700 字以上 1,400 字以内で具体的に述べよ。

設問ア

第1章　情報システムの概要及び日常的な保守の体制及び方法

1．1　情報システムの概要

　該当する情報システムは電子部品を製造・販売するA社の購買管理システムである。A社の購買管理システムは購買管理，資材在庫管理，生産計画などのサブシステムで構成されている。A社はグローバル企業であるため，原材料，中間製品などの資材はグローバルに在庫情報が管理されている。そのためA社の米国本社の情報システム戦略に基づき，各国で稼働する購買管理システムが一律に保守されるという情報システムの特徴がある。

　なお，各国で稼働している購買管理システムは，ERPパッケージを使用しているケースや，A社のように独自にシステム開発しているケースもある。

1．2　日常的な保守の体制及び方法

　日常的な保守については，次の二つのケースがある。

(1)情報システム戦略に基づいた保守

　新たにグローバルにシステム間連携を行うビジネス拠点が増えた場合などは，これに該当する。この場合，システム保守担当者が保守要望書を作成する。

(2)利用者部門の要望による保守

　購買管理システムの業務内容の変更により，保守が発生するケースがこれに該当する。この場合，利用者部門のマネージャが保守要望書を作成し，システム保守担当者が保守に必要な工数や期間を見積もる。

　保守要望書が作成された場合，保守体制として，システム保守担当者及びその上司，ユーザ部門の担当者から構成される購買管理システム保守会議を開催する。

　方法としては，保守要望書の内容に基づいた費用対効果のレビューや，保守期日の妥当性の確認を行い，保守の可否を決定する。

memo

100字
200字
300字
400字
500字
600字
700字
800字

—— memo ——

第2章　想定したリスク及びリスク要因
2．1　想定したリスク
　A社のシステム監査部門は，A社の米国本社のシステム監査部門が作成した監査スケジュールに従って，A社で稼働する購買管理システムの日常的な保守の適切性を監査することになった。私はA社のシステム監査部門のシステム監査人である。
　想定したリスクとしては，次の項目を挙げることができる。
(1)デグレートのリスク
　保守内容については問題がないが，以前稼働していた機能が使えないというデグレードのリスクがあると考えた。
(2)性能劣化のリスク
　テスト環境では機能的には問題がないが，本番環境にリリースした状態では，性能が劣化してしまうリスクがあると考えた。
(3)システム連携におけるシステム不整合のリスク
　システム間連携がグローバルに行われているため，A社では問題がないが，他国のビジネス拠点で稼働するシステムに不整合が発生するリスクがあると考えた。
　購買管理システムについて，以上のリスクがあると考えた。
2．2　リスク要因
　日常的な保守におけるリスクを踏まえ，次のリスク要因があると考えた。
　デグレートのリスクのリスク要因は次のとおりである。
(1)レグレッションテストを含めた保守に関する手順が分かりやすく文書化されていない。
(2)レグレッションテスト用のデータが整備されていない。
　性能劣化のリスクのリスク要因は次のとおりである。
(3)保守要望書において性能目標に関する配慮がない。あ

ここに注目！👀
設問イの内容に沿って，リスクを踏まえてリスク要因を論じています。

100字
200字
300字
400字
500字
600字
700字
800字

—— memo ——

　るいは，あっても妥当ではない。性能劣化が想定でき
　る場合，本番環境を配慮した状態で性能テスト実施し
　ていない。
　　システム連携におけるシステム不整合のリスクのリス
　ク要因は次のとおりである。

900字

⑷保守要望書においてシステム間連携におけるシステム
　不整合への配慮をしていない。あるいは，あっても妥
　当ではない。

1000字

　　リスクを踏まえ，以上のリスク要因があると考えた。

1100字

1200字

1300字

1400字

設問ウ

第3章　リスク要因を踏まえた監査要点
3．1　リスク要因を踏まえた監査要点と監査証拠
　レグレッションテストに関するリスク要因を踏まえると，次の監査要点を挙げることができる。
(1)レグレッションテストを含めた保守に関する手順書が分かりやすくメンテナンスされているか。
　監査証拠としては，手順書及び手順書の保守履歴を得る。さらに，手順書を基に保守要員にヒアリングを行い，手順書が最新であり，分かりやすいことを示す監査証拠を得る。
(2)レグレッションテストに必要なテストデータを保守の度に整備しているか。
　監査証拠としては，保守要望書，保守対象のプログラムリスト，プログラムに対応したレグレッションテスト用のテストデータ一覧を得る。これらを保守要望書に対応したプログラムから，レグレッションテスト用のテストデータが最新に整備されている，あるいはされていないことを示す証拠とする。
　レグレッションテストに関するリスク要因を踏まえると，次の監査要点を挙げることができる。
(3)保守要望書において性能目標に関する配慮があるか。性能劣化が想定できる場合，本番環境を配慮した状態で性能テスト実施しているか。
　保守要望書と当該保守に関連する性能テスト結果を監査証拠とする。保守要望書において性能劣化が想定できた場合，適切に性能テストを実施している，あるいは，されていないことを示す証拠とする。
　システム連携におけるシステム不整合のリスク要因を踏まえると，次の監査要点を挙げることができる。
(4)保守要望書においてシステム間連携に関する配慮があるか。システム不整合が想定できる場合，システム間連携のデータを検証する計画を立案して実施している

100字
200字
300字
400字
500字
600字
700字
800字

────── *memo* ──────

か。

　保守要望書と，当該保守に関連するシステム間連携用のデータの検証結果を監査証拠とする。保守要望書においてシステム不整合が想定できた場合，適切にシステム間連携データを検証している，あるいは，していないことを示す証拠とする。

⑸保守要望書に記載された内容が妥当か。

　保守要望書に，性能劣化を想定する必要はないと記載されている場合であっても，実際には性能劣化が発生しているケースなどが考えられる。そこで，A社のサービスデスクのインシデント受付一覧と保守要望書とを突き合わせして，保守要望書において想定外のインシデントが発生していないことを確認して，保守要望書の記載内容の正確性を示す監査証拠とする。

　以上が，日常的な保守への監査の要点である。

　　　　　　　　　　　　　　　　　　－以上－

900字
1000字
1100字
1200字
1300字
1400字

■IPA発表採点講評■

　（システムの日常的な保守に関する監査について）は，システム保守という基本的かつ一般的なテーマであったことから，最も選択率が高かった。問題文をよく読めば，短期間あるいは緊急で対応しなければならない保守についての出題だとわかるはずであるが，システム開発に準じた保守やシステム運用など，題意とあっていない論述が多く見受けられた。設問イでは，想定されるリスクに対する要因が不十分な論述が多く，情報セキュリティの観点からの論述も散見された。設問ウでは，監査要点や監査証拠に関する論述が不十分な受験者が目立った。また，システム管理者の立場での論述や，設問では求めていない監査結果や改善提案などの論述も散見された。

システム開発におけるプロジェクト管理の監査について

　　今日，組織及び社会において情報システムや組込みシステムの重要性が高まるにつれ，システムに求められる品質，開発のコストや期間などに対する要求はますます厳しくなってきている。システム開発の一部を外部委託し，開発コストを低減する例も増えている。また，製品や機器の高機能化などと相まって，組込みシステムの開発作業は複雑になりつつある。

　　このような状況において，システム開発上のタスクや課題などを管理するプロジェクト管理はますます重要になってきている。プロジェクト管理が適時かつ適切に行われないと，開発コストの超過やスケジュールの遅延だけでなく，品質や性能が十分に確保されず，稼働後の大きなシステム障害や事故につながるおそれもある。

　　その一方で，開発するシステムの構成やアプリケーションの種類，開発のコストや期間などはプロジェクトごとに異なるので，プロジェクトにおいて想定されるリスクもそれぞれ異なる。したがって，システム開発におけるプロジェクト管理を監査する場合，規程やルールに準拠しているかどうかを確認するだけでは，プロジェクトごとに特有のリスクを低減するためのコントロールが機能しているかどうかを判断できないおそれがある。

　　システム監査人は，このような点を踏まえて，情報システムや組込みシステムの開発におけるプロジェクト管理の適切性を確かめるために，プロジェクトに特有のリスクに重点をおいた監査を行う必要がある。

　　あなたの経験と考えに基づいて，設問ア〜ウに従って論述せよ。

設問ア　あなたが携わった情報システムや組込みシステムの概要と，そのシステム開発プロジェクトの特徴について，800字以内で述べよ。

設問イ　設問アで述べたシステム開発のプロジェクト管理において，どのようなリスクを想定すべきか。プロジェクトの特徴を踏まえて，700字以上1,400字以内で具体的に述べよ。

設問ウ　設問イで述べたリスクに対するプロジェクト管理の適切性について監査する場合，どのような監査手続が必要か。プロジェクト管理の内容と対応付けて，700字以上1,400字以内で具体的に述べよ。

設問ア

第1章　情報システムの概要及びプロジェクトの特徴
1．1　情報システムの概要
　該当する情報システムは，電子部品を製造・販売するA社の原価管理システムである。A社では，月次決算の所要日数を6営業日から3営業日に短縮することをシステム化の目的とした原価管理システムの構築プロジェクトが立ち上がった。
　原価管理システムの特性上，次の情報システムの特徴を挙げることができる。
⑴システム間連携を行うシステムが多い
　具体的には，会計，購買管理，販売管理，在庫管理，生産管理などのシステムとシステム間連携を取る必要がある。
⑵月次決算と連携するため正確性が要求される
　バグの混入などによる品質の低下により，月次決算の正確性が損なわれ，月次決算の遅れなどの問題を引き起こす。したがって，正確性が要求されるシステムであるといえる。
　以上の特徴を挙げることができる。
1．2　システム開発プロジェクトの特徴
　情報システムの特徴を踏まえると，次のプロジェクトの特徴を挙げることができる。
⑴システム間連携テストの計画と実施が困難
　システム間連携が多いシステムでは，テスト環境を構築することも難しいなどの理由により，計画的なシステム間連携テストの計画の作成と的確なテストの実施が困難という特徴を挙げることができる。
⑵並行テスト期間の確保が必須
　正確性が要求されるという情報システムの特徴を踏まえると，現行システムと新システムの並行テスト期間を設けて，新システムの正確性を確認する必要がある。
　以上の特徴を挙げることができる。

memo

100字
200字
300字
400字
500字
600字
700字
800字

設問イ

第2章　プロジェクトの特徴を踏まえたリスク要因と想定すべきリスク

2.1　プロジェクトの特徴を踏まえたリスク要因

　今回のシステム監査は，原価管理システムの構築プロジェクトにおいて，要件定義の終了後から外部設計の終了後までに改善勧告をするスケジュールである。A社のシステム監査部門のシステム監査人である私がチーフとなって，プロジェクトの特徴を踏まえたリスクマネジメントが実施されているか，プロジェクト管理の適切性についてシステム監査することになった。

　そこで私は第三者の立場で，このプロジェクトのリスク分析を実施することにした。具体的なリスク対策を立てる必要がないことから，リスク分析は定量的リスク分析のみとした。主なリスク要因としては，次の二つがあった。

(1)スケジュールに遅れが生じた場合に，システム間連携テストが十分にできない

　システム間連携テストの計画と実施が困難というプロジェクトの特徴を踏まえると，スケジュールに遅れが生じた場合に，システム間連携テストが十分にできないというリスク要因が考えられる。

(2)利用者部門の参画が不十分などの理由により，並行テスト期間中に十分な検証ができない

　並行テスト期間の確保が必須というプロジェクトの特徴を踏まえると，利用者部門の参画が不十分などの理由により，並行テスト期間中に十分な検証ができないというリスク要因が考えられる。

　以上のリスク要因を挙げることができる。

2.2　想定すべきリスク

　リスク要因を踏まえ，定量的リスク分析を進めたところ，リスクの大きいことから，次の想定すべきリスクが判明した。

100字
200字
300字
400字
500字
600字
700字
800字

(1)システム間連携に不整合が生じて，原価管理システム
　の月次処理が遅れるリスク
　　スケジュールに遅れが生じた場合に，システム間連携
テストが十分にできない。結果的にシステム間連携テス
トが不十分に終わり，本番においてシステム間連携に不
整合が生じ，月次決算が遅延するリスクを想定すべきと
考えた。
(2)本稼働後にも重大なバグが残留して月次決算の正確性
　が損なわれるリスク
　　利用者部門の参画が不十分などの理由により，並行テ
スト期間中に十分な検証ができない。その結果，本稼働
後にも重大なバグが残留して月次決算の正確性が損なわ
れるリスクを想定すべきと考えた。

memo

ここに注目！◉◉

設問イに "プロジェク
トの特徴を踏まえて"
と記述されているの
で，できるだけ，一般
的なリスクについては
論じないようにしまし
ょう。

900字

1000字

1100字

1200字

1300字

1400字

設問ウ

第3章　プロジェクト管理の内容とプロジェクト管理の適切性の監査手続

3．1　プロジェクト管理の内容

　予備調査を行った結果，リスク要因にかかわるプロジェクト管理の内容としては，次のとおりである。

　プロジェクトでは，進捗管理の手法としては，EVMを採用していた。そのため，スケジュールの遅延や予算超過については客観的に評価していることから，スケジュール遅延に関するリスクについては，顕在化を早めに検知する仕組みは構築，運用されていると考えることができる。

　利用者部門の参画については，プロジェクト体制に利用者部門の要員も組み込まれていることから，予備調査段階では問題はないと考えることができる。

3．2　プロジェクト管理の適切性の監査手続

　システム間連携に不整合が生じて，原価管理システムの月次処理が遅れるリスクに対してはEVMによる定量的でリアルタイム性の高い評価が有効に働いているかを確認する必要がある。そこで次の監査手続が必要である。

(1)終了した要件定義段階でのEVMの評価結果とプロジェクトの実際の進捗を突合して，EVMの妥当性を証明する監査証拠を得る。

　　　EVMでは，進捗を入力する際の基準があいまいであったり，雑であったりすると，SPIやSVの値の精度を確保できない。そのため，十分な精度があるかを確定事実と突き合わせして検証することが重要と考えた。そこで，要件定義の終了直前におけるSPIの値の動きに，帳尻合わせなどの不自然ではないことを確認した。

(2)プロジェクトの遅れの兆候を察知する方法をプロジェクトマネージャにヒアリングを行い，その結果を必要な手法を実施していることを示す監査証拠とする。

　　　EVMによる定量的な評価は重要であるが，数値に表

—————— memo ——————

れた状態では手遅れという状況が考えられる。進捗の遅れの兆候を察知して，問題にならないうちに，対処することがスケジュールの遅れを予防には重要である。そこで，問題の兆候を察知する方法についてプロジェクトマネージャにヒアリングをして，必要な手法を実施しているかを確認した。

900字

⑶利用者部門の参画が重要な並行テスト期間中に，テストに参画する利用者部門の要員が確実にテスト資料を検証できるかを確認する。そのために，利用者部門の要員と直上監督者に作業期間，作業量，作業内容に関するヒアリングを行い，その結果を，利用者部門においてテスト資料の検証作業時間の確認などについて考慮されていることを示す監査証拠とする。

1000字

1100字

　　並行テスト期間中は，利用者部門の要員は，定常業務に加えて，検証作業を実施する必要がある。その準備が不足していると，並行テストが不十分な状況で終了することとなる。そこで利用者部門の要員における準備の度合いを確認する必要があると考えた。

1200字

　　以上がプロジェクト管理の適切性に関する監査手続である。

1300字

—以上—

1400字

■IPA発表採点講評■

　（システム開発におけるプロジェクト管理の監査について）は，最も選択率が高かった。その理由は，プロジェクト管理という基本的なテーマであったからだと考えられる。情報システムのリスク，運用後のリスクについての論述や，プロジェクトマネージャ又はプロジェクトリーダの視点からの論述が見受けられた。設問イでは，QCDの切り口での論述が多く，プロジェクトの特徴を踏まえた具体的な論述は少なかった。設問ウでは，監査のポイントだけを述べ，監査証拠を記述していない論述が目立った。また，設問で求めていない監査結果や改善提案などの論述も散見された。

運用

平成 28 年度　問 1
情報システム投資の管理に関する監査について ・・・・・・・・・・・・・・・・・・・・・ 250
　　　　　　論文事例 1：岡山　昌二 ・・・・・・・・・・・・・・・・・・・・・251
　　　　　　論文事例 2：落合　和雄 ・・・・・・・・・・・・・・・・・・・・・256

平成 26 年度　問 2
情報システムの可用性確保及び障害対応に関する監査について ・・・・・・・・ 262
　　　　　　論文事例：岡山　昌二 ・・・・・・・・・・・・・・・・・・・・・・・263

平成 25 年度　問 1
システム運用業務の集約に関する監査について ・・・・・・・・・・・・・・・・・・・・ 268
　　　　　　論文事例：長嶋　仁 ・・・・・・・・・・・・・・・・・・・・・・・・・269

平成 24 年度　問 1
コントロールセルフアセスメント（CSA）とシステム
監査について ・・・ 274
　　　　　　論文事例：落合　和雄 ・・・・・・・・・・・・・・・・・・・・・・・275

平成 24 年度　問 3
情報システムの冗長化対策とシステム復旧手順に関する
監査について ・・・ 280
　　　　　　論文事例：岡山　昌二 ・・・・・・・・・・・・・・・・・・・・・・・281

情報システム投資の管理に関する監査について

　　近年，企業などにおいては，厳しい競争環境の中で，情報システムの新規導入，大規模改修などに対する投資を，その優先度に応じて絞り込むことが必要になってきている。情報システム投資の優先度は，情報システム投資に関係する事業戦略の重要度，費用対効果，必要な人員，利用可能な情報技術の状況など様々な観点から評価して決定することが重要である。

　　一方で，情報システム投資の内容や優先度の決定が適切であっても，必ずしも当初の目的・期待効果を達成できるわけではない。例えば，情報システムの運用開始後に顧客ニーズ，競争環境，技術環境などが変化し，当初の目的・期待効果を達成できなかったり，達成していた期待効果を維持できなくなったりすることがある。したがって，情報システムの運用段階においても，情報システム投資の目的・期待効果の達成状況，内外の環境変化などを継続的にモニタリングし，必要な対応策を実施することができるように，情報システム投資の管理を行うことが重要である。

　　システム監査人は，情報システム投資の決定が適切に行われているかどうか，また，情報システムの運用段階において，目的・期待効果を達成及び維持するための情報システム投資の管理が適切に行われているかどうかを確かめることが必要である。

　　あなたの経験と考えに基づいて，設問ア～ウに従って論述せよ。

設問ア　あなたが携わった組織における情報システム投資の決定の体制及び手続の概要，並びに当該体制及び手続に基づいて決定された情報システム投資の一つについてその目的・期待効果を含めた概要を，800 字以内で述べよ。

設問イ　設問アで述べた情報システム投資について，その決定が適切に行われているかどうかを確認する監査手続を，700 字以上 1,400 字以内で具体的に述べよ。

設問ウ　設問アで述べた情報システム投資について，情報システムの運用段階において，その目的・期待効果の達成又は維持が損なわれるリスク，及び当該リスクへの対応策を実施できるようにするための情報システム投資の管理が適切に行われているかどうかを確認する監査手続を，700 字以上 1,400 字以内で具体的に述べよ。

論文事例 1

岡山　昌二

設問ア

第 1 章　情報システム投資

1．1　情報システム投資の決定の体制及び手続の概要

　A 社は太陽光発電システムを製造・販売する中堅の製造業である。A 社では，経営戦略に基づき事業戦略が策定され，事業戦略を支援する形で，情報化戦略及び全体システム化計画が策定される。さらに，全体システム化計画の下で，個別システム計画が策定される。体制としては，CIO を含む A 社経営陣でステアリングコミッティが形成され，その下に IT ストラテジストを中心に計画策定チームが組織される形をとる。

　手続としては，CIO の下で計画策定チームが事業戦略にかかわる情報化戦略及び全体システム化計画，個別システム化計画を策定し，それをステアリングコミッティが承認する。

1．2　情報システム投資の目的・期待効果

　太陽光発電システムにかかわる業種は，グローバルレベルで競争が激しいために，売上高利益率は低迷していた。そこで A 社は，製造業からサービス業に横展開して，売上高利益率の改善を目指すことにした。具体的には，家庭の太陽光発電システムの稼働情報をネットワーク経由で収集して分析し，各家庭にフィードバックする「保守サービスシステム」を構築する。これにより，顧客に対して，遠隔保守による稼働率の向上，太陽光発電システムの最適化による発電量のアップというメリットを提供することが可能となる。

　投資目的は，製造事業に加えて，サービス事業を立ちあげることで，利益構造の改革を実現することである。

　期待効果としては，サービス業としての売上を初年度 2 千万円，3 年で黒字転換を目指した。

　私は，A 社システム監査室のシステム監査人の立場で，情報システム投資の適切性に関する監査を実施することになった。

— *memo* —

100字
200字
300字
400字
500字
600字
700字
800字

設問イ

第 2 章　情報システム投資

2．1　情報システム投資の決定の適切性に関する監査手続

　私は，A社において事業戦略に沿った情報投資が行われていることを確認するために，「保守サービスシステム」の企画段階が終了した段階でシステム監査を実施し，その中で「関係する事業戦略の重要度，費用対効果，利用可能な情報技術の状況に応じて，優先度を決定しているか」という監査要点を設定して，次の監査手続を適用した。

①関係する事業戦略の重要度

　経営戦略及び事業戦略，「保守サービスシステム」の企画書を入手して，(1)システム化の目的が，経営戦略，事業戦略と整合性がとれていること，(2)関係する事業戦略の重要度が高いことを示す監査証拠を得る。

②費用対効果

　企画書を精査して，費用の具体性，妥当性を確認する。システム開発費用だけではなく，利用部門の訓練費用などが適切に盛り込まれていることを確認して，費用の網羅性や妥当性に関する監査証拠を得る。効果については当該システムの稼働直後から 3 年後までの効果が，定量的かつ段階的に企画書に盛り込まれているかを確認して，効果の妥当性に関する監査証拠を得る。費用対効果については，A社基準をクリアする ROI であることを確認して，費用対効果の高いシステムであることを示す監査証拠を得る。

③利用可能な情報技術の状況

　当該システムでは，太陽光発電システムをネットワークでA社と結ぶ必要がある。そのため，企画書を精査して，企画段階で，ネットワークに関する技術が利用可能であり，ランニングコストが妥当であることを検討したこと，及び IT を活用して競争優位に立つために，直ちに

ここに注目！ ◉◉

趣旨にあるキーワードを切り口にして監査手続を論じることで，趣旨に沿って論じていることをアピールしています。

100字
200字
300字
400字
500字
600字
700字
800字

利用可能な技術であること示す監査証拠を得る。
　これらの監査手続を実施することで，情報システム投資の決定の適切性を評価した。

900字

1000字

1100字

1200字

1300字

1400字

設問ウ

第3章　情報システムの運用段階の情報システム投資

3. 1　運用段階において目的・期待効果の達成又は維持が損なわれるリスク

　当該システムについては，A社において事業の横展開を行う重要な事業戦略に基づくものであり，情報システム投資の決定などが適切であっても，当初の目的・期待効果を達成できない可能性があった。そのため，情報システム投資の適切性について，運用段階に入ってからもシステム監査を実施した。運用段階において，次のリスクがあると考えた。

①顧客ニーズの変化に対応できずに，サービスの利用客が伸びないリスク

②環境の変化により，当初の利益計画を達成できないリスク

　これらのリスクについて，次の監査手続を適用した。

3. 2　リスクへの対応策を実施できるようにするための情報システム投資管理の適切性に関する監査手続

　顧客ニーズの変化に対応できずに，サービスの利用客が伸びないリスクについては，顧客ニーズをモニタリングして，当該システムを改修する手続が有効に働いているか，という監査要点を設定し，次の監査手続を適用した。

①顧客ニーズのモニタリング

　当該システムの顧客ニーズのモニタリングをする仕組みについて，利用部門の責任者にヒアリングして，その際，顧客ニーズの集計結果の履歴を監査証拠として得る。

②システムへのモニタリング結果の反映

　当該システムの改修履歴を示す，実施済みの保守要望書を入手して，顧客ニーズの集計結果の履歴と突合することで，顧客ニーズに基づいた，適切に優先順位付けされた改修が行われていることを確認する。これにより，情報化投資が適切に管理されていることを示す監査証拠

ここに注目！👀

この問題では，リスク→監査要点→監査手続という流れになっていることを確認しましょう。

—— *memo* ——

を得る。
　当初の利益計画を達成できないリスクについては，利益の達成状況をモニタリングして，予実管理をして，差異分析をしているかという監査要点を設定し，次の監査手続を適用した。
①保守サービスの利益計画のモニタリング
　費用と効果のキャッシュフローを示す資料を入手して，利用部門が利益の達成状況をモニタリングして，予実管理をしていることを示す監査証拠を得る。
②差異分析に基づく情報システム投資
　差異分析の結果の資料，及び結果に基づく情報システム投資に関する資料を入手して閲覧することで，必要な対策を当該システムに講じていることを確認し，情報システム投資の適切性を示す監査証拠を得る。実際には，「利益が計画通りに伸びない時点があった。そこで原因を調査すると，レスポンスがピーク時間帯に悪化することで顧客離れが生じていることが原因であった。そこでシステム増強という情報システム投資を行った」旨を示す事実を確認することで投資の適切性を担保した。
　以上の監査手続により，運用段階における情報システム投資の適切性を評価した。
　　　　　　　　　　　　　　　　　　　－以上－

900字
1000字
1100字
1200字
1300字
1400字

論文事例2

落合　和雄

落合　和雄

設問ア

—— memo ——

1．情報システム投資の決定の体制及び手続の概要と情報システム投資の目的と期待効果

1．1　情報システム投資の決定の体制及び手続の概要

　A社は東日本を中心に展開するファミリーレストランである。A社では，レストランPOSなどを始めとして多くのシステム投資が行われている。A社では，システム部門及び企画部門のメンバを中心に編成された情報システム化委員会が，システム化案件の詳細な検討を行い，その結果を取締役会に上げて，最終決定を仰ぐ体制になっている。

　各事業年度の計画作成時にシステム化投資についても，次の事業年度で予想されるシステム化投資について，情報システム化委員会で，投資案件の候補を洗い出し，優先順位を付けた上で，年度システム化計画を作成し，概算の予算申請をして，取締役会の承認を受けている。その後，具体的な投資案件を開始する前に，情報システム化委員会で詳細な検討が行われ，費用対効果を明確にした上で，取締役会で承認を受けることになっている。

1．2　情報システム投資の目的と期待効果

　D社では，パブリッククラウドサービスを利用した勤怠管理システムを導入しようとしており，店舗への入退館の際のスキャンデータ，日々の業務時間の申請データ，給与データ，個人情報を含む従業員マスタなどを処理しようとしている。

　パブリッククラウドサービス導入の目的は，複雑な管理体系への迅速な対応と，それに伴うコストの削減である。給与体系が複雑で，頻繁に変更も生じるため，それに応じて勤怠管理システムを適時に修正して作りこむ必要が発生するが，自社開発の場合には多額の費用の発生が見込まれる。パブリッククラウドサービスの利用により，初期投資はかかるが，その後の運用・保守の費用が大幅に削減されることが見込まれている。

設問イ

2．情報システム投資の決定に関する監査手続
2．1　年度システム化計画の決定に関する監査手続
(1)情報システム化委員会の検討
　最初に情報システム化委員会の検討が適切に行われて
いるかどうかを確認する。具体的には，各投資案件の効
果について，単純な費用対効果だけでなく，戦略的な効
果も含めて，優先順位が適切に決められていることを確
認する。優先順位付けにおいては，いくつかの評価項目
について，5段階で評価を行った上で，重み付け法によ
って最終的な評点を付けて，優先順位を決定していた。
そこで，まず戦略上の重要度，費用対効果など重要な項
目が評価項目から漏れていないことを，評価項目一覧を
見て確認する。次に，各評価項目の評価が適切に行われ
ていることを確認するために，情報システム化委員会の
議事録を見て，単純に各委員の評点をそのまま使うので
はなく，各評価の内容について，十分な議論がされてい
ることを確認する。
(2)取締役会での検討
　次に取締役会での検討が適切に行われていることを確
認する。具体的には，情報システム化委員会の報告をそ
のまま受け入れているわけではなく，十分な議論がされ
ていることが重要である。特に戦略的な効果については，
取締役が最も適切な判断ができるので，取締役会議事録
を参照して，重要な項目について十分な議論がされてい
ることを確認する。
2．2　各投資案件の決定に関する監査手続
(1)情報システム化委員会の検討
　情報システム化委員会での検討では，費用対効果の算
定が適切に行われているかどうかが，重要な監査ポイン
トになる。今回の勤怠管理システムの導入に関しては，
保守費用の削減が最大の効果なので，情報システム化委
員会が作成したシステム化計画を閲覧して算定が適切か

100字
200字
300字
400字
500字
600字
700字
800字

— memo —

ここに注目！ ◉◉
掘り下げた内容がよい
です。

を確認する。具体的には，過去5年間の勤怠管理システムの保守費用，運用費用を調べられており，その費用とパブリッククラウドに支出される運用費用を比較して，合計の費用が少なくなっていることが検証できていることを確認する。また，その算定根拠が妥当かどうかも同時に確認する。

⑵取締役会の検討

　取締役会では，情報システム化委員会から報告された費用対効果が適切に検討されていることを確認する必要がある。具体的には，取締役会議事録を閲覧し，情報システム化委員会のメンバから適切な説明がされており，それに対して十分な議論が行われていることを確認する。

3

運用

設問ウ

３．情報システム投資の管理と監査
３．１　運用段階における情報システム投資のコントロール

情報システム投資は何のコントロールも行わないと，だんだんと当初の目的が忘れ去られてしまい，さらなる改善への努力が行われず，その目的・期待効果の達成又は維持が損なわれるリスクがある。このリスクに対応するために，A社では各システム投資案件について，システム化計画レベルのKGI，経営戦略レベルのKGIの二つで管理している。勤怠管理システムに関しては，システム化投資レベルでは，次のKGIを設定した。

・計画したとおりの費用で導入及び運用が行われる。
・給与体系の変更に関して，少額の保守コストでかつ短期間で対応可能である。

この管理のために，まずシステムの導入が完了した時点で情報システム化委員会に対してプロジェクトの完了報告を行い，計画したとおりの費用で導入及び運用が行われたことを確認することになっている。また，半年ごとの情報システム化委員会の例会で，給与体系の変更に関して，少額の保守コストでかつ短期間で対応可能で合ったかを確認することになっている。

経営戦略レベルのKGIは，次のように設定された。
・勤怠管理システムの合計コストが２割削減される。

このKGIの達成状況は，1年に一度情報システム化委員会から年次報告が取締役会に提出され，その中でこのKGIの達成状況も報告されることになっている。もし，ここで問題があれば，適切な対応策をとることも，この報告書の中で報告され，取締役会の承認を受けることになっている。

３．２　運用段階における情報システム投資のコントロールの監査

運用段階における情報システム投資のコントロールが

ここに注目！◉◉
KGIを基に具体的に論じている点がよいです。

—— memo ——

適切に行われていることを確認する監査としては，最初にプロジェクト完了報告書を閲覧し，そこで計画したとおりの費用で導入及び運用が行われたかどうかが記載されていることを確認する。また，そこに問題点と対応策が記載されていた場合には，担当者にインタビューして，その対応策の実施状況を確認する。

次に，情報システム化委員会の例会の議事録を閲覧し，例会で給与体系の変更に関して，少額の保守コストでかつ短期間で対応可能で合ったかを評価していることを確認する。また，その議事録で何らかの対応策の必要性が指摘されている場合には，担当者にインタビューして，その対応策が実施されていることを確認する。

最後に，情報システム化委員会の年次報告を閲覧し，勤怠管理システムの合計コストが 2 割削減されたかどうかの評価が記載されていることを確認する。また，取締役会議事録を閲覧し，この年次報告が確かに報告されていることを確認する。また，この取締役会で指摘事項があった場合には，その対応が実施されたかを担当者にインタビューで確認する。

—— 以上 ——

ここに注目！◉◉

このように，監査手続については，残り時間が許す限り，しっかりと論じましょう。

■IPA発表採点講評■

（情報システム投資の管理に関する監査について）では，設問イは，投資内容が事業戦略と合っているかなどの基本的な監査手続は論述できていたが，効果，費用の見積りが適切かといった踏み込んだ監査手続まで論述できている解答は少なかった。設問ウは，運用段階におけるシステムの投資目的及び期待効果の達成リスクを問うているが，情報漏えい，システム停止などの技術的なリスクだけに着目している解答が多かった。そのため，運用段階の投資管理の監査手続についても適切に解答できていなかった。問題文をよく読み，何を問われているかを理解して解答してほしい。

Memo

3

運用

情報システムの可用性確保及び障害対応に関する監査について

　企業などが提供するサービス，業務などにおいて，情報システムの用途が広がり，情報システムに障害が発生した場合の影響はますます大きくなっている。その一方で，ハードウェアの老朽化，システム構成の複雑化などによって，障害を防ぐことがより困難になっている。このような状況において，障害の発生を想定した情報システムの可用性確保，及情報システムに障害が発生した場合の対応が，重要な監査テーマの一つになっている。

　情報システムの可用性を確保するためには，例えば，情報システムを構成する機器の一部に不具合が発生しても，システム全体への影響を回避できる対策を講じておくなどのコントロールが重要になる。また，情報システムに障害が発生した場合のサービス，業務への影響を最小限に抑えるために，障害を早期に発見するためのコントロールを組み込み，迅速に対応できるように準備しておくことも必要になる。

　情報システムに障害が発生した場合には，障害の原因を分析して応急対策を講じるとともに，再発防止策を策定し，実施しなければならない。また，サービス，業務に与える障害の影響度合いに応じて，適時に関係者に連絡・報告する必要もある。

　このような点を踏まえて，システム監査人は，可用性確保のためのコントロールだけではなく，障害の対応を適時かつ適切に行うためのコントロールも含めて確認する必要がある。

　あなたの経験と考えに基づいて，設問ア～ウに従って論述せよ。

設問ア　あなたが関係している情報システムの概要と，これまでに発生した又は発生を想定している障害の内容及び障害発生時のサービス，業務への影響について，800 字以内で述べよ。

設問イ　設問アで述べた情報システムにおいて，可用性確保のためのコントロール及び障害対応のためのコントロールについて，700 字以上 1,400 字以内で具体的に述べよ。

設問ウ　設問ア及び設問イを踏まえて，可用性確保及び障害対応の適切性を監査するための手続について，それぞれ確認すべき具体的なポイントを含め，700 字以上 1,400 字以内で述べよ。

論文事例

岡山　昌二

設問ア

第1章　情報システムの概要及び発生した障害
1．1　情報システムの概要
　A社は事務用品の製造・販売会社であり，A社のコンピュータセンタでは，販売管理，購買管理，在庫管理，資材管理，原価管理，会計などの基幹システムを稼働させている。基幹システムは昼間のオンライン処理や夜間のバッチ処理で構成されている。基幹システムの重要なマスタファイルの一つに端末属性管理テーブルがある。
1．2　発生した障害の内容及びサービス，業務への影
　　響
　A社の端末の増設に伴い，端末属性管理テーブルの定義変更が必要となった。A社のITサービス部門の要員がメンテナンスを行ったところ障害が発生した。エラーメッセージを確認したところ，磁気ディスク障害であることが判明した。
　端末属性管理テーブルは，ミラーリングされている磁気ディスク装置に格納されている。障害が発生した以前から，磁気ディスク装置に障害があり，二重化されていない状況で運用されていることが判明した。後でヒアリングを行った結果，磁気ディスク装置の修理については，障害が発生した日の翌週にある三連休後に二重化を再開する予定であった。
　A社では，開発用サーバに接続されている磁気ディスク装置を本番のサーバに接続し，必要なデータをリストアし，再処理することでITサービスを復旧した。復旧作業によって，ITサービスへの影響としては，オンラインによるITサービスの開始が2時間遅れた。
　業務への影響としては，ユーザ部門から"ITサービスが使えない。障害発生の連絡も来ていない。どうなっているのか"というクレームがITサービス部門に向けられた。結果的にA社の基幹業務は2時間遅れで開始するという影響があった。

memo

100字
200字
300字
400字
500字
600字
700字
800字

設問イ

第2章　コントロール

2．1　可用性確保のためのコントロール

　可用性を確保するためには，障害の兆候を監視して，予防的な対策を迅速に講じることが重要である。そのためには，以下のコントロールが効果的である。

⑴ハードウェアごとに重要度を設定して，重要度に応じた障害監視策を講じる

　ハードウェアに重要度を設定し，可用性への影響の高いハードウェアに応じた障害監視策を講じることが重要であると考える。なぜならば，すべてのハードウェアを監視することは，費用対効果の面で合理的ではないからである。

⑵ハードウェア障害が発生する兆候を検知したら，ハードウェアの特徴を踏まえた規定時間内に臨時保守を行う

　設問アで述べた障害では，ハードウェア障害が表面化する兆候があったにもかかわらず対応を先送りしていた。このような状況を再発させないために，兆候を検知してから対応するまでの時間を規定して，問題の兆候への対応を先送りしない仕組みが必要であると考えた。

2．2　障害対応のためのコントロール

　障害が発生した場合，業務やサービスに与える障害度合いに応じた対応が重要である。対応としては，次に述べるように，ITサービス部門内でのエスカレーションと利用者部門へのアナウンスの二通りがある。

⑴障害が発生した場合，業務やサービス与える障害度合いに応じた障害影響度を設定して，障害影響度に応じたエスカレーションを行う

　障害影響度の大きい障害が発生したにもかかわらず，ITサービス部門の長に報告されていない状況では，ITサービスの迅速な復旧は難しい。しかし，軽微な障害でも報告されるようでは，問題がある。したがって，障害影

ここに注目！◉◉

ITILの問題管理におけるプロアクティブな活動について論じている点が，問題の趣旨に沿っていてよいです。

100字
200字
300字
400字
500字
600字
700字
800字

——— *memo* ———

響度に応じたエスカレーションを実施することが重要であると考えた。

⑵障害が発生した場合は，規定時間内に，障害により影響を受ける利用者部門にITサービスの状況について連絡し，さらに一定時間ごとに復旧状況を連絡する

　ITサービスに依存する業務を行う利用者部門では，ITサービスが停止すると業務が停止することになる。したがって，障害が発生した場合は，適宜，利用者部門に復旧情報を提供することが重要であると考えた。なぜならば，復旧にかかる時間を利用者部門が知ることで，利用者部門の顧客への対応が適切にとれるからである。

　さらに，ITサービスが復旧した場合，利用者部門に復旧の確認をもらうことも重要であると考えた。

　以上が必要と考える，主なコントロールである。

900字

1000字

1100字

1200字

1300字

1400字

—— memo ——

設問ウ

第 3 章

3．1　可用性確保の適切性を監査するための手続

　前述の障害に対する抜本的な対策が終了した段階で，A社のシステム監査部門に勤務する私はシステム監査人の立場で，可用性確保と障害対応の適切性をシステム監査することになった。

　以下は，可用性確保の適切性を監査するための手続である。

(1)システム構成図を入手して，ITサービスマネージャにヒアリングを行い，重要なハードウェアへの障害監視策の内容を確認する。

　確認すべきポイントは次の二つである。

①重要なハードウェアに対して網羅的に障害監視策が講じられていることである。重要にもかかわらず，障害監視されていないハードウェアがないことを確認する。

②検知にかかる所要時間が適切であるかということである。監視間隔が長いと検知に時間がかかり，対策が後手に回ることがあるからである。

(2)監視中に障害の兆候を検知した場合，その兆候に応じた対応策を検討する，あるいは，対策を講じる手続が明文化されている規定類や障害対応マニュアルを入手して精査する。

　確認すべきポイントとしては，兆候に応じた各種の対応策が妥当な網羅率で網羅されていることを確認する，を挙げることができる。

　以上のように，予防や検知の観点から監査することが効果的である。

3．2　障害対応の適切性を監査するための手続

　障害対応では利用者の観点から監査するための手続を検討する。SLAを締結している場合，そのサービスレベルを達成する観点で，手続を適用することも重要であると考える。

ここに注目！ 👀

設問ウで問われている"確認すべきポイント"を，"それぞれ具体的なポイントを含め"という条件に従い，手続ごとに明示している点がよいです。なお，確認すべきポイントについて論じているので，監査証拠については書いていません。

100字
200字
300字
400字
500字
600字
700字
800字

———————— memo ————————

(1)発生した障害に設定する障害影響度について記載され
　ている手順書を入手して精査する。
　　確認すべきポイントは，①障害影響度が，月末など
　の繁忙期を考慮して妥当であること，②影響度に応じ 900字
　たエスカレーションの記載が妥当であること，である。
(2)障害の発生状況や復旧状況を利用者部門に通知するこ
　とを記す手順書を入手して精査する。障害報告書を入
　手して，該当する利用者部門にヒアリングを行う。 1000字
　　確認すべきポイントは，①障害を利用者にアナウン
　スする担当者が専任で割り当てられているか，②利用
　者部門は，障害のアナウンスについて満足しているか，
　③SLAに障害のアナウンスについてサービスレベルを 1100字
　設定している場合は該当する目標値を達成しているか
　である。
　以上が障害対応の適切性を監査するための手続である。
　　　　　　　　　　　　　　　　　　－以上－ 1200字

1300字

1400字

■IPA発表採点講評■

　（情報システムの可用性確保及び障害対応に関する監査について）は，多くの情報システムに該当する基本的なテーマである。設問アでは，障害発生時の業務への影響について，具体性のある論述をしている解答は少なかった。設問イでは，ほとんどの受験者が可用性確保と障害対応のコントロールについて何らかの論述をしていた。しかし，早期発見のコントロールについて論述できている受験者は少なく，問題文をよく読まないまま解答している受験者が多かったように思われる。設問ウでは，どのような監査証拠を入手し，具体的に何を確認するのかまで論述できている受験者は少なかった。情報システムに関わるリスクとコントロール，監査手続の関係をしっかりと理解してほしい。

システム運用業務の集約に関する監査について

　これまで，多くの組織では，アプリケーションシステムごとにサーバを設置し，その単位で個別にシステム運用業務を行ってきた。その場合，データのバックアップ，セキュリティパッチの適用，障害監視などの業務が，システムごとに異なる頻度・手順で行われることが多く，システム間で整合が取れていなかったり，本来共通化できるはずの業務が重複したりしていた。

　近年は，これらのシステム運用業務を集約する組織が増えてきている。例えば，仮想化技術を活用してサーバを統合する際に，併せてシステム運用業務を集約する場合などである。サーバの統合は，多くの組織にとってシステム資源の有効活用，省スペース，省電力などの直接的なメリットだけでなく，システム運用業務を見直す契機をもたらしている。

　システム運用業務を集約し，システム運用手順を標準化することによって，業務の品質改善・効率向上に取り組みやすくなる。さらに，運用要員の削減などによってコストを適正化することも可能になる。ただし，業務手順の見直し方法に問題があったり，過度に集約し過ぎたりすると，必要な手順が漏れたり，特定要員に負荷が集中したりするなどの懸念もある。

　システム監査人は，このような点を踏まえ，システム運用業務の集約によって期待していた効果が得られているかなど，システム運用業務の集約の適切性を評価する必要がある。

　あなたの経験と考えに基づいて，設問ア〜ウに従って論述せよ。

設問ア　あなたが関係する組織で実施又は検討されているシステム運用業務の集約に関する概要を，集約前と集約後の違いを踏まえて，800字以内で述べよ。

設問イ　設問アに関連して，システム運用業務を集約する場合の留意点について，システム運用手順，システム運用体制などの観点を踏まえて，700字以上1,400字以内で具体的に述べよ。

設問ウ　設問イに関連して，システム運用業務の集約の適切性を監査するための手続を，700字以上1,400字以内で具体的に述べよ。

設問ア

1－1　システム運用業務の集約の概要

　私の勤務するＣ社は電子機器の製造業で，本社工場を含めて国内 7 か所に生産拠点を有する。2 年前のシステム統合までは，生産管理や経理，電子メールなどの全社システムを除いて，多くのアプリケーションシステムが拠点ごとに導入及び運用されていた。

　システム統合の目的は，運用の品質向上とコスト削減である。統合では，一部のファイルサーバを除くアプリケーションサーバとストレージを本社工場に移設し，仮想化技術を活用して，152 台の物理サーバを40台に集約した。同時に，ディザスタリカバリシステム（以下，DRシステムと書く）を別の拠点に構築した。

　システムの統合に伴って，システム運用業務の集約を実施した。その概要を次に述べる。

⑴運用の自動化

　集約前は，手作業のオペレーションが多く，人的ミスに起因する障害の割合が高かった。集約後は，運用基盤の統一を契機にツールを積極導入することで，オペレーションの自動化を推進して，障害の低減を目指した。

⑵運用の標準化

　集約前は，全社システムを除くシステムの運用は拠点の裁量に任され，個々の規定に基づいて運用されていた。集約後は，ルールや手順を標準化することによって運用品質のばらつきをなくし，特にさまざまなオペレーションが属人的な作業になっているという課題を解決する狙いがあった。

⑶運用体制

　集約前は，拠点ごとに運用チームが配置されていた。集約後は，本社工場とDRシステムの 2 か所に配置される。要員の集約によって，運用コストの削減を目指した。

設問イ

2－1　システム運用業務を集約する場合の留意点

　運用業務の集約における留意点としては，集約の狙い通りの効果が達成できるか，あるいは集約による新たなリスクが発生しないかなどをチェックする必要がある。運用手順と運用体制の観点を踏まえた留意点を以下に3つ述べる。

(1)自動化と標準化に起因する障害発生リスク

　集約の概要で述べたように，オペレーションの自動化は，業務の効率化とともに人的ミスによる障害の低減を狙いとしている。しかし，当社の障害履歴を分析したところ，オペレーションを自動化したことによって障害が発生した事案が見られた。例えば，サーバの定期リブート作業では，サーバごとに異なる細かなパラメタの設定作業が必要である。この事案では，自動化によって必要な設定作業がスキップされたことが直接の原因となっていた。

　また，標準化によっても個々に必要な操作が除外されるリスクがある。オペレーションの標準化と自動化では，十分な検証が必要であると考える。

(2)サービスデスクの品質低下リスク

　サービスデスク業務に従事する要員は，効率稼働という目標を達成するために，本社工場へ異動後に全拠点のアプリケーションを担当する。そのため，集約前と比較して，アプリケーションに関する幅広い知識が求められる。また，従来は拠点で解決できない問合せを本社工場のサービスデスクにエスカレーションするケースが多く見られた。集約後は，一次回答率の向上という品質目標の達成のためにも，要員はこれまでより高いレベルの対応が求められる。業務を支援する仕組みや要員教育の施策がないと，サービスデスクの品質向上が達成できず，逆に低下するリスクがあると考える。

(3)拠点における現地対応力の低下リスク

ここに注目！◉◉

設問イでは，"システム運用手順，システム運用体制などの観点を踏まえて"と記述されているので，もっと明示的に観点ごとに留意点を述べると，さらによいです。

　集約前は，運用要員が各拠点に配置されていた。その
ため，例えばパソコンの不具合や操作指導などにおいて，
必要な場合には要員がエンドユーザのいる現場に行って
直接対応することができた。集約後は，エンドユーザの
サポートは，本社工場からのリモート対応になる。その
ため，特に端末にかかわる対応に遅れが生じたり，エン
ドユーザの満足度が低下したりするリスクがあると考え
る。

900字

1000字

1100字

1200字

1300字

1400字

memo

ここに注目！👀

設問文に明示されていなくとも，このように設問イで述べたリスクを踏まえて手続を論じている点がよいです。

設問ウ

3－1　システム運用業務の集約の適切性を監査するための手続

　前項の３つの留意点を対象に，集約の適切性を監査するための手続を以下に述べる。

(1)自動化と標準化に起因する障害発生リスク

　次の監査項目を設定する。

①自動化や標準化，システム環境の移行などによって，従来のオペレーション手順から変更になる作業が管理されているか

②作業手順の変更の妥当性のレビュー，事前及び事後の検証や評価方法は適切か

③集約によって運用品質や効率の向上の目標が達成されているか

　監査は，予備調査においてヒアリングを実施して，管理方法や評価方法，記録簿の名称といったコントロール内容を把握する。本調査では，該当するドキュメントを閲覧して，自動化と標準化が適切に進められていることと，目標の達成度を確認する。

(2)サービスデスクの品質低下リスク

　次の監査項目を設定する。

①サービスデスクの要員の業務を支援の仕組みや教育が適切に計画，実施されているか

②サービスデスクの品質向上が目標を達成しているか

　監査は，サービスデスクのリーダへのヒアリングとメンバへのアンケートを実施して，課題と解決のための施策内容を確認する。アンケートの結果に基づき，メンバへのヒアリングを実施して，施策の妥当性を評価する。品質目標に関しては，サービスデスクの対応レポートを閲覧して，一次回答率をはじめとするサービス指標とエンドユーザの声を確認する。

(3)拠点における現地対応力の低下リスク

　次の監査項目を設定する。

————— *memo* —————

① エンドユーザのリモートサポートに関して，インシデント対応のサービスレベルの低下がないか
② エンドユーザのリモートサポートに関して，エンドユーザの満足度低下がないか

900字

　監査は，インシデントレポートのサマリを閲覧して，集約前と集約後のインシデント対応のサービスレベルを比較する。さらに，サービスデスクの対応レポートを閲覧して，エンドユーザの声を確認するとともに，拠点のエンドユーザにアンケートを実施する。

1000字

　　　　　　　　　　　　　　　　　　－以上－

1100字

1200字

1300字

1400字

■IPA発表採点講評■

　（システム運用業務の集約に関する監査について）では，仮想化技術を活用したサーバ統合を主題にした論述が多く見られた。しかし，設問ア及び設問イは，サーバ統合の技術的な実現方法ではなく，システム運用業務の集約に関する概要や留意点を問う問題であったため，出題趣旨に合わない解答が目立った。設問ウは監査手続を問う問題であったが，監査で確認すべき項目だけが述べられている場合が多く，どのような手段，方法によって確認すべきかの具体的な手続が論述できている解答は少なかった。

コントロールセルフアセスメント（CSA）とシステム監査について

　今日，CSA を導入する組織が増えている。その背景には，組織全体の内部統制や情報セキュリティなどに関わるリスク，及びリスクに対するコントロールの遵守状況を評価する必要性が高まっているという状況がある。CSA は，各業務に従事する担当者が質問書に回答したり，ワークショップで議論したりして，業務に関わるリスクの評価及びコントロールの遵守状況を評価する手法である。

　CSA では，業務の担当者が自ら評価を行うので，当該業務における特有のリスクを発見しやすい。また，評価を通じて自らが遵守すべきコントロールを理解できるといった教育的な効果も期待できる。しかし，自己評価であることにより回答が甘くなってしまったり，業務に精通しているがゆえに客観的な評価が難しかったりする問題もある。したがって，CSA の実施方法や結果が適切かどうかを監査で確認する必要がある。

　一方，監査では，監査要員，監査時間などの制約によって，監査対象の全てに対して監査手続を実施するのは難しい。そこで，適切な CSA が実施されている場合には，重要なリスクを見過ごしたり，誤った指摘を行ったりしないように，その実施結果を監査に活用することができる。あわせて，CSA の結果を活用して，監査業務の効率を向上させることもできる。

　あなたの経験と考えに基づいて，設問ア〜ウに従って論述せよ。

設問ア　あなたが関係する組織において実施された情報システムに関連する CSA について，その目的，対象範囲，実施方法を 800 字以内で述べよ。

設問イ　設問アで述べた CSA の実施方法や結果の適切性を監査する場合の監査手続について，監査要点を含めて 700 字以上 1,400 字以内で具体的に述べよ。

設問ウ　設問アで述べた CSA を活用して監査を実施する場合の監査の概要及び CSA の活用の効果について，700 字以上 1,400 字以内で具体的に述べよ。

落合　和雄

設問ア

1．CSAの目的，対象範囲，実施方法

1．1　CSAの目的

　A社は企業の販促等を支援，代行する広告代理店である。A社では，一般ユーザを対象にアンケート調査を行って集計したり，企業から顧客データを預かって，それに基づいてDMを発送したりするなどの業務を行っている。これらの処理を行うに当たっては，外部の協力企業に実際の処理を委託する場合も多い。このような情報は個人情報であり，これらのデータが万が一流出するようなことがあると，顧客企業に迷惑をかけるだけでなく，A社の信用も大きく揺らいでしまうことになる。したがって，これらの協力企業に対しても個人情報の扱いに関しては，十分な漏えい対策などを講じてもらう必要がある。しかし，A社の個人情報を渡す可能性のある協力企業は200社以上あり，これらの企業に対して個別に監査を行うことはとても出来ないので，CSAを導入して監査を行うこととなった。

1．2　対象範囲と実施方法

　対象範囲は，個人情報を預託する可能性があるすべての協力企業であり，200社を超えている。これらの企業に対し，JISQ 15001（個人情報保護マネジメントシステム）の基準に沿って，30項目の質問があるアンケート用紙を各企業の個人情報保護担当者に送付した。

　この調査に先立って，各協力企業にはJISQ 15001に準拠したプライバシーマークの取得を依頼しており，まだ取得していない企業に対しても，個人情報保護担当者の選任と基礎的な教育は義務付けており，プライバシーマークの取得予定時期についても明確にしてもらうようにした。

　アンケートの記入結果は表計算ソフトに入力され，その分析結果を参考に，監査が行われる仕組みになっている。

――― memo ―――

設問イ

2．CSA の実施方法や結果の適切性を監査する場合の監査手続

2．1　監査ポイント

CSA で一番問題になるのが，その内容の信頼性である。CSA を実施する人のモラルが高くないと，実施結果の信頼性は大きく損なわれてしまうことになる。これを防ぐためには，担当者に対して CSA の重要性をしっかり教育できていることと，CSA の内容が正しいことに関して適切なチェックが行われている必要がある。CSA の実施方法や結果の適切性を監査する場合には，この 2 つの観点から監査を行う必要がある。

2．2　担当者に対する教育の監査

既に述べたように，CSA の対象となる企業に対しては，プライバシーマークの取得を義務付けている。取得企業は従業員や担当者に対する教育が行われており，定期的な監査も行われている筈なので，監査においては，プライバシーマークの取得状況がチェックされているだけでなく，その更新状況もチェックできていることを確認する必要がある。具体的には，最初の CSA 実施時にプライバシーマークの認定証のコピーが添付されていることと，更新時期が過ぎた企業には，更新の認定書のコピーも添付されていることを確認した。

プライバシーマーク未取得企業に対しては，担当者及び従業員に対する教育の実施状況をチェックする必要がある。具体的には，担当者及び従業員に対する教育の実施状況を CSA を実施する際に報告させ，その実施状況を確認して，不十分な企業に対しては改善勧告が為されていることを CSA の提出書類を見て確認した。

2．3　CSA の内容が正しいことに関する監査

CSA は，その企業の担当者自身の判断で監査を行うために，その判断にばらつきが出ては，正しい判断をすることが出来ない。そこで，CSA の評価項目ごとに判断の

ここに注目！ 👀

設問イにある "CSA の実施方法や結果の適切性を監査する場合" という記述を踏まえて，二つの観点から論じています。

基準が明確に示されていることを CSA の依頼書を見て確認した。

　また，CSA の評価を 100 ％鵜呑みにすることも危険である。中にはいい加減な評価をする会社がないとも限らない。これを防ぐための仕組みが必要である。具体的には，過去の評価結果と比較しておかしな評価になっていないかをチェックする仕組みがあるかどうかを監査手順書を見て確認した。また，そのチェックで引っかかった場合には，その企業の実態を再調査する仕組みがあるかどうかも監査手順書で確認するとともに，当該企業に対し実際に監査が行われていることを監査報告書を見て確認した。

　また，特におかしな点がなくても，いくつかの会社については，実際の企業に行って，評価結果が適切かどうかを確認することも必要である。この評価をサンプリングで行うことで，対象企業の担当者もいい加減な評価が出来ないという緊張感を与えることができる。監査としては，いくつかの企業に対して適切なサンプリングが行われ，検証が行われていることを監査報告書で確認する。また，その企業の実態を調べて，検証を的確に行っていることを監査調書を見て確認した。

—— memo ——

900字

1000字

1100字

1200字

1300字

1400字

ここに注目！◎◎

過去の監査報告書などを活用して，効率的，効果的な監査手続を論じている点がよいです。

設問ウ

3．CSAを活用して監査を実施する場合の監査の概要及びCSAの活用の効果

3．1　監査の概要

CSAによる監査は，最初に対象企業に対し，CSAの依頼書を送付する。対象企業の担当者は，この依頼書の指示に従って評価を行い，その評価結果をA社に送付する。

A社は，この評価結果を表計算ソフトで作成した評価集計表に入力する。この評価集計表では，2つの観点で個人情報保護の水準をチェックする仕組みになっている。1つは，重要項目について，一定水準以下になっていないことを確認する。例えば，個人情報保護担当者が決まっているかという質問に対し，Noである企業は，それだけで改善が必要と判断される。もう1つは，各評価項目ごとに，その評価内容によって，点数が付くようになっており，その合計点が一定以下の企業については改善を求めることになっている。

また，CSA評価を行った企業から，過去の評価と矛盾があるなどの問題が発見された企業と，サンプリングによって選ばれた企業に対しては，CSAの評価内容が正しいことをその企業に出向いて実地調査を行う。

改善が必要と判断された企業に対しては，その企業の担当者と一緒になって改善策が検討される。その検討結果は改善報告書としてまとめられ，次年度の監査において，その改善状況が確認される。

3．2　CSAの活用の効果

A社の場合には，監査対象企業が200社以上あり，CSAを利用しない限り，監査を行うのは不可能な状態にあった。個人情報が漏えいした場合の影響は非常に大きいのでこれに対し監査を全く行わないと，リスクが非常に大きいことになる。CSAを利用することにより，このリスクを大幅に軽減することが可能となった。

また，CSAを実施することにより，対象企業の個人情

100字
200字
300字
400字
500字
600字
700字
800字

——— *memo* ———

報に関する意識を高めることができる。これにより，プ
ライバシーマーク取得などの必要性を多くの企業が認識
し，さらに個人情報保護の体制が強化されることが期待
されている。

900字

－以上－

1000字

1100字

1200字

1300字

1400字

■IPA発表採点講評■

　（CSAとシステム監査について）は，設問に対して適切に論述されている答案とそうでな
い論述がはっきりと分かれた。設問イではCSAの監査について，設問ウでは監査における
CSAの活用について記述することを求めているが，両者の区別ができていない論述が散見さ
れた。設問イでは，監査要点の意味について理解していない論述が目立った。また，設問ウ
では，監査におけるCSAの活用について，活用の局面や方法などを具体的に記述していない
ものが多かった。

平成 24 年度 ▼ 問3
情報システムの冗長化対策とシステム復旧手順に関する監査について

　今日，社会に広く浸透している情報システムが自然災害，停電，システム障害などによって停止すれば，企業活動などに深刻な影響を及ぼしかねない。このことから，情報システムの冗長化対策及びシステム復旧手順の重要性に対する意識が，企業をはじめ社会全体で高まっている。

　企業などでは，データセンタなどの拠点・施設，ハードウェア，ネットワーク，電源などの冗長化によって，情報システムの安定稼働を図っている。また，情報システムが停止した場合の復旧手順を定めて，停止時間をできる限り短く抑えることにも努めている。

　システム復旧手順は，停止した情報システムを確実かつ迅速に復旧させるものでなければならない。そのためには，一度策定したシステム復旧手順を，状況の変化に応じて見直したり，システム復旧手順のテスト・訓練を定期的に行ったりして，継続的に改善していくことが重要である。

　このような状況を踏まえると，システム監査においては，システム復旧手順が文書化されていることの形式的な確認だけでは不十分である。

　システム監査人は，情報システムに適用された冗長化対策の妥当性を確認したり，システム復旧手順の内容，テスト・訓練の実施状況などを確認したりすることによって，システム復旧手順がシステム停止時間の短縮に十分に寄与するものであるかどうかを評価する必要がある。

　あなたの経験と考えに基づいて，設問ア～ウに従って論述せよ。

設問ア　あなたが関係する組織の情報システムの概要を述べ，その冗長化対策及びシステム復旧手順策定の背景や必要性について，800字以内で述べよ。

設問イ　設問アに関連して，当該情報システムの冗長化対策の検討過程において，どのような対策又は対策の組合せが比較され，採用されたか。想定される脅威が顕在化する可能性，顕在化した場合の影響度及び対策の経済合理性を踏まえて，700字以上1,400字以内で具体的に述べよ。

設問ウ　設問アで述べたシステム復旧手順の実効性を監査する場合の監査手続を，設問イを踏まえて，700字以上1,400字以内で具体的に述べよ。

設問ア

———— *memo* ————

第1章　情報システムの概要及び冗長化対策及びシステム復旧手順策定の背景と必要性

1．1　情報システムの概要

　該当する情報システムは，電子部品を製造・販売するA社における基幹システムである。A社では基幹業務を，ERPパッケージを採用して支援している。基幹システムは，販売業務，在庫管理業務，購買管理業務，資材管理業務，会計業務を支援している。なお，生産計画や生産管理については，A社の製造工場で稼働しているシステムで支援している。

　該当する基幹システムは東京本社にあるコンピュータセンタに設置している仮想サーバ上で稼働している。A社において，東京本社に次いで規模の大きいビジネス拠点としては，大阪支店がある。

1．2　冗長化対策

　基幹システムの稼働開始時は，停電やシステム障害を対象とした冗長化対策が採られていた。

　停電については，無停電電源装置や自家発電装置が設置されている。システム障害については，仮想サーバのホットスワップによる二重化対策，磁気ディスク装置の三重化，ネットワーク経路の二重化，重要なネットワーク機器の二重化などの対策が施されていた。

1．3　システム復旧手順策定の背景と必要性

　東日本大震災を契機に，自然災害によるコンピュータセンタの機能停止による長期的なITサービスの提供の停止がA社の経営陣において，経営課題として挙げられた。経営課題を受け，経営陣によるシステム復旧手順の見直しが指示された。これが背景である。

　広域災害が発生した場合，現状では基幹システムのRTOは3日以内，RPOは1日以内と設定されていた。経営陣は，RTO及びRPOを1日以内とするように指示をした。これによりシステム復旧手順策定が必要となった。

100字
200字
300字
400字
500字
600字
700字
800字

—— memo ——

設問イ

第2章　情報システムの冗長化対策
2．1　冗長化対策の検討過程
　経営陣が設定した目標を達成するために，システム復旧手順策定委員会が設置された。私はA社のシステム監査部門のシステム監査人であるが，策定委員会のメンバとして招集され策定作業に加わった。
　自然災害などの広域災害に対応した冗長化対策を検討する場合，費用対効果を検討して，合理的な対策を実施する必要がある。そこで私は，定量的リスク分析を行い，リスクマネジメントを実施することとした。
　最初に検討した事項は，広域災害の発生によって東京本社のコンピュータセンタが使えない場合の代替処理施設について，次の二つの案を検討した。
(1)代替処理施設を提供するサービス業者と契約する。
(2)大阪支店にコンピュータセンタを新たに設置する。
　次に代替処理を行うコンピュータに，本番データを反映させる方法について，次の三つの案を検討した。
(1)DBMSの機能を活用し本番データベースの更新と，代替処理用のデータベースの更新を同期させる。
(2)DBMSの機能を活用し本番データベースの更新データを用いて，代替処理用のデータベースを非同期で更新する。
(3)磁気ディスク装置の機能を用いて，ある時点でのデータベースの状態を，ネットワークを経由して代替処理に設置されたコンピュータに送る。
　以上の案を基に次のようにリスク対策を決定した。
2．2　脅威が顕在化する可能性，顕在化した場合の影響度及び対策の合理性を踏まえて採用された対策
　脅威が顕在化する可能性としては，広域災害となる自然災害が発生する可能性は，通常のシステム障害に比べて低い。そのため，発生確率を大きめにするなどの配慮をしないとリスクが小さくなり，リスク対策の必要性が

ここに注目！ 👀

設問イにある "対策の組合せ" にまで言及している点がよいです。

なくなる。したがって，脅威が顕在化する可能性として10年に1度とすることにした。

　以上の考えを基に，定量的リスク分析を行い，リスク値を金額で算出することとした。次に冗長化対策に必要な費用を算出して，年間のリスク対策費用の合計が，リスク値以内になるようにして対策の合理性を確保しながら，リスク対策を採用することとした。

　リスク対策費用の制約を踏まえて，現在使用している開発用仮想サーバを大阪支店に移設して代替処理コンピュータとし，磁気ディスク装置の機能を用いて，ある時点でのデータベースの状態を，ネットワークを経由して代替処理に設置されたコンピュータに送る方法を採用することになった。

900字

1000字

1100字

1200字

1300字

1400字

設問ウ

第3章　システム復旧手順の実効性の監査

3．1　監査する場合の監査手続

　今回は策定委員会のメンバであることから，私自身が実際に監査する可能性は低いが，監査する場合は次のように考える。

(1)代替処理用コンピュータが基幹システムのサービスを提供するために十分な性能があるかを，本番システムと代替処理システムの両方のシステム構成図を入手して精査する。両者に処理性能が同等である，あるいは同等でない監査証拠を得る。

　大阪支店に現在使用している開発用仮想サーバを移設して代替処理コンピュータとしている点を踏まえると，処理性能が同等か，同等でない場合は縮退運転を考慮しているかが監査の要点となる。

(2)冗長化対策の検討資料及びシステム復旧手順を入手して精査し，設定されたRTOやRPOを達成するための合理的な対策が検討され選択されていることの監査証拠を得る。

　定量的リスク分析が行われて，リスク値とリスク対策費用が合理的であるか，設定されたRTOやRPOを達成するために過剰な対策になっていないか，が監査の要点となる。

(3)システム復旧手順の訓練計画や訓練結果を入手して精査し，定期的，あるいは，必要に応じて，訓練が実施されていること，RTO，RPOを達成できることを定期的に確認していることの監査証拠を得る。

　東京本社と大阪支社の両方にコンピュータセンタが設置されている点を踏まえると，大規模な訓練となる。そのためには，適切な訓練計画を作成して，訓練結果をレビューして，継続的な改善に結び付けているか，新システムのリリースや大規模なシステムの改修に合わせてシステム復旧手順をテストしているか，が監査

100字
200字
300字
400字
500字
600字
700字
800字

—— *memo* ——

の要点となる。

⑷ 策定されたシステム復旧手順が経営陣から承認された
　ものである証拠を入手して監査証拠とする。
　　自然災害が発生してシステム復旧手順を実施に移し
　た場合，利用者部門から不平や不満がでることが想定
　できる。そのような状況下で実効性のあるシステム復
　旧手順にするためには，経営陣の承認を得ている手順
　であることをアピールすることが効果的である。した
　がって，妥当なシステム復旧手順であることを証明す
　るためにシステム復旧手順が経営陣から承認を得てい
　るか，という監査の要点を挙げることができる。
　　以上がシステム復旧手順の実効性を監査する場合の監
査手続である。

－以上－

900字

1000字

1100字

1200字

1300字

1400字

■**IPA発表採点講評**■

　（情報システムの冗長化対策とシステム復旧手順に関する監査について）は，昨今，多く
の組織で検討されているテーマであり，勤務先などにおいて，関連する業務を実際に経験し
た受験者が多かったようである。しかし，設問イにおいて，問題で求めている内容を十分に
論述できている答案は少なかった。情報システムの冗長化対策の検討過程における対策を比
較した論述ではなく，単純に現在どのような冗長化対策が適用されているかを説明しただけ
の論述や，冗長化対策の経済合理性にまったく触れていない論述など，出題の趣旨に合致し
ていない論述が散見された。

Memo

第4章

情報セキュリティ

平成 31 年度　問 2
情報セキュリティ関連規程の見直しに関するシステム監査について ····· 288
　　　　論文事例 1：岡山　昌二 ····················289
　　　　論文事例 2：長嶋　　仁 ····················294

平成 29 年度　問 1
情報システムに関する内部不正対策の監査について ···················· 300
　　　　論文事例 1：岡山　昌二 ····················301
　　　　論文事例 2：落合　和雄 ····················306

平成 29 年度　問 2
**情報システムの運用段階における情報セキュリティに関する
監査について** ······································· 312
　　　　論文事例 1：岡山　昌二 ····················313
　　　　論文事例 2：落合　和雄 ····················318

平成 27 年度　問 2
消費者を対象とした電子商取引システムの監査について ················ 322
　　　　論文事例 1：岡山　昌二 ····················323
　　　　論文事例 2：落合　和雄 ····················328

情報セキュリティ関連規程の見直しに関するシステム監査について

　　サイバー攻撃，個人情報規制，テレワーク，スマートデバイス，クラウド利用拡大などに伴って変化するリスクに，組織全体で対応するためには，情報セキュリティ関連規程（以下，関連規程という）を適時に見直すことが求められる。この関連規程には，情報セキュリティ基本方針，その詳細な管理策，実施手順などが含まれる。

　　また，関連規程の見直しによって，各部署で管轄するハードウェア，ソフトウェア，ネットワークなどの多くの IT 資産の管理及びその利用に大きな影響を与えることになるので，組織には，見直した関連規程を十分に周知徹底することが求められる。

　　関連規程を効果的で実現可能な内容に見直すためには，目的，適用時期，適用範囲，対応技術などを適切に検討する手続が必要である。さらに，見直した関連規程が適切に運用されるためには，単に社員教育だけでなく，影響する IT 資産・利用者の範囲，組織体制などを考慮した周知手続，進捗管理，適用上の課題解決などが重要である。

　　システム監査人は，このような点を踏まえ，関連規程の見直しが適切な手続に基づいて実施されているかどうか確かめる必要がある。また，見直した関連規程が，全ての部署に適切に周知徹底されるように計画され，実施されているかどうかについても確かめる必要がある。

　　あなたの経験と考えに基づいて，設問ア～ウに従って論述せよ。

設問ア　あなたが携わった情報セキュリティ関連規程の見直しの概要，その背景及び影響を与える IT 資産の管理と利用について，800 字以内で述べよ。

設問イ　設問アで述べた関連規程の見直しに関する手続の適切性を確かめるための監査手続及び留意すべき事項について，700 字以上 1,400 字以内で具体的に述べよ。

設問ウ　設問ア及び設問イを踏まえて，見直した関連規程を周知徹底するための計画及び周知徹底状況の適切性を確かめるための監査手続及び留意すべき事項について，700 字以上 1,400 字以内で具体的に述べよ。

設問ア

第1章 情報セキュリティ関連規程の見直しの概要

1. 1 情報セキュリティ関連規程の見直しの概要と背景

　流通業のA社では，3年前から業務の効率向上に取り組んでいる。その一環として営業管理部では6か月前からRPAの導入を進めてきた。RPAは，ソフトウェアロボット（以下，ロボットという）を利用することで業務処理を自動化する。ロボットはシナリオといわれるプログラムにログオンIDとパスワードをもち，それを使って社内の情報システムにアクセスして業務処理を自動化する。そのため，業務処理要員に与えられるIDやパスワードの管理に関わる情報セキュリティ関連規程の見直しが必要となった。

　情報セキュリティ関連規程では，ロボットに対してログオンIDとパスワードを付与することから，具体的には"ログオンID管理規定"及び"パスワード管理規定"の見直しが必要となった。

1. 2 影響を与えるIT資産の管理と利用

　影響を与えるIT資産としては，ログオンIDとパスワードの漏えいにより影響を受ける情報システムに蓄積された情報，具体的には売上情報や顧客情報などが考えられる。

　影響を与えるIT資産としては，シナリオと呼ばれるロボットが動作するためのソフトウェアを挙げることができる。管理としては，管理が不十分であると，ログオンIDやパスワードが可視化された状態でシナリオ内に記述されるため機密性に問題が生じる。利用については，シナリオは営業管理部のPC内に保存され，必要に応じて起動される。

　私は，A社のシステム監査部門におけるシステム監査人の立場で，RPA導入において，情報セキュリティ関連規程の見直しの適切性を次のように確認した。

---memo---

設問イ

第２章　関連規程の見直しに関する手続の適切性
2．1　見直しに関する手続の適切性を確かめるための
　　監査手続と留意すべき事項
　営業管理部では，RPA導入プロジェクトが立ち上がり，立ち上がりから半年後の始動に向けて企画が承認された。その後，プロジェクトメンバが決まりプロジェクトが活動を開始した。第１段階の監査は，プロジェクト始動の３か月後，すなわち，プロジェクト期間の中盤に実施した。
　関連規程の見直しでは，次の観点から検討する手続が必要である。次に観点ごとに監査手続を述べる。
①目的
　見直し目的が適切でないと，RPA導入に関わるリスクに漏れがあったり，リスク対策に漏れがあったりする可能性が生じる。監査手続としては，RPA導入企画書を閲覧して，見直しの目的やRPAに関わるリスクが適切に挙げられていること，及び，プロジェクトの議事録（以下,議事録という）を閲覧して，見直し目的の適切性，及びリスクに関わるリスク対策を検討していることを示す監査証拠を得るを設定した。
　留意すべき事項は，リスク対策に応じてログオンID管理規定及びパスワード管理規定の見直しが漏れなく検討されていることである。追加の監査手続としては，リスクと関連規程の見直し内容の突合を行い，リスクに関わる関連規程の見直しの漏れがないことを示す監査証拠を得るを設定した。
②対応技術
　リスクに対応できる技術を適切に検討していることを確認する必要がある。監査手続としては，議事録やRPAのマニュアルを閲覧して，ログインIDとパスワードに関わるリスクに対応するための技術が適切に検討されRPAがリスクへの十分な対応技術をもっていることを示す監

査証拠を得るを設定した。
　留意すべき事項としては，ログオンIDやパワードを実際に管理する情報セキュリティ管理者の意見が反映されていることである。なぜならば，近年，情報セキュリティに関わる業務が増大していることから，情報セキュリティ管理者が受け身になる，あるいは，情報セキュリティ管理者の役割が形骸化する，などによって，専門家としての意見を言わない可能性があると考えたからである。そこで私は，追加の監査手続としては，関連規程の見直し内容の適切性について情報セキュリティ管理者にヒアリングを行い，意見が反映され，ログオンIDやパスワードの管理について十分なリスク対応策であること，及び，業務量の増大など運用面で問題がないことを示す監査証拠を得るを設定した。

900字
1000字
1100字
1200字
1300字
1400字

4

情報セキュリティ

ここに注目！◉◉

設問文で問われている“留意すべき事項”を明示した後，留意すべき事項を踏まえて，追加の監査手続を論じている点がよいです。

設問ウ

第３章　関連規程を周知するための計画及び周知徹底状
　　況の適切性を確かめるための監査手続と留意すべき点
３．１　　見直した関連規程を周知するための計画の適切
　　性を確かめるための監査手続と留意すべき点
　　見直した関連規程が適切に周知徹底されるためには，
組織体制と考慮した周知手続が重要となる。
　　予備調査の段階で，プロジェクト計画書を閲覧した結
果，当該プロジェクトでは，RPA 活用の始動直後は，自
動化のリスクを考慮して，RPA を起動する要員（以下，
RPA 担当者）を絞り込んで RPA の活用に関わる教育を実
施する計画であることが判明した。そのため，RPA 担当
者を中心に，見直した関連規程の周知徹底を計画してい
る必要がある。そこで，RPA 担当者に対して，RPA の活
用に関わる教育と合わせて，関連するリスク，リスク対
応策，関連する規定の見直し内容の周知を行うことが重
要であると考えた。監査手続としては，RPA の活用教育
に関わるカリキュラムを閲覧して，関連規程の見直し内
容を周知する教育が含まれていることを示す監査証拠を
得るを設定した。
　　留意すべき事項としては，RPA 活用教育の品質を担保
するために，教育カリキュラムなどが内容面で情報セキ
ュリティ管理者の承認を得ていることである。したがっ
て，追加の監査手続としては，情報セキュリティ管理者
にヒアリングを行い，カリキュラムの適切性を示す監査
証拠を得るを設定した。
３．２　　周知徹底状況の適切性を確かめるための監査手
　　続と留意すべき点
　　これまでに述べた第１段階の監査に加え，RPA 始動後
の１か月後に見直し内容の周知徹底状況は適切か，を確
認する第２段階の監査を実施した。監査は見直した内容
について各担当者への周知徹底情報の確認という観点か
ら実施した。監査手続としては，RPA 担当者及び情報セ

100字
200字
300字
400字
500字
600字
700字
800字

————— *memo* —————

キュリティ管理者の下で業務を行うサービスデスクの情報セキュリティ担当者にヒアリングを行い，見直し内容について理解していることを示す監査証拠を得るを設定した。
　留意すべき事項としては，RPAのシナリオから容易にログオンIDやパスワードが漏えいしないことである。追加の監査手続としては，シナリオをサンプリングして入手しログオンIDやパスワードが秘匿化されていることを示す監査証拠を得るを設定した。
　さらに，RPAの安定稼働において，留意すべき事項としては，運用面での問題が適切に報告され，解消していることが挙げられる。そこで追加の監査手続として，情報セキュリティの窓口となるサービスデスクのインシデントの受付簿などを閲覧して，RPAに利用する，ログオンIDやパスワードに関わるサービス要求やインシデントが適切に記録され，解消していることを示す監査証拠を得るを設定した。

－以上－

900字
1000字
1100字
1200字
1300字
1400字

長嶋　仁

設問ア

1．携わった情報セキュリティ関連規程の見直しの概要，その背景及び影響を与えるIT資産の管理と利用

1－1　見直しの概要と背景

　機械部品メーカのA社では，ISMS文書が基本方針，対策基準書，実施規定・手順，台帳・チェックリスト等の4階層で体系づけられている。

　本論文で述べる見直しでは，各部署が管轄するクラウドサービスの導入と利用に関わる実施規定及びチェックリストの追加が行われた。具体的には，クラウドサービスを対象とするIT資産台帳，部署向けのリスクアセスメント実施規定，リスクアセスメントチェックリスト，リスク対応措置チェックリストが追加された。見直しは，A社のシステム部が所管して実施された。

　見直しの背景は，クラウドサービスの利用拡大に伴うリスクの変化である。これまでは，全社的に利用するクラウドサービスをシステム部が管轄して導入してきた。最近は，業務要求に加えて，テレワークの拡大や取引先の要請などから，クラウドサービスの利用が拡がっている。そして，サービスへの不正アクセスや意図しない情報公開による漏えいのリスクが増している。

　しかし，個々のリスクに対してシステム部がリスクマネジメントを迅速に実行するのが難しい状況がある。そこで，A社では各部署の責任でリスクマネジメントを分担することになり，規程の見直しを実施した。

1－2　影響を与えるIT資産の管理と利用

　影響を与えるIT資産は，クラウドサービスである。A社では，クラウドサービスを通常のWebサービスと同様に利用している実態があった。見直しによって，各部署では，クラウドサービスをIT資産として管轄し，管理することが求められるようになる。また，リスク対応措置に基づいて，クラウドサービスを安全に利用する責任をもつことになった。

設問イ

2．関連規程の見直しに関する手続の適切性を確かめる
　ための監査手続及び留意すべき事項

2－1　見直しに関する手続の適切性の監査手続

　　私は，IT資産の管理やリスクアセスメントが，各部署
にとって新たに行う作業になることを考慮した。そこで,
監査項目として，見直しする関連規程の適用範囲の明確
性と，各部署における作業の実行容易性を重要と考えて
監査を計画した。次に，この2点の監査手続を具体的に
述べる。

⑴関連規程の適用範囲の明確性

　　適用範囲に過不足が生じないように，明確性をもたせ
ることを目的として手続を監査する。具体的な監査手続
として，システム部が作成する見直し作業計画書の閲覧
とシステム部のメンバへのインタビューを行う。そして,
次の監査要点を確認する。

・IT資産として管理し，リスクアセスメントの対象とす
　るクラウドサービスを定義する手続があること，さら
　に，その手続の妥当性を確かめる。

　　手続の妥当性に関しては，A社の基本方針及び対策基
準書と整合させる手続になっていることを確認する。例
えば，一般的にはクラウドサービスには含まれない簡易
的な無料のWebサービスや，取引先から使用を指定され
たサービスなども，重要資産を取扱う場合には，IT資産
として管轄する規程とする必要がある。

⑵各部署における作業の実行容易性

　　見直し後の関連規程を使う各部署の実作業が，確実か
つ容易に行えるようにすることを目的として手続を監査
する。具体的な監査手続として，⑴と同様にシステム部
の作業計画書の閲覧とインタビューを行う。そして，次
のような監査要点を確認する。

・部署におけるリスクマネジメントの作業が確実に実施
　されるように，対象とする規程の漏れを防ぐ手続であ

memo

100字
200字
300字
400字
500字
600字
700字
800字

ることを確かめる。

　この監査要点では，見直しの対象とする規程の選定方法の妥当性を主に確認する。

900字

・部署におけるリスクマネジメントの作業の負担軽減を考慮した手続であることを確かめる。

　この監査要点では，どのような施策によって，実行容易性を担保しようとしているか，さらに施策の妥当性を

1000字

確認する。見直しでは，実施規程の見直しと共に，作業を効率化するチェックリストの提供が想定されていた。このリストの網羅性や汎用性，明解性をどのように達成するのかの施策を確認することも重要である。

1100字

2－2　監査における留意事項

　1点目として，実施時期に留意する。具体的には，見直し作業の手続の計画に関する監査要点については，システム部の見直しの作業の前に実施することとして，作

1200字

業の手戻りがないように配慮する。

　2点目として，十分な監査証拠が得られない場合の対応に留意する。例えば，実行容易性を担保する手続であ

1300字

ることを十分に判断できない場合には，各部署の担当者に参加を依頼して意見を収集する監査手続を考慮する。

1400字

ここに注目！ 👀

留意する根拠を含めて論じると，専門家としての考えなどを採点者にアピールできます。

設問ウ

3．見直した関連規程を周知徹底するための計画及び周
　知徹底状況の適切性を確かめるための監査手続及び留
　意すべき事項

3－1　周知徹底するための計画の適切性の監査手続

　周知徹底の手段は社員教育が中心となるが，実効性や
継続性をもたせるためには補完的な施策が必要である。
そこで，監査項目として，社員教育の実施内容及び方法
の適切性と，補完的な施策の有効性を挙げて監査を計画
した。次に，この2点の監査手続を具体的に述べる。

(1)社員教育の実施内容及び方法の適切性

　各部署の社員は，日々の業務の中でリスクマネジメン
トに関わる作業を行う。そのため，当事者に限らず，部
署の責任者や他の社員の理解や協力も大切である。そこ
で，具体的な監査手続として，計画書の閲覧と計画書を
作成したシステム部のメンバにインタビューを行う。そ
して，次のような監査要点を確認する。
・当事者が自ら作業できることを達成・確認できる内容
　であることを確かめる。
・責任者の理解を促す内容であることを確かめる。
・他の社員が協力できる内容であることを確かめる。
・対象者ごとの実施方法や時期の適切性を確かめる。

(2)補完的な施策の有効性

　教育の実施時には理解できても，時間が経過すると内
容の詳細は忘れることも考慮し，具体的な監査手続とし
て，計画書を閲覧して次の監査要点を確認する。
・社員が関連規程の要点を容易に参照できる手段を提供
　する施策があることを確かめる。

3－2　周知徹底状況の適切性の監査手続

　周知徹底状況の適切性に関しては，監査項目として，
周知徹底の実効性を挙げ，システム部と各部署を対象と
する。次に対象ごとの監査手続を具体的に述べる。

(1)システム部を対象とする監査手続

memo

100字
200字
300字
400字
500字
600字
700字
800字

—— *memo* ——

ここに注目！👀

各層の社員を対象とし
てアンケートを実施す
る理由が採点者に伝わ
るように，専門家とし
ての考えなどをアピー
ルすると更によくなり
ます。

　社員教育及び補完的施策の実施記録の閲覧とインタビューを行い，次のような監査要点を確認する。
・教育が計画通りに実施されていること，又は，計画通りでない場合にはリカバリ状況を確かめる。

⑵各部署を対象とする監査手続
　各層の社員を対象としてアンケート及びキーマンへのインタビューを行い，次のような監査要点を確認する。
・規程の内容を理解し，実行容易性があることを確かめる。
・規程の適用上の課題が解決されたことを確かめる。

3－3　監査における留意事項
　周知徹底するための計画の監査については，過去の内部監査の活用に留意する。具体的には，社員教育に関連する直近の内部監査における指摘事項と対応を確認し，監査の品質向上に役立てる。
　周知徹底状況の監査については，各部署の監査対応の負担を考慮した監査の実施に留意する。具体的には，適用上の課題解決に関して，事後的に改めて監査証拠を収集するのではなく，システム部の対応時に帯同し，並行して状況を確認することを考慮する。

—以上—

■IPA発表採点講評■

　（情報セキュリティ関連規程の見直しに関するシステム監査について）では，見直される情報セキュリティ関連規程の体系を説明しながら論述している解答は少なかった。また，情報セキュリティ関連規程の見直しに関する手続の適切性に関する監査手続の論述を求めたが，見直しを行う立場での論述，見直した関連規程を適用する際の留意点を論述している解答が散見された。関連規程の周知徹底計画及び周知徹底状況の監査手続については，周知徹底を行う立場で論述している解答が散見された。問題文には"単に社員教育だけでなく"と記述され，様々な例を挙げているにもかかわらず，社員教育だけを論述している解答が目立った。

4

情報セキュリティ

情報システムに関する内部不正対策の監査について

　近年，従業員などの内部不正による，情報システムを対象とした情報漏えいなどが増えている。内部不正による損害には，情報漏えいなどに伴う直接的な損害に加え，組織の管理態勢の不備や従業員などのモラルの低さが露呈するなど，組織の社会的信用の失墜がもたらす損害も無視できない。

　内部不正の動機は，組織，上司，同僚などへの不満，金銭目的など，様々である。また，従業員などが不正を行える環境や不正を正当化できる状況を組織が放置することも，内部不正を誘発する大きな要因になる。

　情報システムに関する内部不正では，従業員などが業務を行うために有するアクセス権限を悪用して情報の不正窃取，改ざんが行われる場合が多く，外部の者や権限を有しない内部の者による不正アクセスよりも，その防止や発見が難しい。したがって，内部不正対策では，技術的対策に加え，組織的対策を適切に組み合わせることが重要になる。組織的対策には，例えば，規程の整備，労働環境の整備，内部不正が発生した際の対応手順の整備，規程・手順が遵守されるための各種施策の実施などがある。

　システム監査では，内部不正を予防し，その被害を最小限にとどめるための技術的対策だけでなく，組織的対策が適切に行われているかどうかを確かめる必要がある。また，監査を行うに当たっては，当該対策が法令などに準拠して行われているかどうかという観点も重要になる。

　あなたの経験と考えに基づいて，設問ア～ウに従って論述せよ。

設問ア　あなたが携わった組織において，内部不正が発生した場合に重大な影響を及ぼす情報システムの概要と，その情報システムにおいて内部不正が発生した場合の影響について，800 字以内で述べよ。

設問イ　設問アに関連して，内部不正の技術的対策の実施状況を確認するための監査手続について，内部不正の特徴を踏まえた留意点を含めて，700 字以上 1,400 字以内で具体的に述べよ。

設問ウ　設問アに関連して，内部不正の組織的対策の実施状況を確認するための監査手続について，内部不正の特徴を踏まえた留意点を含めて，700 字以上 1,400 字以内で具体的に述べよ。

論文事例 1

岡山　昌二

設問ア

第 1 章　情報システムの概要及び内部不正が発生した場合の影響

1．1　情報システムの概要

　A 社は製薬会社であり研究開発費の予算管理を支援するプロジェクト予算システム（以下，予算システムという）を運用している。予算システムは A 社で開発され，研究開発プロジェクトで必要な物品・サービスの調達，及びプロジェクト別予算実績を管理している。

　予算システムは，発注処理，受入・検収処理，及びプロジェクト別実績管理処理で構成されている。各処理の画面における操作履歴は，ログとして管理され，システムの利用者に確認などの資料として渡されている。

　予算システムには，不正を予防する相互牽制のために，アクセスコントロールなどの技術的対策が講じられている。加えて，これら技術的対策と相互に機能する情報セキュリティ対策基準などの組織対策が施されている。

1．2　内部不正が発生した場合の影響

　A 社の研究開発費は売上の20％を占めるほど高額であるため，社員が架空発注を行うことで，現金をだまし取る詐欺行為などの内部不正が発生した場合，A 社は多額の被害を受けるという影響がある。

　さらに，詐欺行為の事実が新聞報道された場合，組織の管理体制の不備や社員のモラルの低さが社会に露呈する。そのため，内部不正が発生した場合，製薬会社としての社会的信用が失墜するという影響がある。

　A 社の監査室では，このような企業における被害は，個人情報漏えい事件を引き起こした企業の例をみても大きいと判断した。そこで，予算システムのコントロールの有効性に関するシステム監査を実施することになった。私は，監査室のメンバとして，このシステム監査に加わった。

— memo —

4

情報セキュリティ

memo

設問イ

第 2 章　内部不正の技術的対策における監査手続
2. 1　内部不正の特徴を踏まえた留意点

　情報システムに関する内部不正では，業務の達成に必要なアクセス権限を悪用して不正を行うという特徴がある。この特徴を踏まえると，職務の分離による相互牽制が機能しているか，という留意点を挙げることができる。

2. 2　内部不正の技術的対策の実施状況を確認するための監査手続

　研究開発費が売上の20％を占めるという点を踏まえ，システム監査を発注処理と検収処理に重点を置き実施することにした。

(1)発注処理における職務の分離の技術的対策

　発注時に予算残高を超えた発注に対しては，部長の特別承認が必須という技術的対策が施されている。ただし，部長が不在の場合は，口頭指示により課長が行うこともあることが，予備調査の結果，判明している。そこで，部長と課長における職務の分離による相互牽制が機能しているかを確認していること，及び予算超過時の発注処理の操作履歴を部長自ら確認していることを部長にヒアリングして確認するという監査手続を設定した。

　ただし，ヒアリングだけでは，有効性のある監査証拠を得ることができない。そこで私は，ヒアリング時の資料として，発注処理の操作履歴を入手して精査する監査手続を併せることで，部長承認が必須となっていることを確認した。さらに，この資料を基に部長に直近の承認代行の状況をヒアリングすることにした。この監査手続により，部長による特別承認が必須という技術的対策の有効性，及び特別承認の履歴を部長が適切に事後確認していることを示す監査証拠を得た。

(2)受入・検収処理における職務の分離の技術的対策

　検収処理では，受入担当者と同じ担当者が検収できない，及び受入量を超える数量・金額の検収入力ができな

ここに注目！ 👓

この問題では職務の分離による相互牽制を論点にすると，出題の趣旨に沿います。

100字
200字
300字
400字
500字
600字
700字
800字

———— *memo* ————

いという技術的対策が施されている。そこで，受入担当と検収担当の職務の分離による相互牽制が機能しているかを確認するために，受入処理と，検収処理の操作ログを精査するという監査手続を設定して，それぞれの担当者が異なるという技術的対策が機能していることを示す監査証拠を得る。

　さらに，検収業務を実査して，受入担当者と同じ検収担当者ではエラーとなること，受入量を超える検収はエラーとなることを確認する監査手続を適用した。これにより，受入量を超える検収入力ができないという技術的対策が機能している監査証拠を得た。

　以上が内部不正の特徴を踏まえた留意点を考慮した技術的対策に関する監査手続である。

900字

1000字

1100字

1200字

1300字

1400字

設問ウ

第3章　内部不正の組織対策における監査手続

3．1　内部不正の特徴を踏まえた留意点

　内部不正の特徴としては，内部不正を行う者（以下，加害者という）に表面的には悪意があるとは思えないという点を挙げることができる。したがって，上司であれ同僚であれ，他人のパスワードを聞かない旨が情報セキュリティ基準などに明文化されているかという点に留意する必要がある。どのような理由であれ，パスワードを聞かない，教えないという企業風土を育てるためは組織的対策が必要である。

3．2　内部不正の組織的対策の実施状況を確認するための監査手続

　パスワードを徹底的に秘密にして他人にもパスワードを聞かない企業風土が重要であるという留意点を踏まえ，組織的対策の実施状況を確認するため，次の監査手続を設定した。

⑴情報セキュリティ基準の閲覧

　情報セキュリティ基準を閲覧して，パスワードの規定において，業務目的であっても，パスワードを他人に聞かない旨が明文化されていることを確認するという監査手続を設定した。これによりパスワードの漏えいを規程類への明文化により組織的に抑えていることを示す監査証拠を得た。

　ただし，監査を行うに当たって，当該対策が法令に準拠して行われているかという点も重要である。例えば，「業務その他正当な理由による場合を除いて，他人の識別符号を提供する行為を禁止」という，不正アクセス禁止法が平成24年に改正された内容に準拠する必要がある。具体的には，「業務その他正当な理由による場合を除く」旨が情報セキュリティ基準に規定されていても，法令には準拠していると判断できる。実際，情報セキュリティ基準には「業務その他正当な理由による場合を除く」旨

—— *memo* ——

の記述があるが，問題なしとした。

(2)パスワードの聞き出しの実査

　組織的対策によって，パスワードを聞かない，教えないという企業風土が根付いていることを確認するために，実際にコンピュータの操作を行う旨を説明して，現場の担当者に，パスワードを聞き出すという実査を監査手続をとして設定した。これにより，安易にパスワードを他者に教えないことを示す監査証拠を得た。

(3)パスワード管理における機密性にかかわる実査

　実際にパスワードを聞き出すという監査手続を実施後，現場の担当者に実際にコンピュータ操作を依頼してログインしてもらい，その際，パスワードが秘密に管理されていることを確認する監査手続を設定した。これにより，パスワードを紙に書かないなど，パスワードが秘密に管理されている監査証拠を得た。

　以上が内部不正の特徴を踏まえた留意点を考慮した組織的対策に関する監査手続である。

－以上－

900字
1000字
1100字
1200字
1300字
1400字

論文事例2

落合　和雄

設問ア

1. 情報システムの概要と内部不正が発生した場合の影響

1.1 情報システムの概要

　A社は全国に数十店舗の電気店を展開する家電量販店である。A社は，会員カードの利用に力を入れており，購入時に会員カードを提示すると購入価格の10%のポイントを付けている。これらの店舗での販売は，POSシステムで処理されており，ポイント処理などがあるために，各店舗のPOS端末はシステム・センタのサーバにリアルタイムで接続されている。また，Webシステムによるネット販売にも力を入れている。このネット販売のシステムは，システム・センタのサーバで運用されている。ネット販売用のHPには，基本的に店舗で扱っている全ての商品を表示し，価格も店舗と同じにしている。また，ポイントも店舗販売とネット販売では共通化しているので，商品マスタ，顧客マスタ等は両方のシステムで共用している。

1.2 内部不正が発生した場合の影響

　内部不正に関して，A社が最も気を付けているのが，個人情報の漏えいである。社員が顧客情報をダウンロードして，ライバル会社や名簿業者に販売してしまうことが考えられる。このような事態が発生してしまうと，A社の顧客からの信頼は大きく揺らぐことになり，売上の大幅なダウンや，損害賠償による損失の発生は避けられない。

　また，もう一つ内部不正としてA社が気を付けていることは，納入業者と仕入担当者が癒着して，キックバックを受け取るようなことである。このような事態が発生すると，対外的な信用が落ちると同時に，キックバック分が上乗せされた高い仕入を受け入れることにより，利益が減少することになる。

設問イ

2．技術的対策の実施状況を確認するための監査手続

2．1　内部不正の特徴を踏まえた留意点とコントロール

　社員による顧客の個人情報漏えいに関しては，一般社員のIDでは顧客データベースの1件ずつの参照はできるがダウンロードやコピー等は一切できないように設定しているので，一般社員による大量な個人情報の漏えいが発生する可能性はあまりないと考えられる。したがって，主にシステム担当者による不正な個人情報の漏えいに焦点を当てて述べる。

　システム担当者は運用担当者と開発担当者に大きく分かれる。開発担当者は，通常はサーバルームへの入室が認められておらず，サーバルームの端末を利用できるIDも割り当てられていない。ただし，トラブル対応等のためにサーバルームへの入室が認められる場合がある。その場合，開発担当者には一時的なIDが運用責任者から割り当てられ，利用が終わるとそのIDは使用できないようにしている。また，サーバルーム内での操作は全てログに記録されているので，運用責任者はそのログの内容をチェックして，不正な操作が行われないかチェックすることになっている。

　運用担当者は，日々の運用のために，サーバルームへの入室，及びサーバルーム内の端末を利用するためにIDも与えられている。したがって，不正な操作を行って個人情報を漏えいできる可能性は一番高い。そこで，運用担当者の操作ログは全てログ分析ソフトで分析され，分析レポートが出力されている。

　仕入担当者による不正な取引に関しては，通常のログのチェック等では不正な取引を見つけるのは難しいので，外部のフォレンジックサービスを利用している。これは，社員のメールや各種の取引データを解析して，不正取引を発見するサービスである。

—— memo ——

ここに注目！◉◉

運用担当者と開発担当者との職務の分離が論点になっていることを確認しましょう。

4

情報セキュリティ

100字
200字
300字
400字
500字
600字
700字
800字

２．２　技術的対策の実施状況確認のための監査手続

　開発担当者による不正な個人情報の漏えいに関しては，開発担当者に与えられた一時的なIDが確実に利用後削除されていることを，アクセス権の設定ログを見て確認する。また，操作後に運用責任者が開発担当者の操作ログを確認していることを，保管されている操作ログの確認記録を見て確認する。また，運用責任者にインタビューして適切な観点でチェックが行われていることを確認する。

　運用担当者による不正な個人情報の漏えいに関しては，ログ分析レポートが運用責任者により確実にチェックされていることをログ分析レポートの確認記録を見て確認する。また，実際のログを見て個人情報データベースのコピーなどが行われている場合には，そのコピーが不正なものでないことを運用担当者が操作記録と突き合わせて確認していることもログ分析レポートの確認記録を見て確認する。

　仕入担当者による不正な取引に関しては，フォレンジックサービスによるレポート（フォレンジック・レポート）が確実に内部監査責任者によってチェックされていることをフォレンジック・レポートの確認記録を見て確認する。また，不正が疑われるレポート項目に関しては，必要な調査が行われていることを，調査記録を閲覧することにより確認する。

設問ウ

3．組織的対策の実施状況を確認するための監査手続
3．1　内部不正の特徴を踏まえた留意点とコントロール

　社員による顧客の個人情報漏えいに関しては，まず，社員がこれらの不正を起こさないような気持にさせることが重要である。そのためには規定の整備を行う必要がある。具体的には，個人情報保護規定を整備し，個人情報の漏えいを防ぐためのログチェックなどの対策をとることを規定することが必要である。個人情報保護規定には，情報漏えいなどが発生した時の対応手順についても規定しておく必要がある。また，就業規則に個人情報の漏えい等が懲戒免職の対象となることも規定する。次に，社員に対する教育を行い，これらの規定の内容を社員に周知するとともに，過去の個人情報の漏えい事故において犯人が不正競争防止法や個人情報保護法によって処罰されていることも周知する。これによって，各社員が個人情報の漏えいに関して十分に留意するとともに，これらの行為が処罰の対象になることをしっかり認識するようにする。

　仕入担当者による不正な取引に関しては，就業規則に不正取引が懲戒免職に当たることを明記することが必要である。次に仕入担当者に対する教育を行い，これらの規定の内容を社員に周知するとともに，取引先からの過度な接待等を受けることも好ましくないことを徹底する。また，会社としてフォレンジックサービスによるチェックを行っていることも知らせ，このような行為が発見される可能性が高いことも周知する。ただし，このフォレンジックサービスの詳細な内容は対策をとることを防ぐために知らせないこととする。

3．2　組織的対策の実施状況確認のための監査手続
　社員による不正な個人情報の漏えいに関しては，まず個人情報保護規定を確認して，個人情報の漏えいなどを

memo

ここに注目！◉◉

「当該対策が法令などに準拠しているか」という趣旨に沿っていることを確認してください。

100字
200字
300字
400字
500字
600字
700字
800字

309

―― memo ――

ここに注目！ 👀

「また」，「次に」が多いので，箇条書などで整理すると，更によくなります。

防ぐための定期的なログチェックや情報漏えいなどが発生した時の対応手順などが規定されていることを確認する。また，就業規則を確認して，個人情報の漏えい等が懲戒免職の対象となることが規定されていることを確認する。次に，社員に対する教育が行われていることを教育記録を見て確認する。また，その教育内容をその時の教育資料を見て確認し，規定の内容が伝えられていることや個人情報の漏えいが処罰の対象になっていることが伝えられていることを確認する。

　仕入担当者による不正な取引に関しては，就業規則を確認し，不正取引が懲戒免職に当たることが明記されていることを確認する。次に仕入担当者に対する教育が行われていることを教育記録を見て確認する。また，その教育内容をその時の教育資料を見て確認し，就業規則の内容が伝えられていることやフォレンジックサービスを利用することにより，不正取引のチェックが行われていることが伝えられていることを確認する。

—以上—

■IPA発表採点講評■

　（情報システムに関する内部不正対策の監査について）は，設問イでは，アクセス権の限定，アクセスログの取得など一般的な技術的対策について論述している解答は多かったが，権限を有する者による不正アクセスなど，内部不正の特徴を踏まえた留意点を含めて論述できている解答は少なかった。設問ウでは，規程の整備，教育の実施といった組織的対策について論述している解答は多かったが，より一歩踏み込んで職務の分離などによる内部統制の構築，従業員などに対する営業秘密となる情報の明示といった対策まで論述できている解答は少なかった。本問は，不正アクセスの発見，防御の方法が，外部からの不正アクセスとは異なる内部不正対策の監査の出題なので，解答に当たっては，内部不正の特徴を踏まえて論述してほしい。

Memo

4

情報セキュリティ

情報システムの運用段階における情報セキュリティに関する監査について

　企業などでは，顧客の個人情報，製品の販売情報などを蓄積して，より良い製品・サービスの開発，向上などに活用している。一方で，情報システムに対する不正アクセスなどによって，これらの情報が漏えいしたり，滅失したりした場合のビジネスへの影響は非常に大きい。したがって，重要な情報を取り扱うシステムでは，組織として確保すべき情報セキュリティの水準（以下，セキュリティレベルという）を維持することが求められる。

　情報セキュリティの脅威は，今後も刻々と変化し続けていくと考えられるので，情報システムの構築段階で想定した脅威に対応するだけでは不十分である。例えば，標的型攻撃の手口はますます高度化・巧妙化し，情報システムの運用段階においてセキュリティレベルを維持できなくなるおそれがある。

　そこで，情報システムの運用段階においては，セキュリティレベルを維持できるように適時に対策を見直すためのコントロールが必要になる。また，情報セキュリティの脅威に対して完全に対応することは難しいので，インシデント発生に備えて，迅速かつ有効に機能するコントロールも重要になる。

　システム監査人は，以上のような点を踏まえて，変化する情報セキュリティの脅威に対して，情報システムの運用段階におけるセキュリティレベルが維持されているかどうかを確かめる必要がある。

　あなたの経験と考えに基づいて，設問ア～ウに従って論述せよ。

設問ア　あなたが関係する情報システムの概要とビジネス上の役割，及び当該情報システムに求められるセキュリティレベルについて，800 字以内で述べよ。

設問イ　設問アを踏まえて，情報システムの運用段階においてセキュリティレベルを維持できなくなる要因とそれに対するコントロールを，700 字以上 1,400 字以内で具体的に述べよ。

設問ウ　設問イで述べたコントロールが有効に機能しているかどうかを確認する監査手続を，700 字以上 1,400 字以内で具体的に述べよ。

論文事例1

岡山　昌二

設問ア

第1章　情報システムの概要，ビジネス上の役割及びセキュリティレベル

1.1　情報システムの概要

　論述の対象となるシステム監査に関係する情報システムは，中堅の通信販売業を営む中堅のA社において稼働するインターネット受注システム（以下，受注システムという）である。受注システムでは，全世界の顧客を対象にして，商品の海外発送まで行っている。情報システムの特徴としては，多言語対応しているグローバルレベルのサービスであるという点を挙げることができる。

1.2　ビジネス上の役割

　A社における売上は，すべて当該受注システムを経由した商品売上である。そのため，A社における受注システムの役割は，A社の基幹業務のうちでも重要といえる。

1.3　セキュリティレベル

　受注システムでは，クレジットカード決済をするため，自社でクレジットカード情報を含む顧客情報を管理している。したがって，A社における受注システムが扱う情報のセキュリティレベルは社内秘レベルである。そのため，社外に対してだけではなく，社内の利用者に対してもアクセス・コントロールを施している。

　例えば，A社において，クレジットカード情報を含む顧客情報が漏えいした場合，クレジットカード決済を停止して，顧客のクレジットカード再発行のための手数料や，漏えいしたクレジットカード情報を使った損害などは，A社が補償する必要がある。さらに，顧客からの信頼を喪失することで，顧客離れによる経営悪化が生じる。したがって，社内秘レベルでも，最高のセキュリティレベルを維持する必要がある。A社CSIRTは，情報セキュリティ体制強化のために1年前に設置された。私は，A社の監査室のメンバとして，受注システムの運用段階の情報セキュリティに関わる監査を行うことになった。

memo

100字
200字
300字
400字
500字
600字
700字
800字

313

設問イ

第2章　要因とコントロール

2. 1　セキュリティレベルを維持できなくなる要因

　多言語対応をしているという受注システムの特徴を踏まえると，脅威はグローバルレベルで存在するという点を挙げることができる。したがって，インターネット上で新技術を活用した脅威が，悪意ある者によって作り出された場合，受注システムのセキュリティレベルが維持できなくなる。

　セキュリティレベルが維持できなくなる要因としては，標的型攻撃などの新技術が悪意ある者によって開発されるという点を挙げることができる。新技術を活用した攻撃によって，受注システムの顧客情報が外部流出するおそれがある。

2. 2　要因に対するコントロール

　新技術を活用した攻撃に対しては，A社 CSIRT が主に対応することになる。A社 CSIRT では，IDS などを活用した検知システムを運用して，情報セキュリティ・インシデント対応を行っている。そこで新技術を活用するという要因に対しては，次の2つの観点から，コントロールが必要となってくる。

①セキュリティレベルを維持するために対策を見直すためのコントロール

　A社 CSIRT が運用している検知システムによって，情報セキュリティ・インシデントの判定を行っている。その点を踏まえ，次のコントロールが必要である。

(1)情報セキュリティにかかわる情報を外部関連機関から常時収集する。

(2)検知システムのイベント検知基準及びインシデントの自動判定基準を，外部関連機関からの情報収集に基づき，適時，見直す。

②インシデントの発生に備えて，迅速かつ有効に機能するためのコントロール

— memo —

ここに注目！ 👀

この問題では，「変化する脅威」を踏まえて論旨展開することが合格論文のポイントの一つです。

ここに注目！ 👀

趣旨に沿って，対策を見直すためのコントロール，インシデントの発生に備えたコントロールについて論じる必要があります。

100字
200字
300字
400字
500字
600字
700字
800字

　新技術を活用した攻撃に完全に対応することは難しい。そこで，インシデント発生に備えた対応が重要である。そこで，次のコントロールが必要となる。

(1) A 社 CSIRT のメンバは，検知システムによって自動判定されたインシデントのトリアージを適切にできるスキルを有する

(2) トリアージの結果に基づき，エスカレーションなどの適切なインシデントレスポンスを行う。

　予備調査の結果，以上のコントロールが必要と考え，次に述べる監査手続を設定した。

memo

900字

1000字

1100字

1200字

1300字

1400字

4

情報セキュリティ

設問ウ

第3章　監査手続

3.1　コントロールの有効性を確認するための監査手
続

　必要と考えた，それぞれのコントロールに対して次の
監査要点及び監査手続を設定した。

①外部関連機関からの情報収集は適切かという監査要点
　外部関連組織のリスト更新の履歴を精査，及び外部関
連組織から収集した情報を分析している資料を入手して
精査するという監査手続を設定した。これにより，情報
収集の適切性を示す監査証拠を得た。

②検知システムのイベント検知基準及びインシデントの
　自動判定基準を，外部関連機関からの情報収集に基づ
き，適時，見直しているかという監査要点
　検知システムのイベント検知基準及びインシデントの
自動判定基準の修正履歴を入手して精査するという監査
手続を設定した。これにより，新技術を活用した攻撃情
報の収集・分析の結果から，検知システムの基準を修正
したことを示す監査証拠を得た。

③A社CSIRTのメンバのスキルは適切かという監査要点
　インシデント報告書及び，インシデントのトリアージ
を行う際に使用するインシデント判定マニュアルを入手
して，これらを使用して，最も経験年数の少ないメンバ
にヒアリングを行うという監査手続を設定した。
　これにより，インシデント判定マニュアルを基に，難
易度の高いインシデントである場合，適切に判定が行え
ないことがある，という監査証拠を得た。
　適切に判定できないことがあることに対して，補完す
るコントロールが機能していることを確認する必要があ
った。そこで，インシデント報告書を精査する監査手続
を設定して，最も経験年数の少ないメンバが単独でイン
シデント判定を行っていないことを示す監査証拠を得た。
これにより，インシデント判定は複数のメンバで判定す

4

——— *memo* ———

るというコントロールが機能しているという監査証拠を
得た。
④インシデントレスポンスは適切かという監査要点
　インシデント対応マニュアルを入手，及び，過去に発
生した重大なインシデントのインシデント報告書を抽出
して，インシデント対応がインシデント対応マニュアル
に沿って適切に実施されているかを精査した。これによ
って，インシデントレスポンスの適切性を示す監査証拠
を得た。
　以上が受注システムの運用段階における情報セキュリ
ティに関する監査手続である。

－以上－

900字
1000字
1100字
1200字
1300字
1400字

■IPA発表採点講評■

　（情報システムの運用段階における情報セキュリティに関する監査について）は，設問ア
では，セキュリティレベルではなく，リスクを論述している解答が多かった。設問イでは，
構築段階で想定できる要因とそのコントロールの論述が多く，問題文で求めている運用段階
における情報セキュリティの脅威の変化を踏まえた解答は少なかった。設問ウでは，設問イ
で述べたコントロールに対応した監査手続を論述できていない解答が目立った。また，監査
手続ではなく，監査結果，指摘事項などを論述している解答も散見された。本問は，運用段
階において変化する情報セキュリティの"脅威"に対する監査の出題であるので，問題文を
よく読み，題意を理解した上で，解答してほしい。

論文事例2

落合　和雄

設問ア

—— memo ——

1．情報システムの概要とビジネス上の役割及び求められるセキュリティレベル

1．1　情報システムの概要とビジネス上の役割

100字　　私は証券会社向けにASPサービスを提供しているSIベンダの社員である。このASPサービスはネット証券も含む証券業務の基幹業務のほぼ全体をカバーしており，中小から中堅の証券会社が数十社利用している。ASPサー

200字　ビスが稼働しているサーバは当社の情報システムセンタにあり，証券業務は高い可用性が求められるために，これらのサーバが設置されているビルは，耐震構造になっている。

300字　　このシステムは，顧客の証券会社にとっては，日常の業務に必要不可欠のシステムになっており，もしこのシステムがダウンするようなことがあれば，証券会社は顧客からの注文を処理できないことになり，顧客にも大き

400字　な損害を与えてしまう可能性もある。

1．2　求められるセキュリティレベル

　　ASPサービスでは，当然個人情報である顧客の取引情報や決済のための金融機関の口座情報なども保有してい

500字　るので，外部からの侵入や攻撃で業務に支障があってはならないし，情報の漏えいなども絶対に防がなければならない。特に最近は攻撃の手口がますます高度化，巧妙化していることもあり，情報システムセンタに対するこ

600字　れらの攻撃に対する防御体制の整備やネットワークなどを介した情報漏えいリスク管理体制について，より一層の強化が求められている。

　　具体的には，ISO27001を取得しており，この運用に関

700字　しては，各チェック項目について原則一番高いレベルでの運用を目指している。また，セキュリティ監査も半年に一度実施し，少しでも危険性が発見されれば，早急に対策をとることになっている。

800字

設問イ

2．セキュリティレベルを維持できなくなる要因と対応するコントロール

2．1　セキュリティレベルを維持できなくなる要因

　セキュリティレベルを維持できなくなる要因は大きく新しい攻撃手段に対応できなくなることと，運用要員がルール通りにきちんとオペレーションを行わなくなることが考えられる。

(1)新しい攻撃手段

　ネットワークを介した情報システムに対する攻撃の手口はますます巧妙化してきている。特に最近は高度な技術集団が仕掛けるサイバーテロなども発生しており，米国では電力会社がサイバーテロにより攻撃され停電が発生した例もある。当社でも定期的にこれらのセキュリティに関する情報を入手し，対応に努めるようにしているが，これらの対策で十分かどうか，十分チェックする必要がある。

(2)運用要員がルール通りにオペレーションを行わない

　ISO27001の認定取得に際し，システムの運用に関して各種のルールを定め，それを厳守するように運用要員に対して教育もしっかり行ったが，時の経過とともに，これらの運用がだんだんといい加減になり，結果として重大な情報漏えいなどの事故につながる可能性がある。例えば，サーバが設置されているサーバルームへの入室は決められた運用要員だけに許可されており，開発要員や外注会社の社員は入室が許可されていないが，トラブル時の対応などのために，これらの開発要員や外注会社の社員の入室が見過ごされしまう危険性などが考えられる。

2．2　対応するコントロール

(1)新しい攻撃手段に対するコントロール

　新しい攻撃手段に対する最も基本的なコントロールは，セキュリティパッチの確実な実施である。新しい攻撃手段に対応するために，セキュリティソフト，OSなどに関

---

memo

ここに注目！◉◉

「変化する脅威」について論じている点が，趣旨に沿っていてよいです。

しては，それぞれのベンダからセキュリティパッチの情報が送られてくるので，それを迅速かつ確実に適用することが重要である。そこで情報システム運用規定の中に，セキュリティパッチ適用に関するルールを定め，運用要員が確実にセキュリティパッチを適用するようにしている。

　また，外部のセキュリティコンサル会社の定期診断サービスを受け，新たな攻撃手段に対する脆弱性が存在していないか，マルウェアなどに感染しているようなことがないかをチェックしてもらっている。

(2)運用要員がルール通りにオペレーションを行わないこ
　とのコントロール

　これに関して，最も重要なことは運用要員全員が，セキュリティの重要性に関して認識しており，確実にルールに則ってオペレーションしなければならないと思っていることである。このためには，定期的（年に1回）に運用要員に対して教育を実施し，セキュリティの重要性やセキュリティに関する最新の動向などを伝えるようにしている。また，運用責任者が毎日運用ログを確認し，ルールに沿っていないオペレーションが行われていないことを確認するルールにしている。

900字
1000字
1100字
1200字
1300字
1400字

設問ウ

3．コントロールの確認のための監査手続

(1) 新しい攻撃手段へのコントロールに対する監査手続

　セキュリティパッチに関しては，まず情報システム運用規定の内容を確認して，パッチを適時に当てることが規定されていることを確認する。次に運用ログを確認して，実際に定期的にパッチが適用されていることを確認する。

　外部の定期診断サービスに関しては，診断報告書を確認して，定期的に診断を受けていることを確認する。さらに，最近の新しい攻撃手段に関して，適切なコメントがその報告に記載されていることを確認する。また，その報告書に改善勧告が記載されている場合には，適切な改善が実施されていることを課題管理ログを見て確認する。その課題管理ログに記録された改善策に関しては，実際のその改善策が実施されていることを，該当する運用ログの閲覧や運用責任者に対するインタビューにより確認する。

(2) 運用要員がルール通りにオペレーションを行わないことへのコントロールに対する監査手続

　定期的な運用要員に対する教育に関しては，教育記録を確認して，1年に1回教育が実施されていることを確認する。その教育記録の出席者を運用担当者のリストと突合して，全員がその教育を受講していることも確認する。さらに，教育の資料を確認して，最新のセキュリティ動向が反映した内容になっていることも確認する。

　毎日の規定通りの運用に関しては，運用ログの記録に運用責任者の印が押され，毎日のチェックが行われていることを確認する。また，運用責任者にインタビューして，適切な観点でチェックを行っていることを確認する。

　　　　　　　　　　　　　　　　　　　　－以上－

memo

ここに注目！◉◉

セキュリティパッチは，セキュリティホールを突くバッファオーバーフロー攻撃などの既存の攻撃手段への対処をイメージしています。「新しい攻撃手段へのコントロールに対する監査手続」に，もう少し寄せて論じると更によくなります。

4

情報セキュリティ

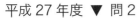

消費者を対象とした電子商取引システムの監査について

　情報技術の発展に伴い，インターネットを利用して消費者が商品を手軽に購入できる機会が増えてきている。これらの消費者を対象とした電子商取引の市場規模はますます拡大し，その形態も企業対個人取引（BtoC），インターネットオークションなどの個人対個人取引（CtoC）など，多様化している。最近では，ソーシャルネットワーク，全地球測位システム（GPS）などの情報と取引履歴情報とを組み合わせたビッグデータの分析・活用によるマーケティングなども広がりつつある。

　一方，BtoC 又は CtoC のビジネスは，不特定多数の個人が対象であることから，情報システムの機密性が確保されていないと，氏名，住所，クレジットカード番号などの個人情報が漏えいするおそれがある。

　また，取引データの完全性が確保されていないと，取引の申込み又は承諾のデータが消失したり，不正確な取引情報を記録したりするなど，契約成立又は取引に関わる判断根拠がなくなるおそれがある。

　さらに，可用性が確保されていないと，一度に大量の注文が集中して情報システムがダウンするなどして，取引が妨げられて販売機会を逃すことによる損失が生じたり，損害賠償を請求されたりする可能性もある。

　システム監査人は，このような点を踏まえて，消費者を対象とした電子商取引システムに関わる機密性，完全性及び可用性のリスクを評価して，リスクを低減するためのコントロールが適切に機能しているかどうかを確かめる必要がある。

　あなたの経験と考えに基づいて，設問ア〜ウに従って論述せよ。

設問ア　あなたが関係する消費者を対象とした電子商取引システムについて，その概要とビジネス上の特徴，及び情報システムを運営する立場から重要と考えるリスクを 800 字以内で述べよ。

設問イ　設問アで述べた情報システムにおいて実施すべきと考える機密性，完全性及び可用性を確保するためのそれぞれのコントロールについて，700 字以上 1,400 字以内で具体的に述べよ。

設問ウ　設問イで述べたコントロールの適切性を監査する場合の手続について，監査証拠及び確かめるべきポイントを踏まえて，700 字以上 1,400 字以内で述べよ。

設問ア

第 1 章　電子商取引システムとリスク

1．1　電子商取引システムの概要とビジネス上の特徴

　対象となる電子商取引システムは，健康食品を販売するA社におけるインバウンドマーケティングを取り入れた Web 受注システム（以下，システムという）である。

　B社の顧客は，健康に関する身体情報などプライバシ情報をシステムに登録している。そのため，ビジネス上の特徴としては，機密性が重視される。さらに，新製品が売り出される日や，割引セール日などの特異日には顧客からのアクセスが集中するために，システムの完全性も重視される。加えて，顧客が注文しようとした時にシステムが使えないと販売機会の損失になるため，可用性も重視される。

1．2　情報システムを運営する立場からのリスク

　A社の親会社であるB社の監査室に属するシステム監査人である。この度，A社の電子商取引システムにおける適切性の確認，という監査目標を設定して，システム監査を実施することになった。予備調査から，次のリスクがあることが判明した。

①顧客情報が漏えいするリスク

　バッファオーバフロー脆弱性がシステムにあるなどのリスク要因によって，不正にプログラムが起動されて，最悪の場合に顧客情報が外部に漏えいするリスクがある。

②取引データが消失するリスク

　アクセスが集中することで，システムへの負荷が増大し，通常では顕在化しないバグが顕在化して，システムに障害が発生して取引データが消失するリスクがある。

③顧客がシステムを使えず販売機会が損失するリスク

　特異日などで，アクセスが集中して，システムが使えず，販売機会が損失するリスクが考えられる。

　以上のリスクに対して次のコントロールを実施すべきである。

memo

設問イ

第2章　実施すべきコントロール

2.1　ビジネス上の特徴を踏まえたコントロール

　当該システムにかかわるビジネス上の特徴が，機密性，完全性，可用性にかかわることを踏まえ，本調査に当たって，これらの観点から，次に述べる，実施すべきコントロールがあると考えた。

2.2　機密性のコントロール

　顧客情報が漏えいするリスクについては，定期的に専門家によるペネトレーションテストを実施して，脆弱性が発見された場合は迅速にシステムを修正する，というコントロールを実施すべきである。さらに，システムに対して保守を実施した際に，脆弱性が組み込まれることがあるので，保守の頻度などに応じて，ペネトレーションテストの頻度が設定されている必要がある。

2.3　完全性のコントロール

　取引データが消失するリスクについては，トランザクション障害発生時におけるロールバックや，ディスク装置障害発生時におけるログを用いたロールフォワードが正常に機能しているテストを定期的に行う，というコントロールを実施すべきである。特に，これらの機能に影響を与えるDBMSのバージョンアップ時には，適切に機能の動作確認テストを行う必要がある。

2.4　可用性のコントロール

　顧客がシステムを使えず販売機会が損失するリスクについては，障害発生時における根本原因が究明され適切な再発防止策を講じる，というコントロールを実施すべきである。表面的な原因に対する対応策を講じても，同様な障害が多発するだけである。根本原因が究明され，迅速に再発防止等が講じられるためには，ITサービスに関する責任を負うITサービスマネージャが障害管理を適切に実施している必要がある。

　これらのコントロールについて，次に監査手続を述べ

る。

memo

900字

1000字

1100字

1200字

1300字

1400字

設問ウ

第3章　コントロールの適切性についての監査手続
3．1　機密性にかかわる監査手続
　機密性のコントロールを踏まえ，ペネトレーションテストを適切に実施して，結果を迅速にシステムに反映しているか，という確かめるべきポイントを設定した。監査手続としては，ペネトレーションテストの計画書，テストの実施報告書を入手して，ITサービスマネージャにヒアリングを行い，テストが保守の頻度に応じて実施されていることを示す監査証拠を得る，を策定した。
　留意すべきポイントとしては，テストを実施する会社のスキルレベル，テストの結果，脆弱性が発見された場合の対応の迅速さである。なぜならば，スキルレベルが低いと脆弱性が発見されず，さらに，発見された脆弱性に迅速に対応する必要があるからである。
3．2　完全性にかかわる監査手続
　完全性のコントロールを踏まえ，ロールバックやロールフォワードのテストを適切に実施しているか，という確かめるべきポイントを設定した。
　監査手続としては，データベースのバージョンアップ時や，これらの機能にかかわる保守を実施した際のテスト報告書を入手して，ITサービスマネージャにヒアリングを行い，ロールバックやロールフォワード機能が適切にテストされていることを示す監査証拠を得る。さらに，ロールバックの発生を示すログや，ロールフォワードを実施した際の障害報告書を入手して，これらの機能の妥当性や，ロールバックへの対処の適切性を示す監査証拠を得る。
　留意すべきポイントとしては，ロールバックの発生状況がモニタリングされて，ロールバックが発生した際には，適切な対処を実施していることを確認することである。なぜならば，これらの対応が行われないと，データの消失などが発生することで，登録されたデータへの顧

——— memo ———

客による信頼がなくなり，最終的には顧客離れを誘発するからである。

３．３　可用性にかかわる監査手続

　可用性のコントロールを踏まえ，サービスレベル管理は適切か，という確かめるべきポイントを設定した。

　監査手続としては，障害報告書を入手して，障害の発生情報を分析して，同様な障害発生が高い頻度で発生していないことを示す監査証拠を得る。さらに，ITサービスマネージャにヒアリングを行い，サービスレベルの達成情報について質問し，サービスレベル管理に関する月間報告書を入手して，サービスレベルの達成度に関する監査証拠を得る。

　留意すべきポイントは，障害報告書で根本原因が究明されて，適切な再発防止策を講じていることである。そのため，障害報告書を基に，同様な障害が発生していないことを確認し，ITサービスマネージャにも，同意を得ることが重要である。さらに，ITサービスマネージャへのヒアリングでは，根本原因が究明されていない障害について，対応スケジュールが適切に管理されていることを確認すべきである。

　以上が，運用の立場から考えたリスクを踏まえた監査手続である。

－以上－

900字

ここに注目！ ◉◉
確かめるべきポイントを踏まえている点がよいです。

1000字

1100字

1200字

1300字

1400字

4

情報セキュリティ

落合　和雄

設問ア

1．電子商取引システムの概要とビジネス上の特徴
1．1　情報システムの概要とビジネス上の特徴
　A社は中堅の家電メーカである。A社が取り扱っている商品をA社のホームページ上に公開し，顧客からの商品の注文及び決済を行うインターネット・サイトを運営している。インターネット販売は，中間業者を排除することによる中間マージンが削減可能となるため，商品の低価格化が実現できる。また，顧客に新製品情報などをタイムリーに提供できるために，新製品の販売時には，インターネットからの注文が増えるという特徴もある。また，顧客はホームページから商品の注文及び決済が可能となり，宅配業者から商品が配送されるため，短期間で手軽に商品を入手できるというメリットがある。
1．2　重要と考えるリスク
　インターネット販売は当然顧客の個人情報を扱うことになる。顧客がA社Webサイト上で入力した個人情報が通信回線上で盗聴され，個人情報が漏えいすることが挙げられる。個人情報が漏えいしたかは，その事実が公に発覚した場合に初めて状況を把握することとなり，社会的な信用が失墜するとともに顧客への損害賠償などが発生し，A社としてのリスクは計り知れない。
　インターネット販売では，顧客からの注文は確実に間違いなく処理される必要がある。特にシステムやネットワークの障害が発生した際に，取引が消失してしまったり，二重に処理されるなどの事態が発生してしまったりすると，顧客の信用を失ったり，逆に正しい請求が出来ずに利益を失ってしまうリスクがある。
　また，新製品の販売時には大量の注文が発生する可能性があるが，この時にシステムがこれらの大量の取引を処理できずに，システム障害を起こすと販売機会を逃すことによる損失が生じたり，顧客の信用を失ったりしてしまう可能性がある。

4

情報セキュリティ

設問イ

2．機密性，完全性及び可用性を確保するためのコントロール

2．1　機密性を確保するためのコントロール

　顧客の個人情報をA社インターネット・サイト上で収集する際に情報漏えいを防止する有効なコントロールとしては，SSLなどの通信の暗号化が挙げられる。通信内容を暗号化することにより通信内容を盗聴されたとしても個人情報が漏えいすることには至らないため有効なコントロールといえる。

　また，顧客情報管理データベースからの情報漏えいやデータ破壊を防止するため，データベース管理者による適切なアクセス権限管理を設定すると同時に，アクセスログを定期的にチェックし，不正なアクセスがないことを確認するようにした。

　顧客が登録したID及びパスワードが漏えいするリスクに対しては，顧客情報を登録する際に，パスワードは定期的に変更し他人に知られないように画面上で注意を促すとともに注意事項としてホームページに記載しておくこととした。

2．2　完全性を確保するためのコントロール

　完全性を確保するためのコントロールとしては，処理の途中で，障害が発生した場合や，エラーが発生した場合に，トランザクションをロールバック又はロールフォワードする機能を付加しておくことが必要である。この機能は，障害の発生するタイミングで，それぞれにあった適切な処理を実行する必要があるので，テストにおいても，これらのいろいろなタイミングでのテストを漏れなく行う必要がある。

2．3　可用性を確保するためのコントロール

　大量の注文が発生しても，システムが障害を起こすことなく，正常に処理できるようにする必要がある。このためのコントロールとして，最初にシステム計画作成時

memo

ここに注目！◉◉

「確認するようにした」を「確認する旨を実施すべきと考える」などとすると，より設問文に答える語尾になります。

—— memo ——

のピーク時のトランザクション数の想定が適切であることが必要である。また，この想定にしたがって，実際のシステムの性能が確保されているかどうかを，システムテストで検証する必要がある。また，この想定を超える負荷をかけた高負荷テストも行い，システムが異常状態にならないことも確認する。

900字

1000字

1100字

1200字

1300字

1400字

設問ウ

3．コントロールの適切性を監査する場合の手続
3．1　機密性のコントロールに関する監査
　顧客がA社Webサイトで個人情報を入力する際に，SSLなどの暗号化が行われていることを，システム設計書を閲覧して確認する。また，実際の通信内容のデータをラインモニタで確認して，暗号化されていることを確認する。 <small>100字</small>
　次に，データベースに関して，適切なアクセス権限が設定されていることを，データベースのアクセス権限一覧から確認する。また，データベース管理者により顧客情報管理データベースのアクセスログが定期的にチェックされていることを，アクセスログチェック記録で確認する。 <small>200字</small>
<small>300字</small>
　顧客のID及びパスワードが漏えいすることがないように，一定期間パスワードの変更がされていない場合には，警告メッセージが出ることを，実際に操作を行ってみて確認する。また，顧客の登録を実際に行い，その際にパスワードの管理に関して，注意を促すメッセージが出ることを実際の登録画面から確認する。 <small>400字</small>
3．2　完全性のコントロールに関する監査 <small>500字</small>
　監査を実行する前に，システムの設計者も交えて，どのような場合にロールバックを行い，どのような場合にロールフォワードを行うのかの，想定されるタイミングの洗い出しを行う。次にシステムテスト報告書を確認して，想定されるあらゆるタイミングでのテストが実行されており，ロールバック及びロールフォワードが正しく行われていることが検証できていることを確認する。 <small>600字</small>
3．3　可用性のコントロールに関する監査 <small>700字</small>
　大量の注文にも十分に対応できることを確認するために，最初にシステム計画に記載された想定トランザクション数と，最近の最も注文が多かった時のトランザクション数を比較して，まだ十分に余裕があることを確認す <small>800字</small>

— memo —

ここに注目！◎◎

設問文の「監査証拠及び確かめるべきポイントを踏まえて」という記述に，もっと沿って論じるとさらによくなります。

―――― memo ――――

る。次に，システムテスト報告書を閲覧して，実際にこのトランザクション数のテストが行われており，正常なレスポンスタイムで処理が行われていることが検証できていることを確認する。また，同時に高負荷テストが行われていることも確認し，異常な結果が発生していないことも調べる。

―以上―

900字

1000字

1100字

1200字

1300字

1400字

■**IPA発表採点講評**■

　（消費者を対象とした電子商取引システムの監査について）は，設問アでは，重要と考えるリスクの記述が少なく，問題文の一部を流用した記述も散見された。設問イ及び設問ウでは，機密性に関わる論述が目立ち，完全性と可用性のコントロール，監査手続の記述が不十分な解答が多かった。また，システム監査人の立場から監査手続を記述できている解答は少なかった。システム監査の経験，考えに基づいた具体的な論述を求めていることを理解してほしい。

第5章

システム監査の専門能力

平成 30 年度　問2
リスク評価の結果を利用したシステム監査計画の策定について ········· 334
　　　　　論文事例１：岡山　昌二 ····················· 335
　　　　　論文事例２：北條　　武 ····················· 340

平成 21 年度　問2
システム監査におけるログの活用について ·························· 346
　　　　　論文事例：岡山　昌二 ······················ 347

リスク評価の結果を利用したシステム監査計画の策定について

　組織における情報システムの活用が進む中，システム監査の対象とすべき情報システムの範囲も拡大している。また，情報の漏えいや改ざん，情報システムの停止によるサービスの中断，情報システム投資の失敗など，情報システムに関わるリスクは，ますます多様化している。しかし，多くの組織では，全ての情報システムについて多様化するリスクを踏まえて詳細な監査を実施するための監査要員や予算などの監査資源を十分に確保することが困難である。

　このような状況においては，全ての情報システムに対して一律に監査を実施することは必ずしも合理的とはいえない。情報システムが有するリスクの大きさや内容に応じて監査対象の選定や監査目的の設定を行うリスクアプローチを採用することが必要になる。例えば，年度監査計画の策定において，経営方針，情報システム化計画などとともに，監査部門で実施したリスク評価の結果を基に，当該年度の監査対象となる情報システムの選定や監査目的の設定を行うことなどが考えられる。

　監査部門がリスクアプローチに基づいて，監査対象の選定や監査目的の設定を行う場合に，情報システム部門やリスク管理部門などが実施したリスク評価の結果を利用することもある。ただし，監査部門以外が実施したリスク評価の結果を利用する場合には，事前の措置が必要になる。

　システム監査人は，限られた監査資源で，監査を効果的かつ効率よく実施するために，リスク評価の結果を適切に利用して監査計画を策定することが必要になる。

　あなたの経験と考えに基づいて，設問ア～ウに従って論述せよ。

設問ア　あなたが携わった組織の主な業務と保有する情報システムの概要について，800 字以内で述べよ。

設問イ　設問アで述べた情報システムについて，監査部門がリスク評価を実施して監査対象の選定や監査目的の設定を行う場合の手順及びその場合の留意点について，700 字以上 1,400 字以内で具体的に述べよ。

設問ウ　設問ア及び設問イに関連して，監査部門以外が実施したリスク評価の結果を利用して監査対象の選定や監査目的の設定を行う場合，その利点，問題点，及び監査部門として必要な措置について，700 字以上 1,400 字以内で具体的に述べよ。

設問ア

第1章　組織の主な業務と保有する情報システムの概要
1．1　組織の主な業務の概要

　A社は米国に本社がある日本法人であり，電子部品の製造・販売を行う製造業社である。業務としては，工場を中心とした電子部品の設計・製造業務，物流倉庫を中心とした在庫管理業務，販売管理業務，本社を中心とした，販売管理業務，資材管理業務，固定資産管理業務，人事管理業務，会計業務がある。更にそれらの業務を支える情報システムを管理する情報システム管理業務がある。このようにA社は米国本社と同様の業務を日本で行っている。

　A社の日本における歴史は古く昭和30年代に創業している。情報化投資も十分にであったため，情報システムの使い勝手がよい，ERPシステムの導入を検討したが，その都度，見送られていた。

1．2　保有する情報システムの概要

　情報システムについては，本社及び物流倉庫において各業務を支援する，販売管理システム，資材管理システム，物流管理システム，人事システムが稼働している。工場では，設計管理システム，生産管理システムが稼働している。

　A社は，基幹業務を支援するERPシステムについて導入を以前から検討していたが，米国本社からの強い指示によって，今年度から，ERPシステムを導入し基幹業務を刷新するプロジェクトが稼働している。更に，そのプロジェクトと並行して，次年度は固定資産管理システムの再構築を行う計画である。

　私は，A社監査室のシステム監査人の立場で，開発中のプロジェクトと，既存の情報システムを分けてリスク評価を行い，次年度のシステム監査計画を策定した。

設問イ

第2章　リスク評価の手順と留意点
2.1　リスク評価の手順と留意点

　リスク評価の手順としては，定量的リスク分析と定性的リスク分析がある。金額面でリスク値を算出する前者は，金額の算出に時間が掛かると考え，後者を採用して相対的なリスクの大きさで，リスクを評価する方法を採用した。開発プロジェクトに関わる，具体的なリスク評価の手順を次に示す。

①情報資産の洗い出し
　情報資産の価値を5段階に定量化する。留意すべき点は情報資産を適切に設定することである。具体的には，当該開発プロジェクトが開発するシステムとシステム間連携する既存の情報システムを情報資産として定義した。

②脅威と脆弱性の洗い出し
　情報資産に絡めて，脅威と脆弱性を洗い出し5段階に定量化する。

③情報資産，脅威，脆弱性を結び付けたリスクの洗い出し
　情報資産を基に脅威とリスクが結び付くとリスクが生じると考え，リスクを洗い出す。留意点としては，情報資産としての開発プロジェクトでは，脅威が明確でない場合があるので，脅威は必須としない配慮が必要である。その場合，脅威のデフォルト値を決めるなどの配慮が必要となる。

④リスクと発生確率を結び付け，最終的にリスク値を算出する
　発生確率については，20年に一度となると，リスク値が低くなりすぎる。したがって，発生確率についても5段階に定量化する。
　留意点は，情報資産，脅威，脆弱性，発生確率，これらの定量化した値からリスク値を算出方法に決まりはないという点である。それぞれの和をリスク値としてもよ

ここに注目！👀

設問で問われている
"留意点"について，
そのキーワードを使っ
て明示的に論じること
が大切です。

———— memo ————

　いし，それぞれの積をリスク値としてもよい。更に，演算式を試行して，客観的な評価を行い最善な方法を採用する。今回は，システム監査に携わるシステム監査人の合意が一番多く得られた，それぞれの積を用いる方法を採用するにした。

　リスク値が一番高いリスクを基に，監査対象の選定や監査目的の設定を行う。今回の計画では，リスク値が最も高かった ERP システムの導入プロジェクトにおける要件定義を監査対象とした。監査目的は，要件定義プロセスにおけるプロジェクトマネジメントの適切性の監査とした。

900字

1000字

1100字

1200字

1300字

1400字

設問ウ

第3章　監査部門以外が実施したリスク評価の結果を利用

3.1　監査部門以外が実施したリスク評価の結果を利用する際の利点

　従来どおりのリスク評価では時間が掛かると考え，既存の稼働システムのリスク評価については，情報システム部門が作成したリスク評価の結果を利用することにした。このようにしたメリットを次に挙げる。

　監査部に属するシステム監査人は3名と少ない人数で，A社のシステム監査を実施する。更に，米国本社のシステム監査計画に沿って，アジアパシフィックエリアのグループ企業のシステム監査を実施しなければならない。したがって，A社以外にもシステム監査計画を策定する必要があった。情報システム部門が作成した既存システムに関するリスク評価の結果を利用することで，監査資源の有効活用という利点があった。

　ただし，次に述べる問題点があった。

3.2　監査部門以外が実施したリスク評価の結果を利用する際の問題点

　システム監査におけるリスク評価と，情報システム部門が行うリスク評価では，リスク評価の目的が若干異なる。目的が異なれば，リスク評価の対象範囲に漏れが生じるという問題点が生じる。これは監査対象を見逃すというリスクにつながる。

3.3　監査部門として必要な措置

　重要な監査対象を見逃すリスクについては，次の措置を実施した。

①情報システム部門が作成したリスク評価の目的のレビュー

　情報システム部門のリスク評価の目的をレビューし，システム監査におけるリスク評価の目的の差異を検討した。情報システム部門では，情報セキュリティに関わる

機密性，保全性，可用性の観点から既存の情報システム
をリスク評価したことが判明した。このことから，リス
ク評価の目的違いによる，監査対象の見逃しについては
特に問題のないことを確認した。

②リスク評価の精度のレビュー

　リスク評価の手順について，システム監査部門が行う
手順とは異なる。そこで私は，サンプリングを行い，リ
スク値をシステム監査部門の手順で算出した。これは，
情報システム部門とシステム監査部門とが行ったリスク
評価の結果の互換性を確認するためである。結果，精度
に問題がないことを確認した。

　これらの措置によって，システム監査部門が行ったプ
ロジェクトに関わるリスク評価の結果と，情報システム
部門が行った既存システムに関わるリスク評価の結果を
利用して，効果的かつ効率よくシステム監査計画を策定
した。

　　　　　　　　　　　　　　　　　－以上－

設問ア

第1章　私が携わった組織の主な業務と保有する情報システムの概要

1.1　組織の主な業務

　J社はK県に拠点を置く飲料メーカであり，豊かな自然環境，水資源を生かして特色のある飲料水等を生産販売している。創業当初はK県を中心としてビジネスを展開していたが，売上拡大に伴い情報システムを整備し，ネット販売を活用した日本全国への販売拡大が成功したことで，今や社会的信用のある一部上場企業にまで成長した。

　J社の組織は商品企画部，商品生産部，営業部，情報システム部に加えて経営企画部，リスク管理部，経理部，購買部，監査部等のスタッフ組織で構成されている。また，監査部が実施している監査には，業務監査，情報セキュリティ監査，J-SOX監査，システム監査がある。私はJ社の監査部に所属しており，システム監査と情報セキュリティ監査を担当している。

1.2　保有する情報システムの概要

　J社は商品の生産，販売，材料等の仕入，経理業務といったビジネスの遂行を効率的に実施することを目的とした基幹システムを構築し，運用している。また，1.1で述べたとおり，売上拡大に伴いネット販売システムも構築済であり，加えてタブレット等のモバイル端末を利用した営業支援システムも整備して運用している。

　今後については，経営方針，情報システム計画に基づき，情報システム費用の削減を目的とした基幹システムのERP化やクラウドサービスの利用，更なる売上拡大を目標とした，AIを活用した売上分析システムの整備等についても計画している。また，情報漏えい対策として，社内PCのシンクライアント化についても検討を進めている。

設問イ

第2章　監査部門によるリスク評価の手順と留意点

2．1　監査目的の設定手順と留意点

⑴経営目標からの設定

　年度のシステム監査計画の策定における，システム監査目的（以下，監査目的という）の設定については，経営目標の達成に寄与すべき監査を実施していく必要があるため，経営方針，情報システム化計画に基づいて設定する必要がある。その結果，「情報システム費用の削減に向けた実現性の検証」，「AI等を利用した情報システム構築の有効性の確認」を今年度の監査目的として設定した。

⑵事業継続の観点からの設定

　事業継続に向けて，リスク管理部では事業継続計画を策定し，運用している。事業継続に貢献できるよう，リスク管理部と連携し，今年度の事業継続に向けた重点テーマから監査目的を設定する必要がある。

①外的要因からの設定

　事業継続を阻害する外的要因としては，地震や台風等の自然災害，サイバー攻撃，取引先の倒産，テロなどがある。今年度に関しては，当社ではないが個人情報をはじめとした情報漏えいに関するインシデント，サイバー攻撃の高度化／巧妙化が社会問題として突出しているため，「サイバー攻撃への対応」が重点テーマとして選定された。よって，「情報セキュリティに関する統制の確認」を外的要因に基づく事業継続の観点から監査目的として設定することとした。

②内的要因からの設定

　事業継続を阻害する内的要因としては，従業員による不正，優秀な人財の流出，製品の欠陥，情報システムの停止などがある。システム監査の監査目標は，重点テーマの選定からではなく，情報システムとの関係が深い，「不正防止の統制の確認」，「情報システムの安定運用に向けた統制の確認」を監査目的として毎年設定している。

100字
200字
300字
400字
500字
600字
700字
800字

—— *memo* ——

ここに注目！ 👀

設問で問われている
"留意点"について，
このキーワードを使っ
て明示的に論じるとさ
らによくなります。

２．２　監査対象の選定手順と留意点

(1)リスク評価額の算出

　システム監査対象のシステムは２．１で設定した監査目的に基づいてそれぞれ選定していく。

900字

　最初の手順としては，経営目標が達成できなかった場合，もしくは事業継続に向けてのリスクが顕在化した場合における，予想損失額をシステムごとにそれぞれ算出

1000字

し，併せてその発生確率を算出して，掛け合わせた値をリスク評価額として，監査対象選定の基準値とする。

(2)過年度の監査結果等に基づくバイアスの考慮

　次に過年度の監査結果等を把握した上で，バイアス値

1100字

（０～１）を決定し，(1)で算出した基準値に掛け合わせて最終選定評価額を算出する。この最終選定評価額を基にしてシステム監査の対象システムを絞り込む。例えば，安定運用をテーマとした前回のシステム監査結果で不備

1200字

がなければ，本テーマでは基幹システムのサブシステムだとしても数年に１回のローテーション監査とする。また，監査部のJ-SOX監査でIT全般統制を毎年評価している会計システムなどは，セキュリティに関するテーマの

1300字

システム監査の対象からは外し，J-SOX監査結果を確認するなどのやり方へシフトする。このような検討を行い，年度のシステム監査対象システムを最終決定していく。

1400字

設問ウ

第3章　監査部門以外のリスク評価結果を利用する場合の利点，問題点，必要な措置

3．1　利点

　事業継続計画については毎年見直しを行っているため，リスク管理部においてもリスク評価を毎年実施している。リスク管理部のリスク評価結果を利用する利点としては，事業継続の視点から整合性の図られた監査目的を自動的に設定できる点である。また監査部におけるリスク評価作業の軽減，並びにこれに伴う社としての二重作業の排除が挙げられる。

3．2　問題点と必要な措置

　問題点と必要な措置は以下が考えられる。

(1)経営目標からの視点漏れとリスク評価の追加実施

　リスク管理部のリスク評価は事業継続の視点を主眼においているため，経営目標達成に向けた視点からの評価は抜けている可能性がある。前述のとおり今年度の監査目的として，経営方針，情報システム化計画から，「情報システム費用の削減に向けた実現性の検証」，「AI等を利用した情報システム構築の有効性の確認」を設定したがこの視点ではリスク管理部のリスク評価は実施していないため，視点を追加してリスク評価を実施していく必要がある。

(2)リスク評価額算出過程に関する検証の必要性

　リスク管理部のリスク評価も同様に予想損失額，発生確率を基にしてリスク評価額を算出しているが，その考え方が監査部と一致していない可能性がある。例えば，水や容器等の材料の仕入に関係する購買システムをERPやクラウドサービスに移行する場合，注文書の作成者と承認者を同一人物に設定できる可能性があり，その場合は不正のリスクは増大する。このケースでは，情報システム部と連携しつつ，移行を検討しているERPパッケージやクラウドサービスの機能を把握した上で発生確率を

memo

5

システム監査の専門能力

— memo —

算出する必要があるが，リスク管理部が機能仕様を踏まえた上で実施しているのか検証する必要がある。また，別の例としては，情報システムの安定運用の評価に向けては，情報システム部から共有される前年度の各システムのシステム停止時間，稼働率を基に予想損失額や発生確率を算出するが，リスク管理部が実施しているリスク評価の手順はこのとおり実施しているのか，その手順の妥当性，値の正確性を検証する必要がある。

⑶過年度の監査結果等に基づくバイアスの考慮

　2章で述べたとおり，過年度の監査結果等に基づくバイアスを最終的には考慮する必要があるが，リスク管理部が実施するリスク評価結果は，当然のことながら監査結果が考慮されていないため付加する必要がある。また，監査部で実施するリスク評価はこの点が考慮されていることが利点でもある。2章で記述した例以外では，今年度の情報セキュリティ監査で社内PCのシンクライアント化計画について評価を実施した結果に基づいて，次年度のバイアス値を算出することも可能である。

　このように，システム監査の過年度結果だけでなく，監査部が実施している他の監査の監査結果をトータル的に活用しつつ，最終評価として見直す必要がある。

—以上—

900字
1000字
1100字
1200字
1300字
1400字

ここに注目！
監査を効果的かつ効率よく実施した旨に寄せて論文をまとめると，より趣旨に沿った論文になります。

■IPA発表採点講評■

　（リスク評価の結果を利用したシステム監査計画の策定について）は，設問アでは，受験者が関係する組織が保有する情報システムの概要を論述することを求めたが，特定の情報システムについての論述が目立った。設問イでは，監査部門がリスク評価を行うことを前提としているにもかかわらず，リスク評価の手順がほとんど論述されず，リスク評価の結果だけを論述しているものが多かった。設問ウの監査部門以外のリスク評価結果を用いる場合の利点及び問題点については，よく理解した論述が多かった。しかし，問題点に対する事前措置については，監査部門が結果を確認するなどの抽象的な内容が多かった。

システム監査の専門能力

システム監査におけるログの活用について

　　情報システムの運用においては，処理の正確性・効率性，セキュリティなどを確保するために，システムの運用状況，データなどへのアクセス状況，トランザクションデータなどをログとして記録し，監視・分析する必要がある。ログとして記録する内容やタイミングは，OS，データベース，ネットワーク，アプリケーションシステムなどによって異なる。ログを適切な内容やタイミングで記録し，監視・分析することによって，障害発生時や情報漏えい時の原因究明が容易になるとともに，それらの防止にも役立つ。

　　システム監査においても，ログの役割はますます重要になってきている。ログの活用によって，コントロールの有効性の評価が容易になるとともに，効率よく監査を実施できるようになる。例えば，本番環境のプログラムについて，アクセス権限をもたない者が変更を行っていないかどうかを検証する場合に，ログを活用すれば，一定期間における本番環境のプログラムに対するすべてのアクセス状況を迅速に確認することができる。

　　一方で，ログの選定や入手方法が適切でない場合には，誤った監査結果を招く可能性がある。したがって，システム監査人は，ログを活用して監査を実施する場合には，監査目的に合ったログを選定し，それを適切な方法で入手して活用する必要がある。

　　あなたの経験と考えに基づいて，設問ア～ウに従って論述せよ。

設問ア　あなたが携わった情報システムについて，その運用に関するシステム監査の監査目的及びログを含むシステム環境について，800 字以内で述べよ。

設問イ　設問アに関連して，監査目的を達成するために，どのようなログを活用すべきか。そのログを監査証拠とする上でのログの選定や入手方法にかかわる留意事項を含め，700 字以上 1,400 字以内で具体的に述べよ。

設問ウ　設問ア及び設問イに関連して，当該ログの活用によるメリット及びその監査手続について，700 字以上 1,400 字以内で具体的に述べよ。

論文事例

設問ア

第1章　監査目的とシステム環境

1．1　監査目的

　論述の対象とする情報システムは，遊戯機器の製造・販売を行うA社における，インターネットWebサイトへのアクセスサービスシステムである。通常，Webサービスはセキュリティの観点からフィルタリングをかけるが，営業本部の業務内容からフィルタリングをかけることは困難な状況であった。A社の本社の営業部では残業や休日出勤が多く，その際Webサービスの業務外の利用が問題となっていた。

　そこでA社のシステム監査部では，監査目的として，本社の営業部門においてWebシステムが業務の達成以外で使われていないことを確認する，監査範囲として，本社の営業部門の営業員とWebサービスとする，を設定してシステム監査を行うことを計画した。

1．2　ログを含むシステム環境

　システム環境は，次の三つに大別できる。(1)クライアントPC側として，Webブラウザを実装しているデスクトップPCが50台，ノートPCが50台で，それぞれWebへのアクセスログを出力している。ただし，ノートPCはDHCPサーバを介してネットワーク接続しているという特徴がある。(2)インターネット接続側として，プロキシ機能をもつファイアウォールを配置しログを出力している。(3)サーバ側として，ファイルサーバ，メールサーバ，PC管理サーバなどがある。PC管理サーバが，PCに導入されているソフトウェアや，PCが出力するログを集中管理しているという特徴があった。

　私はA社の内部システム監査人の立場で，Webシステムの利用状況の監査において，次のようにログの選定と活用を行い，有効性の高い監査手続を設定した。

memo

100字

200字

300字

400字

500字

600字

700字

800字

5

システム監査の専門能力

設問イ

第2章　監査目的を達成するためのログの活用
2. 1　監査証拠とするためのログの選定
　　監査目的を達成するための監査要点として，営業員の
アクセスするWebに業務の達成に不要なサイトが含まれ
ているか，を設定した。その結果，URLを含むログの有
効活用が監査のポイントになることが分かった。そこで
私は，準拠性調査として，ファイアウォールのプロキシ
サーバ機能が出力するWebのアクセスログ（以後，ファ
イアウォールのログと呼ぶ）中のURLから，業務の達成
に不要と思われるキーワードが含まれているものを抽出
することとした。
　　ただし，ファイアウォールのログでは，アクセス元を
示す情報としてアクセス元のIPアドレスしかないため，
ノートPCはDHCPサーバを介して接続しているという特徴
を踏まえると，アクセス元のPCを特定することができな
いという課題があった。これでは誤った監査結果を招く
可能性があった。
　　そこで私は更に実証性調査として，各クライアントPC
側のWebアクセスログを，PC管理サーバを介して収集し
て，そのWebアクセスログを不正なWebシステムの利用
の監査証拠として採用することとした。なぜならば，事
前にPC管理サーバではIPアドレス以外にもクライアント
PCを特定できる情報を管理しており，Webアクセスログ
からクライアントPCを特定できるからである。
2. 2　入手方法のかかわる留意事項
　　ログの分析を行っても元のログが不正確では，誤った
監査結果を導いてしまう。正確なログを取るためのポイ
ントは時刻の同期と改ざんの防止である。なぜならば，
複数のログと組み合わせて分析を行う場合，時刻をキー
にして必要なログを抽出するからである。また，悪意あ
るものによる改ざんによって，誤った監査結果を導くこ
ともあるからである。そこで次の留意事項を設定した。

100字
200字
300字
400字
500字
600字
700字
800字

(1)時刻設定の妥当性の確認
　ファイアウォールサーバやクライアントPCにおいては
NTP サーバを使う設定がされていることを確認する。
(2)ログファイルへのアクセスコントロールの確認
　ログにアクセス許可された者だけがアクセスできるよ
うなコントロールを施していることを確認する。改ざん
を検知するためにディジタル署名が施されていることが
望ましい。
　以上の留意事項を踏まえることで，次に述べるログ活
用のメリットが生じる。

memo

900字

1000字

1100字

1200字

1300字

1400字

5

システム監査の専門能力

設問ウ

第 3 章　ログの活用のメリットと監査手続
3．1　ログの活用のメリット
　クライアント PC が合計 100 台ある被監査部門のシステム環境を踏まえると，監査証跡としてのログを活用することで，次のメリットを期待できる。
(1)効率的な分析
　ファイアウォールのログを活用することで，一定期間のすべての Web アクセス状況を迅速に確認することができる。
(2)実証性の高い監査証拠の入手
　アクセスコントロールが適切に施されたログであるため，改ざんのない，実証性の高い監査証拠を得ることができる。
　以上のメリットを踏まえて，次のように監査手続を設定した。
3．2　監査手続
　監査目的を踏まえて，次の監査要点を設定した。
(1)対比による準拠性調査
　監査要点は，業務の達成に不要なキーワードが URL に含まれていないことを確認するとした。ただし，それだけでは判断を誤る。なぜならば，A 社の顧客企業の特性を踏まえると，顧客のサイトのリンクから誤って不適切なサイトにアクセスしてしまうことがあるからである。そこで私は，適切なキーワードと，不適切なキーワードの出現頻度を対比して判断することが必要と考えた。
　監査手続として，ファイアウォールのログの URL 中に，適切なキーワードと不適切なキーワード，それぞれが出現する頻度を，監査プログラムを用いて精査した。不適切なキーワードを含むアクセスが全体の 5 ％以下であれば，セキュリティ対策基準に準拠していると判断することとした。なお，基準の 5 ％は類似したシステム環境を基に決定した。

memo

ここに注目！◉◉
明示的には書いていませんが，ログの活用のメリットを踏まえて監査手続を論じていることを確認してください。

100字
200字
300字
400字
500字
600字
700字
800字

(2)クライアントPCからのログの採取による実証性調査
　たとえ5％以下であっても不適切なアクセスがあった
場合は是正しなければならない。そこで，監査要点は，
利用者に適切なアクセスかを確認する，とした。

900字

　監査手続としては，PC管理サーバで収集したWebアク
セスログを監査プログラムで精査し，不適切なURLと，
アクセス元のクライアントPCと利用者を特定できるリス
トを抽出した。ただし，URLだけでは，コンテンツが変

1000字

化するために業務の達成に不要なサイトであると断言で
きない。そこで私は，URLからコンテンツのハードコピ
ーを採取して，業務の達成に必要か不要かを，利用者に
ヒアリングを行いながら精査することとした。

1100字

　以上が，A社のWebシステムについて，監査目的を踏
まえて，私が設定した監査手続である。
　　　　　　　　　　　　　　　　　　　－以上－

1200字

1300字

1400字

■IPA発表採点講評■

　（システム監査におけるログの活用について）は，内部統制報告制度への対応と関連付け
た解答が多かった。設問イで求めた監査目的とログの関係，及び設問ウで求めたログ活用の
メリットについては，多くの受験者が論述できていた。一方，設問イで求めたログ入手時の
留意事項については，技術的な留意事項を論述している受験者が多く，監査証拠とするため
の要件を論述できている受験者は少なかった。

事例作成者の紹介と
一言アドバイス

岡山　昌二（おかやま　しょうじ）

外資系製造業の情報システム部門に勤務の後，1999 年から主に論文がある情報処理試験対策の講師，試験対策書籍の執筆を本格的に開始する。システムアーキテクト，IT サービスマネージャ，プロジェクトマネージャ，IT ストラテジスト試験の対策の講義とともに，コンサルティングを行いながら，（株）アイテックが出版しているシステムアーキテクト試験の「専門知識＋午後問題」の重点対策，本試験問題集，予想問題集を執筆。システム運用管理技術者，アプリケーションエンジニア，プロジェクトマネージャ，IT ストラテジスト，システム監査技術者，元 EDP 監査人協会（現 ISACA）東京支部　広報・出版担当理事。

✏ 論文問題攻略のためのワンポイントアドバイス

本書の第一部で説明した内容を復習する目的で，本試験の前日の土曜日には論文を一本，書き終えましょう。

落合　和雄（おちあい　かずお）

コンピュータメーカ，SI ベンダで IT コンサルティング等に従事後，経営コンサルタントとして独立。経営計画立案，企業再建等の経営指導，プロジェクトマネジメント，システム監査等の IT 関係を中心に，コンサルティング・講演・執筆等，幅広い活動を展開。情報処理試験，PMP，IT コーディネータ試験などについても，豊富な経験に基づく受験指導を行う。中小企業診断士，税理士，IT コーディネータとしても活躍中。

著書には，『実践ナビゲーション経営』（同友館），『IT エンジニアのための法律がわかる本』（翔泳社），『IT パスポート入門』（アイテック）などがある。

✏ 論文問題攻略のためのワンポイントアドバイス

システム監査の論文は，面白さよりも論理性が求められます。自分の意見に対して，常にその根拠を明確に説明するようにしてください。多くの場合，設問イでリスクや統制，設問ウで監査手続を書くことが求められますが，このリスクや統制と監査手続の関連が明確であることが非常に重要です。何故，このリスクに対してこの統制が必要か，この統制に対して何故この監査手続が必要なのかがはっきりと採点者に伝わるようにしてください。

長嶋　仁（ながしま　ひとし）

業務アプリの開発及びカスタマサポート領域の SE 業務を経て，現在，研修講師と学習コンテンツ制作を中心として活動中。情報処理技術者（システム監査，システムアナリスト，上級システムアドミニストレータ，テクニカルエンジニア〔情報セキュリティ，ネットワーク，システム管理，データベース〕，他），技術士（情報工学），情報処理安全確保支援士。『セキュリティ技術の教科書第 2 版』（アイテック，2020 年）をはじめとして，各種教材を制作している。

✎ 論文問題攻略のためのワンポイントアドバイス

　論述試験で合格点を取る最大のポイントは，「設問の要求事項の充足度」と「論述の具体性」です。論文を添削すると，結果的にこの二つのポイントで合否が分かれるケースが多いです。「充足度」について，設問では全部で 5〜7 個程度の事項が要求されます。要求事項から見出しを作成して，全ての項目を網羅することに留意します。論文を 3 本準備すれば，転用可能な問題が出題される確率が高くなります。ただし，そのままでは要求事項を充足できませんので，準備した論文に含まれない要求事項を何としても搾り出します。この作業に 10〜15 分程度集中して，搾り出せればゴールが見えます。次に「具体性」について，特に設問イ・ウが他のシステム監査にも当てはまるような一般的な表現に終始するとマイナスです。加えて，AU 固有のポイントとして，経営視点で思考展開することを意識し，監査手続として監査要点や監査技法を組み合わせて論述します。

古山　文義（ふるやま　ふみよし）

　Si ベンダーに 15 年勤務し，官公庁向けシステム開発・システム監査に従事。その後経営コンサルタント，社会保険労務士として独立。経営計画立案，人事評価制度の導入等の経営指導，情報処理技術者試験，中小企業診断士試験の受験指導を行っている。保有資格は，IT ストラテジスト，システム監査技術者，アプリケーションエンジニア，プロジェクトマネージャ，IT サービスマネージャ，データベーススペシャリスト，中小企業診断士，社会保険労務士など多数。

✎ 論文問題攻略のためのワンポイントアドバイス

　論文試験のポイントは，ズバリテーマに合わせることです。出題の趣旨や問題文で表現されていることを自身の経験上の似た事例にあてはめ，自身の経験をそのテーマに寄せていくことが重要です。ご自身の訴えたいことを論述するのではなく，出題者が答えさせたいことを論述することが合格への近道です。

　また，論文内容の妥当性は採点者がどう判断しているのか気になると思いますが，実は論文内に書かれている内容で判断しています。根拠や背景となる内容が論述されていて，論述されている対策や行動が理にかなっていれば妥当であると判断します。採点者はその論文で初めてあなたを知ります。論述が合っているかどうかはその論文内でしか確認できないのです。いかに採点者（出題者）に近づけるかがポイントです。どのテーマでも自身の経験した事例をしっかり合せられるに練習をしましょう。

北條　武（ほうじょう　たけし）

大手 SIer に勤務しつつ情報処理技術者試験の教育に携わっている。おもに公共分野のシステム開発に 10 数年従事した後，PMO でプロジェクトのリスクマネジメント等に携わり，現在は監査部で J-SOX 対応の監査，情報セキュリティ関連の監査を行っている。保有資格はシステム監査技術者，システムアナリスト，プロジェクトマネージャ，テクニカルエンジニア（データベース），情報セキュリティアドミニストレータ，PMP，公認内部監査人（CIA）等であり，また，2009 年から一般社団法人プロジェクトマネジメント学会の委員も務めている。

✎ 論文問題攻略のためのワンポイントアドバイス

まず，問題文と設問をよく読んで，出題者の意図を捉えてください。題意に沿って書かないといくら良いことを書いても加点されません。また，2 章，3 章は 1 章で書いた内容に基づいて，システム監査技術者として自身が取り組んできたことの工夫点や根拠を前面に出し，論理的に説明できている説得力のある内容にしてください。論文添削をしていますと，次のような論文が多いです。

- 問題文全体をよく読まずに，タイトルだけに反応して書いて，題意整合性が図られていない論文。
- システム監査基準，管理基準をそのまま抜き出しただけに近く一般論から抜け出せず，逆にいえばどのシステムでも通用してしまう具体性のない論文。
- 2 章，3 章が一般論，事実経緯に終始して肝心な工夫点や根拠が 2，3 行で，取り組んできたことを論理的に説明できていない論文。
- 第三者としてのシステム監査技術者の立場でなく，一人称で取り組むプロジェクトマネージャや情報セキュリティ技術者の立場で書いてしまっている論文。

これらがクリア出来ているかいないかが，A 評価と B 評価の分かれ目，すなわち合否の分かれ目ですので，常に意識して取り組んでください。

■ 参考文献

・斎藤成也著；ゲノム進化学入門，共立出版，2016年

・寺田 佳子著；学ぶ気・やる気を育てる技術，日本能率協会マネジメントセンター，2013年

・株式会社日経BP IT Pro　IT 資格ゲッターの不合格体験記，2006年

アイテックが刊行している「本試験問題シリーズ」，「重点対策シリーズ」，「合格論文シリーズ」の各書籍も参考文献として掲載します（2020年8月現在）。

詳しくはアイテックのホームページ（https://www.itec.co.jp）を参照してください。

・本試験問題シリーズ……最新の試験分析，3期分の試験問題と解答解説を収録

　徹底解説　ITストラテジスト　本試験問題

　徹底解説　システムアーキテクト　本試験問題

　徹底解説　ITサービスマネージャ　本試験問題

　徹底解説　プロジェクトマネージャ　本試験問題

　徹底解説　システム監査技術者　本試験問題

・重点対策シリーズ……午後の試験の突破に重点を置いた対策書

　ITストラテジスト　　「専門知識＋午後問題」の重点対策

　システムアーキテクト　「専門知識＋午後問題」の重点対策

　ITサービスマネージャ　「専門知識＋午後問題」の重点対策

　プロジェクトマネージャ「専門知識＋午後問題」の重点対策

　システム監査技術者　「専門知識＋午後問題」の重点対策

・合格論文シリーズ……本書を含めた次の5冊には専門家による合格論文，論述のヒントが満載

　ITストラテジスト　合格論文の書き方・事例集　第5版

　システムアーキテクト　合格論文の書き方・事例集　第5版

　ITサービスマネージャ　合格論文の書き方・事例集　第5版

　プロジェクトマネージャ　合格論文の書き方・事例集　第6版

　システム監査技術者　合格論文の書き方・事例集　第5版

・経済産業省；システム監査基準；2018年

・経済産業省；システム管理基準；2018年

■著　者

岡山　昌二
落合　和雄
長嶋　仁
古山　文義
北條　武

システム監査技術者　合格論文の書き方・事例集　第6版

監修■　岡山　昌二
編著■　アイテック IT 人材教育研究部
編集■　山浦　菜穂子　　　三浦　晴代
制作・印刷■　株式会社ワコープラネット

発行日　2020 年 9 月 8 日　第 6 版　第 1 刷
発行人　土元　克則
発行所　株式会社アイテック
　　　　〒108-0074　東京都港区高輪 2-18-10　高輪泉岳寺駅前ビル
　　　　電話　03-6824-9010
　　　　https://www.itec.co.jp/

703130-10WP
ISBN978-4-86575-236-6 C3004 ¥3000E

正誤表のご案内

書籍内の記述に，誤りと思われる箇所がございましたら，以下よりご確認ください。

● 既刊書籍の正誤表のご確認方法

アイテックWebサイトより，正誤表の掲載をご確認ください。

https://www.itec.co.jp/learn/errata/

● 正誤のお問い合わせについて

上記に正誤表の掲載がない場合，又は該当箇所の掲載がない場合は，アイテックサービスデスクにお問い合わせください。お問い合わせの際は，書名（第○版第△刷），ページ数，ご質問内容，ご連絡先をお知らせください。

アイテックWebサイト　お問い合わせフォーム

https://www.itec.co.jp/contact

※回答まで，1週間程度お時間を要する場合がございます。
※正誤のお問い合わせ以外の，学習相談，受験相談にはご回答できかねますので，ご了承ください。